高等院校经济管理类专业项目化（案例化）系列教材

人力资源管理实务

主　编　祁　雄　刘雪飞　肖　东
副主编　韩潍泾
参　编　汪金锋　安　力　赵　越
　　　　黄　辰　周善武　王　来
　　　　郭文娟　曹志铭　杨　扬
　　　　郭双梅　马骁骅

北京理工大学出版社
BEIJING INSTITUTE OF TECHNOLOGY PRESS

内 容 简 介

本教材是一本以人力资源工作项目为驱动的人力资源管理教材，体系完整，内容全面。

本教材共分为九章，均是笔者基于多年的教学经历及工作经验而编写的。每章包含学习目标、导入案例、教学知识、本章小结、自测题及实践训练等内容，每节按任务目标、任务描述、知识学习、工作示例、实践案例的结构编写。本教材全面梳理了人力资源管理工作职业技能，读者可从中学习、反思、感悟，拓展思路，进而培养运用理论知识分析和解决实际问题的能力。

本教材可作为人力资源管理专业的教材用书，也可作为人力资源管理爱好者的参考书。

版权专有　侵权必究

图书在版编目（CIP）数据

人力资源管理实务／祁雄，刘雪飞，肖东主编．—北京：北京理工大学出版社，2019.8（2019.9重印）

ISBN 978-7-5682-7178-3

Ⅰ．①人…　Ⅱ．①祁…　②刘…　③肖…　Ⅲ．①人力资源管理-教材　Ⅳ．①F243

中国版本图书馆 CIP 数据核字（2019）第 131821 号

出版发行／北京理工大学出版社有限责任公司	
社　　　址／北京市海淀区中关村南大街 5 号	
邮　　　编／100081	
电　　　话／（010）68914775（总编室）	
（010）82562903（教材售后服务热线）	
（010）68948351（其他图书服务热线）	
网　　　址／http：//www.bitpress.com.cn	
经　　　销／全国各地新华书店	
印　　　刷／涿州市新华印刷有限公司	
开　　　本／787 毫米×1092 毫米　1/16	
印　　　张／16	责任编辑／王晓莉
字　　　数／376 千字	文案编辑／王晓莉
版　　　次／2019 年 8 月第 1 版　2019 年 9 月第 2 次印刷	责任校对／周瑞红
定　　　价／45.00 元	责任印制／李志强

图书出现印装质量问题，请拨打售后服务热线，本社负责调换

前 言

随着资本所有者与知识所有者之间博弈关系的转变,尤其是人力资本重要性的进一步凸显,知识型员工对传统的领导方式提出了更高的要求,因此如何进一步提升新型人力资源管理队伍的素质成为高校人力资源管理专业人才培养关注的重点。云南工商学院在长期的办学过程中,坚持以创建一流应用型大学为办学理念,根据学校的教学特点和学生的实际情况,编写了本教材。应用型大学强调以职业素质为基础,以技能为核心,培养学生的综合能力。对于应用型大学的在校大学生,尤其是立志以人力资源管理工作为职业目标的青年学生,系统地学习人力资源管理专业基础知识,增强实践能力,将为今后的事业成功奠定坚实的基础。因此提高教材与社会实践的无缝对接是本教材关注的重点。

"让老师易教,让学生易学,在阐述人力资源管理基本原理的基础的同时,充分反映理论和实际的最新发展"是本教材特别强调的一个观念,每个学生不仅要从书本上、课堂中学习管理知识,更要从日常的学习、生活中培养自己的管理意识和能力。

本教材的编写强调基础性,力求通俗、精练,并配有丰富的案例。在体例上有所突破,每章以教学目标为先导,同时导入案例并针对案例提出问题引导学生思考,在每个章节的开篇提出章节任务,最后配备完整的课后练习,以便于学生巩固所学知识。具体来讲,本教材主要具有四个特点。

(1)突出应用型人才培养目标。本教材将从培养应用型专业人才的目标出发,力求在知识点的讲授上,突出理论联系实际的特点;在基本原理的介绍上,力求对近年来经济社会生活中发生的事件进行加工,使之符合人力资源管理教学的需要,进一步培养学生分析问题、解决问题的能力;在基本理论的阐述上,联系了我国企事业人力资源改革中正在发生的变革,启发学生思考,提高其对社会的认识能力。

(2)在风格上更加简洁。本教材从遣词造句到谋篇布局都力求简洁平实,力争语句简洁明了,深入浅出,通俗易懂。

(3)案例更加充分,内容更贴近实际。本教材对一些重要的知识点和难点都引入了案例分析,并在章首提出了学习目标,突出对重要技能的解释和说明,使读者更容易掌握该学科的基本理论和基础知识,也为其进一步发展和深造奠定了深厚的基础。

（4）受众人群聚焦，可操作性强。本教材的编写充分考虑了我院学生的学情和教学特点，在相关理论较强的章节，我们运用大量通俗易懂的案例进行阐述，帮助学生理解相关技能要求和概念。同时在案例的分析及实际动手能力方面，在每个章节均设计了教学任务，同时严格要求教学团队进行实训内容的开发，重视对实训过程及结果的监控，以提高学生的专业实践能力。

全书由祁雄、刘雪飞拟定各章节大纲和写作内容，并由团队分工协作共同完成。本书共分为九章。各章节编写工作分配如下：前言由汪金锋编写，第一章由安力、刘雪飞编写，第二章由黄辰编写，第三章由赵越编写，第四章由周善武编写，第五章由肖东编写，第六章由韩潍泾编写，第七章由王来编写，第八、九章由郭文娟编写。祁雄、刘雪飞、肖东、韩潍泾承担了书稿的修改、统稿和最后审定工作。前期工作中，曹志铭、杨扬、郭双梅、马骁骅进行了资料的收集和整理工作。书稿能够顺利出版得到了云南工商学院科研处尹新珍、石晴两位老师的大力支持，在此深表谢意。我们在本书的编写过程中，直接和间接地参阅了目前已经出版的国内外部分优秀教材、专著和相关资料，引用了其中一些相关的内容和研究成果，书中引用的部分内容已做标注，列入了参考文献中，编者未能与作者取得联系，冒昧地将资料收录，敬请谅解。同时向这些作者、译者表示衷心的感谢。

由于时间和编者水平的限制，疏漏乃至错误在所难免。恳请使用本教材的师生及其他读者批评指正，以便我们不断修改和完善。

编　者

2018 年 12 月

目 录

第1章 认知人力资源管理 (1)
1.1 认知人力资源及人力资源管理 (3)
- 1.1.1 任务目标 (3)
- 1.1.2 任务描述 (3)
- 1.1.3 知识学习 (3)
- 1.1.4 工作示例 (5)
- 1.1.5 案例实践 (6)

1.2 认知人力资源管理发展趋势 (7)
- 1.2.1 任务目标 (7)
- 1.2.2 任务描述 (7)
- 1.2.3 知识学习 (7)
- 1.2.4 工作示例 (10)
- 1.2.5 案例实践 (11)

1.3 本章小结 (16)
1.4 自测题 (17)
1.5 实践训练 (17)

第2章 工作分析 (18)
2.1 认知工作分析 (19)
- 2.1.1 任务目标 (19)
- 2.1.2 任务描述 (19)
- 2.1.3 知识学习 (19)
- 2.1.4 工作示例 (21)
- 2.1.5 实践案例 (22)

2.2 设计调查方案 (22)
- 2.2.1 任务目标 (22)
- 2.2.2 任务描述 (22)

2.2.3 知识学习 ………………………………………………………… (22)
  2.2.4 工作示例 ………………………………………………………… (23)
  2.2.5 实践案例 ………………………………………………………… (24)
 2.3 收集工作信息 …………………………………………………………… (25)
  2.3.1 任务目标 ………………………………………………………… (25)
  2.3.2 任务描述 ………………………………………………………… (25)
  2.3.3 知识学习 ………………………………………………………… (25)
  2.3.4 工作示例 ………………………………………………………… (31)
  2.3.5 实践案例 ………………………………………………………… (33)
 2.4 编制工作说明书 ………………………………………………………… (36)
  2.4.1 任务目标 ………………………………………………………… (36)
  2.4.2 任务描述 ………………………………………………………… (36)
  2.4.3 知识学习 ………………………………………………………… (37)
  2.4.4 工作示例 ………………………………………………………… (45)
  2.4.5 实践案例 ………………………………………………………… (47)
 2.5 本章小结 ………………………………………………………………… (49)
 2.6 自测题 …………………………………………………………………… (49)
 2.7 实践训练 ………………………………………………………………… (50)

第3章 人力资源规划

                           (51)

 3.1 人力资源需求与供给预测 ……………………………………………… (52)
  3.1.1 任务目标 ………………………………………………………… (52)
  3.1.2 任务描述 ………………………………………………………… (53)
  3.1.3 知识学习 ………………………………………………………… (53)
  3.1.4 工作示例 ………………………………………………………… (61)
  3.1.5 案例实践 ………………………………………………………… (62)
 3.2 人力资源规划的编制 …………………………………………………… (62)
  3.2.1 任务目标 ………………………………………………………… (62)
  3.2.2 任务描述 ………………………………………………………… (62)
  3.2.3 知识学习 ………………………………………………………… (63)
  3.2.4 工作示例 ………………………………………………………… (64)
  3.2.5 案例实践 ………………………………………………………… (67)
 3.3 本章小结 ………………………………………………………………… (68)
 3.4 自测题 …………………………………………………………………… (68)
 3.5 实践训练 ………………………………………………………………… (69)

第4章 招聘管理 …………………………………………………………………… (71)

 4.1 制订招聘计划 …………………………………………………………… (73)
  4.1.1 任务目标 ………………………………………………………… (73)
  4.1.2 任务描述 ………………………………………………………… (73)
  4.1.3 知识学习 ………………………………………………………… (74)

4.1.4　工作示例 …………………………………………………………… (78)
　　　4.1.5　案例实践 …………………………………………………………… (79)
　4.2　发布招聘广告 ……………………………………………………………… (79)
　　　4.2.1　任务目标 …………………………………………………………… (79)
　　　4.2.2　任务描述 …………………………………………………………… (79)
　　　4.2.3　知识学习 …………………………………………………………… (79)
　　　4.2.4　工作示例 …………………………………………………………… (80)
　　　4.2.5　案例实践 …………………………………………………………… (81)
　4.3　人员甄选 …………………………………………………………………… (82)
　　　4.3.1　任务目标 …………………………………………………………… (82)
　　　4.3.2　任务描述 …………………………………………………………… (82)
　　　4.3.3　知识学习 …………………………………………………………… (82)
　　　4.3.4　工作示例 …………………………………………………………… (91)
　　　4.3.5　案例实践 …………………………………………………………… (93)
　4.4　本章小结 …………………………………………………………………… (93)
　4.5　自测题 ……………………………………………………………………… (94)
　4.6　实践训练 …………………………………………………………………… (95)

第5章　员工培训与开发 ……………………………………………………… (96)
　5.1　认知员工培训与开发 ……………………………………………………… (97)
　　　5.1.1　任务目标 …………………………………………………………… (97)
　　　5.1.2　任务描述 …………………………………………………………… (98)
　　　5.1.3　知识学习 …………………………………………………………… (98)
　　　5.1.4　工作示例 …………………………………………………………… (102)
　　　5.1.5　案例实践 …………………………………………………………… (103)
　5.2　员工培训与开发需求 ……………………………………………………… (106)
　　　5.2.1　任务目标 …………………………………………………………… (106)
　　　5.2.2　任务描述 …………………………………………………………… (106)
　　　5.2.3　知识学习 …………………………………………………………… (106)
　　　5.2.4　工作示例 …………………………………………………………… (115)
　　　5.2.5　案例实践 …………………………………………………………… (115)
　5.3　培训组织实施的流程与方法 ……………………………………………… (116)
　　　5.3.1　任务目标 …………………………………………………………… (116)
　　　5.3.2　任务描述 …………………………………………………………… (116)
　　　5.3.3　知识学习 …………………………………………………………… (116)
　　　5.3.4　工作示例 …………………………………………………………… (120)
　　　5.3.5　案例实践 …………………………………………………………… (120)
　5.4　员工培训效果评估 ………………………………………………………… (121)
　　　5.4.1　任务目标 …………………………………………………………… (121)
　　　5.4.2　任务描述 …………………………………………………………… (121)

5.4.3　知识学习 …………………………………………………… (121)
　　5.4.4　工作示例 …………………………………………………… (124)
　　5.4.5　案例实践 …………………………………………………… (124)
5.5　职业生涯管理 ……………………………………………………… (124)
　　5.5.1　任务目标 …………………………………………………… (124)
　　5.5.2　任务描述 …………………………………………………… (125)
　　5.5.3　知识学习 …………………………………………………… (125)
　　5.5.4　工作示例 …………………………………………………… (129)
　　5.5.5　案例实践 …………………………………………………… (131)
5.6　本章小结 …………………………………………………………… (132)
5.7　自测题 ……………………………………………………………… (132)
5.8　实践训练 …………………………………………………………… (133)

第6章　绩效管理 …………………………………………………………… (134)

6.1　认知绩效管理 ……………………………………………………… (135)
　　6.1.1　任务目标 …………………………………………………… (135)
　　6.1.2　任务描述 …………………………………………………… (135)
　　6.1.3　知识学习 …………………………………………………… (135)
　　6.1.4　工作示例 …………………………………………………… (139)
　　6.1.5　案例实践 …………………………………………………… (139)
6.2　构建绩效考评体系 ………………………………………………… (139)
　　6.2.1　任务目标 …………………………………………………… (139)
　　6.2.2　任务描述 …………………………………………………… (140)
　　6.2.3　知识学习 …………………………………………………… (140)
　　6.2.4　工作示例 …………………………………………………… (148)
　　6.2.5　案例实践 …………………………………………………… (151)
6.3　选择绩效考评方法 ………………………………………………… (153)
　　6.3.1　任务目标 …………………………………………………… (153)
　　6.3.2　任务描述 …………………………………………………… (153)
　　6.3.3　知识学习 …………………………………………………… (153)
　　6.3.4　工作示例 …………………………………………………… (160)
　　6.3.5　案例实践 …………………………………………………… (164)
6.4　绩效沟通 …………………………………………………………… (166)
　　6.4.1　任务目标 …………………………………………………… (166)
　　6.4.2　任务描述 …………………………………………………… (166)
　　6.4.3　知识学习 …………………………………………………… (166)
　　6.4.4　工作示例 …………………………………………………… (169)
　　6.4.5　案例实践 …………………………………………………… (170)
6.5　本章小结 …………………………………………………………… (170)
6.6　自测题 ……………………………………………………………… (171)

6.7 实践训练 ……………………………………………………………… (172)

第7章 薪酬管理 ……………………………………………………… (173)

7.1 认知企业薪酬管理 …………………………………………………… (174)
  7.1.1 任务目标 …………………………………………………… (174)
  7.1.2 任务描述 …………………………………………………… (174)
  7.1.3 知识学习 …………………………………………………… (174)
  7.1.4 工作示例 …………………………………………………… (184)
  7.1.5 案例实践 …………………………………………………… (185)

7.2 设计企业薪酬体系 …………………………………………………… (185)
  7.2.1 任务目标 …………………………………………………… (185)
  7.2.2 任务描述 …………………………………………………… (186)
  7.2.3 知识学习 …………………………………………………… (186)
  7.2.4 工作示例 …………………………………………………… (194)
  7.2.5 案例实践 …………………………………………………… (195)

7.3 员工工资统计实务 …………………………………………………… (195)
  7.3.1 任务目标 …………………………………………………… (195)
  7.3.2 任务描述 …………………………………………………… (195)
  7.3.3 知识学习 …………………………………………………… (195)
  7.3.4 工作示例 …………………………………………………… (201)
  7.3.5 案例实践 …………………………………………………… (202)

7.4 员工福利 ……………………………………………………………… (202)
  7.4.1 任务目标 …………………………………………………… (202)
  7.4.2 任务描述 …………………………………………………… (203)
  7.4.3 知识学习 …………………………………………………… (203)
  7.4.4 工作示例 …………………………………………………… (207)
  7.4.5 案例实践 …………………………………………………… (208)

7.5 本章小结 ……………………………………………………………… (208)
7.6 自测题 ………………………………………………………………… (209)
7.7 实践训练 ……………………………………………………………… (209)

第8章 劳动关系管理 …………………………………………………… (210)

8.1 认知劳动关系 ………………………………………………………… (211)
  8.1.1 任务目标 …………………………………………………… (211)
  8.1.2 任务描述 …………………………………………………… (211)
  8.1.3 知识学习 …………………………………………………… (211)
  8.1.4 工作示例 …………………………………………………… (212)
  8.1.5 案例实践 …………………………………………………… (213)

8.2 劳动合同管理 ………………………………………………………… (213)
  8.2.1 任务目标 …………………………………………………… (213)
  8.2.2 任务描述 …………………………………………………… (213)

  8.2.3　知识学习 …………………………………………………………… (213)
  8.2.4　工作示例 …………………………………………………………… (220)
  8.2.5　案例实践 …………………………………………………………… (221)
 8.3　劳动争议处理 ……………………………………………………………… (221)
  8.3.1　任务目标 …………………………………………………………… (221)
  8.3.2　任务描述 …………………………………………………………… (221)
  8.3.3　知识学习 …………………………………………………………… (221)
  8.3.4　工作示例 …………………………………………………………… (223)
  8.3.5　案例实践 …………………………………………………………… (224)
 8.4　员工流动 …………………………………………………………………… (224)
  8.4.1　任务目标 …………………………………………………………… (224)
  8.4.2　任务描述 …………………………………………………………… (224)
  8.4.3　知识学习 …………………………………………………………… (224)
  8.4.4　工作示例 …………………………………………………………… (225)
  8.4.5　案例实践 …………………………………………………………… (226)
 8.5　本章小结 …………………………………………………………………… (226)
 8.6　自测题 ……………………………………………………………………… (226)
 8.7　实践训练 …………………………………………………………………… (227)

第9章　社会保险 ……………………………………………………………… (228)

 9.1　认知社会保险 ……………………………………………………………… (229)
  9.1.1　任务目标 …………………………………………………………… (229)
  9.1.2　任务描述 …………………………………………………………… (229)
  9.1.3　知识学习 …………………………………………………………… (229)
  9.1.4　工作示例 …………………………………………………………… (231)
  9.1.5　案例实践 …………………………………………………………… (232)
 9.2　社会保险的办理 …………………………………………………………… (232)
  9.2.1　任务目标 …………………………………………………………… (232)
  9.2.2　任务描述 …………………………………………………………… (232)
  9.2.3　知识学习 …………………………………………………………… (232)
  9.2.4　工作示例 …………………………………………………………… (237)
  9.2.5　案例实践 …………………………………………………………… (238)
 9.3　本章小结 …………………………………………………………………… (238)
 9.4　自测题 ……………………………………………………………………… (239)
 9.5　实践训练 …………………………………………………………………… (239)

参考文献 ……………………………………………………………………………… (240)

第1章

认知人力资源管理

学习目标

通过本章的学习，应掌握以下职业能力。
1. 理解人力资源、人力资源管理的内涵。
2. 掌握人力资源管理的研究内容、任务、解决的问题。
3. 了解人力资源管理的发展趋势。

导入案例

什么导致不断流失的顶尖人才

"我国流失的顶尖人才数量居世界首位，其中科学和工程领域滞留率平均达87%。"近日，中央人才工作协调小组办公室负责人在接受《人民日报》采访时说。其实，早在2006年，中国教育部公布的数据就显示，中国出国留学总人数达93.34万人，留学回国总人数为23.29万人，回国人数只占出国留学人数的两成。一年后，中国社科院《2007年全球政治与安全》也阐明中国流失的顶尖人才数量在世界居于首位。

21世纪什么最贵？人才！大量的人才流失，降低了国家的竞争力，影响了经济和社会的发展。那么，在毕业生面临"史上最难就业年"之时，我国为何会面临着顶尖人才大量流失？我们该拿什么挽留不断流失的人才？

一、国外的学术与创新环境

中国顶尖人才大量流失的原因是多方面的，一方面，很多人滞留海外是因为国外的科研等条件更为优越，更容易做出成果；另一方面，对顶尖人才而言，国外开放、严谨的学术环境更利于学术创新。举个简单的例子，国内科研经费的申请往往搞"暗箱操作"，有的人搞科研有一套，可经费申请不下来。这样一来，很难出成果。

在国内，学术自由之风基本上被行政化"绑架"，比如，某大学发生过"四十个教授竞争一个处长"的事，这说明"行政化"已经使人才很难再安心地做学问了。除此之外，在国内某些大学中，论文造假之风盛行，学术造假成本低廉，而学术创新的高昂代价却让普通学生难以承担。如果我们经济待遇不如国外，国内再不能营造一个公平、公正、公开透明的科研环境，搞论资排辈、学阀垄断、门第森严……回国的留学生当然会越来越少。

或许一切正如网友所说：如果是你，给你绿卡和高收入，更好的科研设施和社会的肯定，安定的生活和优质的空气；不用和院领导出去陪酒要赞助，也不用和同事玩心计，只要全心全意投入科研就可以了，你走不走？

二、国内的教育环境需要改进

一些留学生不愿意回国的另一个重要原因，是对国内教育系统、教育体制的某些缺陷有所顾虑。如缺乏人文关怀，只见分数不见人，不把每个孩子当作有权利接受教育的个体来看待。国外偏重素质教育，而在国内则是应试教育。当然国外也要应试，但差别在于国内是"精英教育"，通过考试大规模地筛选，筛出好的进一步培养，未选出的就不大受重视了。而国外更注重将每个人当作人才去培养。

说到根上，留学生人才需要的不只是优越的个人待遇，还有自己和子女的教育发展空间。他们一方面受国内改革发展形势的影响和政府的大力感召，对回国发展跃跃欲试；另一方面又面临着对已"安居乐业"的生活现状的取舍，特别是面临着下一代正处于培养成长期的问题，究竟是让他们在国外接受教育，还是让他们回国接受中国教育，这确实是个艰难的选择。更何况，多少国内有条件的家长，不也正在把子女送往国外接受教育吗？

三、国内外生活的压力差别

说了这么多，再来说说国内的就业环境。有人说，它是一个人甚至一个家庭综合社会关系能力强弱的检验，这点有时候比个人的能力还重要。而在外国，人际关系对人的影响则相对较弱。以袁隆平为例，他先后获得过国家特等发明奖、首届国家最高科学技术奖，却因"误会"没有当选中国科学院院士，但2006年却被美国授予外籍科学院院士。还有上海的李爱珍，先后参加了2001年、2005年的科学院院士增选和2003年的工程院院士增选，屡次不中，2007年却被美国授予外籍院士。这难道是中国的院士评选标准严于美国吗？

再来说说价值观。在中国人眼里，评价一个人的标准通常很俗。人生的选择总逃不出追求富贵、追求体面的俗套，总要活在世人的赞扬和唾沫星子里。在这样的"人际关系"下，"海归"怎愿回国受罪？能得到好的待遇也就罢了，万一待遇平平或出于兴趣干起了"平庸"的工作，岂不被人笑话？而在国外，无论你从事什么职业，没有谁鄙视你，人人拥有自由的价值观。

除了这些压力，那些在国外靠拿全奖生活得不错的留学生，到了国内的大城市根本买不起房，但是中国的传统观念是结婚成家了就需要有自己的房子。相对而言，国外的观念更为开放。拿美国来说，很多人不买房，即使买房，以在美国的收入和房价，也更容易实现。

四、如何让顶尖人才回流？

我国最早的留学生是在清朝末年，那个时候中国比现在要积贫积弱，但中国那时出去的留学生大部分回国了，尤其是精英分子，基本上全回来了，直接促进了中国的快速发展；改革开放30年，中国的国力已今非昔比，如何才能减少中国顶尖人才的流失？我们常说"栽下梧桐树，引来金凤凰"，只要有了利于发挥作用的环境，人才自然会回归。

要想"请"回更多的海外才子，一方面要改革学术体制，创造优良的学术环境和公平合理的发展平台，让海归们尽可大展拳脚，贡献自己的力量；另一方面要改进教育体制和机制，让留学生们不再担心子女的教育问题。同时，要保证公平，提高社会医疗保障的服务水平、福利水平。着力于打造一个更好的自然环境、法制环境。公平正义、高福利的社会不会缺乏吸引力，当然也会吸引到海归。

（资料来源：风青杨．什么留不断流失的顶尖人才［EB/OL］．http：//www.glzy8.com/ceo/35822.html.）

1.1 认知人力资源及人力资源管理

1.1.1 任务目标

通过本任务的学习应掌握以下职业能力。
①掌握人力资源的概念。
②掌握人力资源管理的研究内容。
③掌握人力资源管理的任务。

1.1.2 任务描述

通过本任务的学习，掌握人力资源的概念、人力资源管理的研究内容及人力资源管理的任务。

1.1.3 知识学习

1. 人力资源

大家公认的现代人力资源的概念，是由管理大师彼得·德鲁克于1954年在其《管理的实践》一书中首先正式地提出并加以明确界定的。德鲁克明确指出，人力资源即企业所雇用的整个人，是所有资源当中最富有生产力、最具有多种才能，同时也是最丰富的资源，而改善员工的工作成效是提升企业经营绩效的最佳方法。

人力资源是指人类社会所拥有的一切可以利用的人的劳动能力（包括体力、智力）的总和，是指一定范围内具有为社会创造物质和精神财富、从事体力劳动和智力劳动的人的总称。

企业人力资源是指企业所拥有的全部人员（包括与企业目标相关的其他人）的各种能力的总和。

值得一提的是，很多管理学家都将人力资源视为一种无形资产，人力资源已经开始成为企业竞争力的一个重要来源。

2. 人力资源管理

人力资源管理是指一个组织为了实现自己的战略或经营目标，围绕一整套员工管理理念而展开的吸引、保留、激励以及开发员工的政策、制度以及管理实践。人力资源管理既包括组织中的人力资源管理部门所从事的各项专业性的人力资源管理活动，也包括个人直线部门管理人员在日常工作中对员工所提供的指导、监督、激励以及开发工作。人力资源管理会对员工个人及其团队的行为、态度和绩效产生直接影响。

3. 人力资源管理的任务

为有效发挥人力资源管理对组织可能起到的重要作用，组织必须围绕自身的经营发展战略，做好人力资源战略、工作岗位分析、人力资源规划、招聘（招募与甄选）、绩效管理、薪酬管理、培训与开发、劳动关系管理等方面的工作。这些方面正是人力资源管理的专业职能模块，也是人力资源管理部门的职责模块。

（1）人力资源战略。

组织的人力资源管理活动是围绕组织的使命、愿景、价值观、目标、战略而展开的，也应以此确定人力资源战略。人力资源战略决定了一个组织需要一支怎样的人力资源队伍来帮助自己实现组织战略。

（2）工作岗位分析。

在人力资源战略要素明确之后，组织就必须根据自己的人力资源战略需要设计一个科学合理的组织结构。在组织结构设计完成之后，组织还要确定在设立的每一部门中应当设置的职位数量、每一个职位需要承担的主要工作职责和任务，以及承担此职位工作的人需具备的任职资格条件。这就是工作岗位分析所要完成的工作。

工作岗位分析是组织人力资源管理的一个基础或平台。工作岗位分析确定了不同职位的任职资格条件，为员工的招聘、甄选以及培训等提供了标准和依据；通过工作岗位分析明确的职责以及任职资格条件要求，是评价职位的重要标准，为进行薪酬决策提供了依据；工作岗位分析还是绩效管理的一个重要基石，有助于组织确定每一个职位的绩效评价指标。

（3）人力资源规划。

人力资源规划是指根据组织的战略和内部人力资源状况而制订的人员吸引或排除计划。人力资源规划主要涉及的内容包括对员工在组织内部的流动情况以及流入和流出组织的行为进行预测，根据预测的结果制订相应的人员供求平衡计划，从而恰当地满足组织的未来经营对人的需要。

（4）招聘（招募与甄选）。

招聘是指组织通过招聘新员工来填补职位空缺，包括招募和甄选工作。招募所要解决的是如何获得足够数量的求职者供组织筛选的问题，而甄选则是要解决如何从求职者中挑选出适合组织需要的人的问题。

（5）绩效管理。

绩效管理是组织的人力资源管理乃至整个管理和运营的一个中心环节。绩效管理体系是确保员工个人及员工群体的工作活动和工作行为对企业战略目标的实现产生积极作用的一种重要机制。绩效管理通过把组织的经营目标或战略加以细化，将各个重要目标和关键责任层层落实，从而确保组织战略真正得到落实和执行。

（6）薪酬管理。

薪酬是员工在为组织提供知识、技能、能力及努力等之后所获得的经济性报酬。良好的薪酬体系是确保员工的工作积极性、长期保持良好工作绩效及留在一个组织的重要因素。薪酬管理是指一个组织针对所有员工所提供的服务来确定他们应当得到的薪酬水平及支付形式的过程。在这个过程中，企业必须就薪酬形式、薪酬构成、薪酬水平及薪酬结构、特殊员工群体的薪酬等做出决策。除了需要关注劳动力市场上的通行薪酬水平以外，组织的薪酬管理工作还需要具备两个内部的前提条件，即要有良好的职位分析、职位评价基础和良好的绩效管理基础。

（7）培训与开发。

培训与开发是指一个组织为使员工具备完成现在或未来的工作所需要的知识、技能和能力，从而改善员工在当前或未来职位上的工作绩效而展开的一种有计划的连续性活动。培训与开发是组织确保员工具备达成企业战略和目标所需要的相关知识、技能、能力和态度的重要手段。

（8）劳动关系管理。

劳动关系管理是现代人力资源管理的一项重要内容，它所关注的重点是如何通过促进组织和员工之间的关系和谐来确保组织目标的实现和长期发展。

1.1.4　工作示例

阿里（阿里巴巴公司）是怎么做新人培训的？

新员工进入阿里（阿里巴巴公司）之后，都会经历三个时期的培训。首先是入职后27天的专职培训，在这27天之内，新员工将接触到三大类培训，即文化制度类、产品知识类、技能心态类，这三者的课程比例分别是42%、28%、30%。

上岗后，新员工还将接受3~6个月的融入项目培训。一般而言，上岗第一天，新员工会被介绍给团队成员，在一个月之内，还将安排团队聚餐。接下来，在一年之后、三年之后和五年之后都分别有不一样的培训内容。

阿里的人才观念坚信，很多"小白兔"其实是放错了位置的"明星"，因此在阿里人才培养中，最重要的一环便是轮岗。

阿里鼓励员工轮岗

在阿里的管理体系中，对人才是特别敏感的。阿里有一套自己的人才盘点体系，即20%是最有潜力的，70%是潜力一般的，10%是没有潜力的。

每位主管都要给自己的下属打分，并根据"271原则"对员工素质进行强制排序，这是阿里绩效管理中特别重要的一点，他们强调，管理者的责任就是不断地关注下属。

阿里人才管理中最为外界所知的一点是鼓励轮岗，这就意味着，一位员工的能力并不是一位主管说了算，而是多位主管共同评价的结果，这就让员工得到了相对公平的评价。阿里员工的盘点是随时进行的，主管可以每天对其员工进行评价，甚至可以记录下具体事件，且每换一次主管就会获得一次评价。

（资料来源：陈伟．阿里巴巴人力资源管理［M］．苏州：古吴轩出版社，2017．）

1.1.5 案例实践

兔王遇到的难题

南山坡住着一群兔子。在蓝眼睛兔王的精心管理下，兔子们过得丰衣足食、其乐融融。可是最近一段时间，外出寻找食物的兔子带回来的食物越来越少。为什么呢？兔王发现，原来是一部分兔子在偷懒。

奖励的必要性

兔王发现，那些偷懒的兔子不仅自己怠工，对其他的兔子也造成了消极的影响。那些不偷懒的兔子也认为，既然干多干少一个样，那还干个什么劲呢？也一个一个跟着偷起懒来。于是，兔王决定改变这种状况，宣布谁表现好谁就可以得到特别奖励的胡萝卜。

随意奖励，激起不满

一只小灰兔得到了兔王奖励的第一根胡萝卜，这件事在整个兔群中激起了轩然大波。兔王没想到反响如此强烈，但效果适得其反。

有几只老兔子前来找他谈话，数落小灰兔的种种不是，质问兔王凭什么奖励小灰兔。兔王说："我认为小灰兔的工作表现不错。如果你们也能积极表现，自然也会得到奖励。"

兔子们学会了"变脸"

于是，兔子们发现了获取奖励的秘诀。几乎所有的兔子都认为，只要善于在兔王面前表现自己，就能得到奖励的胡萝卜。那些老实的兔子因为不善于表现，总是吃闷亏。于是，在兔群中竟然盛行起一种"变脸"式的工作作风。许多兔子都在想方设法讨兔王的欢心，甚至不惜弄虚作假。兔子们勤劳朴实的优良传统遭到了严重打击。

有规矩才能成方圆

为了改变兔子们弄虚作假的作风，兔王在老兔子们的帮助下，制定了一套有据可依的奖励办法。这个办法规定，兔子们采集回来的食物必须经过验收，然后可以按照完成的数量得到奖励。

一时之间，兔子们的工作效率为之一变，食物的库存量大有提高。

注意奖励制度的改革

兔王没有得意多久，兔子们的工作效率在提高之后，情况很快就每况愈下。兔王感到奇怪，仔细一调查，原来在兔群附近的食物源早已被过度开采，却没有谁愿意主动去寻找新的食物源。

有一只长耳朵的大白兔指责他唯数量论，助长了一种短期行为的功利主义思想，不利于培养那些真正有益于兔群长期发展的行为动机。

当规矩被破坏之后

兔王觉得长耳兔说得很有道理，于是开始思考。有一天，小灰兔素素没能完成当天的任务，他的好朋友都都主动把自己采集的蘑菇送给他。兔王听说了这件事，对都都助人为乐的品德非常赞赏。

过了两天，兔王在仓库门口刚好碰到了都都，一高兴就给了都都双倍的奖励。此例一开，"变脸"游戏又重新风行起来。大家都变着法子讨好兔王，不会讨好的就找着兔王吵闹，弄得兔王坐卧不宁、烦躁不安。有的说："凭什么我干得多，得到的奖励却比都都少？"有的说："我这一次干得多，得到的却比上一次少，这也太不公平了吧！"

胡萝卜也会失去激励作用

时间一长，情况愈演愈烈，如果没有高额的奖励，谁也不愿意去劳动。可是，如果没有人工作，大家的食物从哪里来呢？兔王万般无奈，宣布凡是愿意为兔群做贡献的志愿者，可以立即领到一大筐胡萝卜。通知一出，报名应征者十分踊跃。兔王心想，重赏之下，果然有勇夫。

从这个故事中你领悟到了什么？它跟企业管理有哪些相似之处？面对最终的结果该如何调整呢？

（资料来源：成君忆. 孙悟空是个好员工［M］. 北京：中信出版社，2004.）

1.2 认知人力资源管理发展趋势

1.2.1 任务目标

通过本任务的学习应掌握以下职业能力。
理解人力资源管理在新形势下面临的挑战。

1.2.2 任务描述

通过本任务的学习，了解人力资源管理的发展趋势，能够在实践中贯穿新理念。

1.2.3 知识学习

20世纪末，世界经济环境发生了重大变革。这种变革不仅使组织处于一个更加激烈的竞争环境中，也使人力资源管理面临着巨大挑战。人力资源管理工作如何支持组织战略目标的实现，如何保证组织在快速变化的环境中不断发展并具有持续的竞争优势，这成为组织人力资源管理面临的新问题。

1. 人力资源管理面临的挑战

20世纪90年代开始，世界经济环境发生了重大变革。经济全球化步伐日益加快，区域经济一体化趋势显著，跨国公司对世界经济的影响不断增强，科学技术突飞猛进，企业竞争日趋激烈，使人力资源管理面临着一系列巨大挑战。

（1）经济全球化对人力资源管理的影响。

日益加快的经济全球化进程正在深刻地改变着世界经济的面貌。经济全球化加剧了市场的竞争，市场的多变要求企业能迅速做出反应。企业为了生存和发展，需要不断根据市场的变化调整组织目标和经营战略，人力资源战略能否适应组织战略的变化，就成为组织目标能否实现的关键。

经济全球化导致物质资源、资本甚至人力资源在世界范围内重新优化配置，跨国公司日益成为推进全球性生产要素重新配置与地区产业结构调整的重要角色。全球化加快了人力资源在不同产业、不同职业、不同国家和地区间的流动，大大改变了劳动力市场的面貌。

全球化还促使企业间并购与重组在更广的范围内产生。并购与重组对人力资源管理产生了巨大影响。人事部门需要根据组织目标和经营战略的调整对组织进行重新设计，对人力资源进行重新配置。

全球化还给人力资源管理工作带来了许多新问题。对于跨国公司来说，地域上的分散以及法律和价值观的差异，都对人力资源管理提出了挑战。人力资源管理专业人员必须学会应对各种就业法律以及语言、文化、价值观方面的差异问题。

（2）技术创新速度加快使得人力资源成为组织中最重要的资源。

当今，一场新科学技术革命正在世界范围内蓬勃发展，一批以现代科学为基础的高新技术日益崛起。这场新技术革命发展之迅猛、影响之深远，超过以往任何一次科技革命。在技术的高速发展过程中，人力资源的作用是任何其他资源无法替代的。有人在几年前就说过："过去，企业只要拥有足够的资源和先进的技术就能赢得竞争优势；今天，企业只要能生产出高质量的产品就不会在竞争中被淘汰；明天，企业要想取得并保持竞争优势，唯一的办法就是拥有高素质的人。"随着新技术革命引发的世界性的产业升级，产业梯度转移的浪潮席卷全球，企业已逐渐从产品经营转向资本经营，从技术经营转向智力经营，企业竞争的重点也已从物质资本与市场转向人力资本。人与由其形成的人力资源成为企业振兴和发展的关键因素。

（3）人力资源短缺与全球性人才争夺。

全球化加剧了市场竞争，使人力资源成为全球争夺的焦点。特别是随着新科学技术革命的到来，世界各国面临的一个共同问题是高科技人才严重告急。一些发展中国家自己培养的人才本来就少，却大量外流，严重影响着本国的经济发展。

高科技人才的短缺已成为世界各国特别是发展中国家的普遍现象，如得不到根本解决，将严重阻碍本国经济发展，影响其国际竞争力。因此，世界各国都把争夺人才尤其是高科技人才置于重要的战略地位。1998 年，麦肯锡公司就预测"全球将爆发人才大战"。2000 年，全球性的人才大战达到白热化程度，跨国公司凭借其优厚的待遇和巨大的发展空间吸引着世界上最优秀的人才。各国政府也辅之推出一系列政策，如德国内阁通过了给予非欧盟国家引进技术人才的"绿卡"规定，新加坡宣布引进高科技人才不受指标限制。

2. 人力资源管理的发展趋势

由于现代科学技术的运用和社会经济的快速发展，人力资源与知识资本成为企业核心竞争力的重要组成部分，人力资源的价值则成为企业整体竞争力的标志。从长远来看，人力资源管理的发展将存在七大趋势。

(1) 管理重心转向对知识型员工的管理。

未来人力资源管理发展的显著趋势是对知识型员工的管理。知识型员工具有四个特点。

①知识型员工拥有知识资本，在组织中具有很强的独立性和较高的流动性。这导致知识型员工成为市场竞争的稀缺资源，是企业争夺的主要对象。知识型员工具有的高流动性风险，在客观上要求人力资源管理做出符合知识型员工工作性质的制度安排，留住企业必需的核心人才。

②动态工作职场。知识型员工的工作，多为脑力劳动和创新性工作，办公室、生产车间不再是知识型员工工作必需的场所。这就要求人力资源管理在管理制度中设计符合动态工作职场的管理规则，满足对知识型员工管理的需求。

③工作过程难以直接监控，工作成果也较难衡量。知识型员工工作过程无法用固定的办公场所来约束、管理，工作创新的成果也无法在短期内衡量、评价。这就要求人力资源管理充分考虑知识创造价值的本质特点，设计有激励性、正面引导的价值评价体系，鼓励学习和创新，调动知识型员工的创新意识、成就动机和工作热情等。

④需求结构和报酬体系新要求。对于知识型员工，报酬不再是生理层面的需求，报酬本身也是个人价值与社会身份的象征，其中更多来自工作本身的满足，如成就感、知识产权的确认和其他赏识、责任、荣誉等精神层面的一揽子差异化激励。这要求人力资源管理能依据知识型员工的素质水平、需求结构设计符合需求层次与结构的报酬体系，这也是人力资源管理适应知识经济发展的要求。

(2) 人力资源管理的全球化、信息化。

组织和资源的全球化，必然要求人力资源管理的全球化，这主要表现在三个方面。

①人才流动的国际化。经济的全球化必然带来商业组织的跨地域、跨国界经营与发展。国际化的人才交流市场将出现，并成为一种主要形式，与此相适应的便是企业要以全球的视野来看待人才的流动，进而合理招聘和选拔人才。

②跨文化的人力资源管理将成为重要内容。随着经济全球化的推进，人才本土化，母公司与海外分公司进行企业文化的磨合，帮助海外分公司构建有效的人力资源管理系统，采取有效的方法调动海外分公司员工的工作积极性、提高他们的工作效率等，将是人力资源管理者所要解决的新问题。

③人才网成为重要的人才市场形式。要利用国际互联网的网络资源和交流平台，设计适应国际化、网络化的人力资源管理新体系，为客户提供人力资源的信息增值服务。

全球化也会在很大程度上变革组织的结构、调整组织的制度。

(3) 人力资源管理的服务性。

随着知识经济的发展和知识型员工比例的不断提升，人力资源管理必然要适应管理对象素质提升和结构变化的特点，由行政权力转向服务支持。人力资源管理不仅服务于企业的整体战略，而且要持续提供面向员工的人力资源产品服务。企业要通过让员工满意的服务来吸引、留住、激励、开发所需要的人才。人力资源的服务包括：建立共同愿景，将企业的目标与员工的期望结合在一起；提供持续的人力资源开发与培训，提高员工的个人资本价值；通过提供富有竞争力的薪酬体系及价值分享系统来满足员工的多元化需求；让员工参与管理，授予员工自主工作的权利与责任；建立支持与求助系统，为员工完成个人目标与工作目标提供条件。

（4）人力资源管理的人本化。

人力资源管理的思想发生了根本转变，由过去的"以事为中心"变为"以人为中心"，对员工实行人本管理。人本管理是指把"人"作为管理活动的核心和组织最重要的人力资源，把组织全体成员作为管理的主体，围绕如何充分利用和开发组织的人力资源，服务于组织内外的利益相关者，从而同时实现组织目标和组织成员目标的管理理论和管理实践活动的总称。人本管理的核心价值观是以人为本，即尊重人，关心人，激发人的热情，以满足人的需要为终极目标，充分尊重员工的期望与自我发展，鼓励员工参与组织的管理活动。人力资源管理部门以围绕开发员工能力、调动员工积极性、提高员工满意度来开展各项工作，改变过去那种对员工重管理、轻开发的思想，逐步变为以开发人力资本为中心，以实现人力资本的最大增值。

（5）企业文化成为人力资源管理的核心。

管理追求的最高境界是文化管理，人力资源管理追求的最高境界也是文化管理。企业文化在企业人力资源管理中的地位将越来越重要。未来人力资源管理的一个明显转变就是特别重视文化管理的影响，重视对文化的形成、保持和培育。从人力资源管理的具体工作开始引进新文化，包括人员调动、员工培训、绩效评估与激励、沟通等。企业文化的核心是全体员工共有的价值观念，并使之融合在人力资源管理活动中，直至企业文化和精神深入每一个员工心中。深入员工内心世界的企业文化，能有效地规范和引导员工的行为，增强广大员工对组织的凝聚力，使组织整体目标和个人目标趋于一致。这可以有三种做法：自上而下的改变、自下而上的改变、过程再造的改变。

（6）人力资源管理职能外包。

近几年，随着全球经济一体化进程的加快，专门为企业提供招聘、培训和绩效考核的人力资源管理服务型公司大量涌现，这表明人力资源管理已有外包的需求。人力资源管理职能外包是指将组织的人力资源管理活动委托给组织外的公司承担，以便使组织有更多的精力去专注人力资源核心业务的处理。人力资源管理职能外包的内容主要包括招聘、培训、薪酬和福利等方案的设计及具体实施。

（7）建立学习型组织的趋势将进一步得到加强。

学习型组织是通过有效地组织学习，使全体员工能全身心地投入并持续增长学习力，通过学习创造企业未来的能量和潜力，它是21世纪最具有竞争优势和适应能力的组织形态。企业只有通过持续有效地学习，才能获得生存和发展的机会；只有不断学习，才有创新。人力资源管理部门必须将建立和完善学习型组织作为其工作的重要领域，有效组织员工系统学习，培养员工的系统学习观，整合员工个人的持续学习能力，推动组织的发展与创新。

1.2.4　工作示例

阅读尤瓦尔·赫拉利《未来简史》，分享你的心得。

一、猿人到智人，智人到神人
二、喜欢听故事的"主观现实"
三、想象力的共同体——互联主观
四、信息是这个时代的"资本"
五、未来是分享体验的时代
六、现在的想象共同体是"人文主义"
七、人文主义的危机

（资料来源：尤瓦尔·赫拉利. 未来简史［M］. 北京：中信出版社，2017.）

1.2.5 案例实践

新经济时代人力资源管理的十大特点

人类进入了一个以知识为主宰的全新经济时代。在这样一个快速变化的时代，人力资源与知识资本优势的独特性成为企业重要的核心技能，人力资源的价值成为衡量企业整体竞争力的标准。同时，人力资源管理经历着前所未有的来自全球一体化的力量，如信息网络化的力量、知识与创新的力量、顾客的力量、投资者的力量、组织的速度与变革的力量等各种力量的挑战和冲击。因此，人力资源管理既有工业文明时代的深刻烙印，又反映着新经济时代的游戏规则的基本要求，从而呈现出新的特点。

（1）知识经济时代是一个人才主权时代，也是一个人才赢家通吃的时代。

所谓"人才主权时代"，就是人才具有更多的就业选择权与工作的自主决定权，而不是被动地适应企业或工作的要求。企业要尊重人才的选择权和工作的自主权，并站在人才内在需求的角度，去为人才提供人力资源的产品与服务，去赢得人才的满意与忠诚。人才不是简单地通过劳动获得工资性收入，而是要与资本所有者共享价值创造成果。

所谓"人才赢家通吃"，包括两个方面的含义：一是越高素质、越稀缺、越热门的人才获得的工作选择机会越多，报酬越高；二是拥有独特的人才资源优势的企业具有市场竞争力，容易吸纳和留住一流人才。

人才主权时代的动因主要有三个方面。

一是知识创新者与职业企业家成为企业价值创造的主导要素。企业必须承认知识创新者和职业企业家的贡献与价值，资本单方面参与利润分享的历史已经结束，知识创新者和职业企业家具有对剩余价值的索取权。这就改变了资本所有者和知识所有者之间的博弈关系，剩余价值的索取权力是人才主权的基础，也是它的理论依据。

二是社会对知识和智力资本的需求比以往任何一个时代都强烈，导致知识创新者和职业企业家等人才短缺的现象加剧。人才的稀缺性、巨大的增值空间和人力资本的高回报性，使得资本疯狂地追逐人才，正如美国思科公司（CISCO）总裁所言："与其说我们是在购并企业，不如说我们是在购并人才。"

人才选择资本，人才揣着能力的选票来选企业，人才有了众多的工作选择权。

知识与人才雇用资本。如在知识创新型企业，人才引入风险资本，就是用知识雇用资本，通过知识转化为资本的方式，来实现知识的资本化。

三是世界经济的一体化，使得人才竞争与人才流动国际化。走向国际化，冲击最大的不是产品市场，而是人才市场，尤其是企业家人才和热门技术人才的竞争白热化。这就使人才流动的范围拓宽，人才的职业选择权加大。

在人才主权时代，那些能够吸纳、留住、开发、激励一流人才的企业成为市场竞争的真正赢家。同时，也有可能给企业带来短时间的负面效应，比如，企业一味地通过高薪留住、吸纳人才，造成热门人才的价值与价格背离，形成人才泡沫。

人才流动成为人才价值增值与价值实现的一种途径，使人才跳槽频繁、人才流动风险增大。由于人才主权时代改变了资本所有者与知识所有者之间的博弈关系，企业与员工之间的关系发生了深刻变化，因此又引出以下第二个特点。

（2）员工是客户，企业人力资源管理的新职能就是向员工持续提供客户化的人力资源产品与服务。

企业要以新的思维来对待员工，要以营销的视角来开发组织中的人力资源。从某种意义上说，人力资源管理也是一种营销工作，即企业要站在员工需求的角度，通过提供令顾客满意的人力资源产品与服务来吸纳、留住、激励、开发企业所需要的人才。

从企业经营价值链的角度看，企业要赢得顾客的满意与忠诚，必须赢得员工的满意与忠诚；企业要把客户资源与人力资源结合起来，要致力于提升客户资本价值与人力资本价值。

人力资源管理者要扮演工程师、销售员及客户经理的角色。一方面，人力资源管理者要具有专业的知识技能；另一方面，要具有向管理者及员工推销人力资源的产品与服务方案的技能，即通过沟通使员工对人力资源的产品与服务达成共识。人力资源经理也是客户经理，所谓客户经理，就是人力资源职能部门要为企业各层级提供一揽子的人力资源系统解决方案。企业向员工所提供的产品与服务主要包括五个方面。

①共同愿景：通过提供共同愿景，将企业的目标与员工的期望结合在一起，满足员工的事业发展期望。

②价值分享：通过提供富有竞争力的薪酬体系及价值分享系统来满足员工的多元化需求。价值分享包括企业内部信息、知识、经验的分享。

③人力资本增值服务：通过提供持续的人力资源开发、培训，提升员工的人力资本价值。

④授权赋能：让员工参与管理，授权员工自主工作并承担更多的责任。

⑤支持与援助：通过建立支持与求助工作系统，为员工完成个人与组织发展目标提供条件。

（3）人力资源管理的重心——知识型员工。

新经济时代，国家的核心是企业，企业的核心是人才，人才的核心是知识创新者与职业企业家，人力资源管理面临新三角：知识型员工、知识工作设计、知识工作系统。人力资源管理要关注知识型员工的特点，其工作重点是如何开发与管理知识型员工，对知识型员工采用不同的管理策略。

知识型员工的特点及其管理策略包括五个方面。

①知识型员工拥有知识资本,因而在组织中有很强的独立性和自主性,这就必然带来新的管理问题。

a. 授权赋能人才风险管理。一方面要授权给员工,给员工一定的工作自主权,另一方面却又面临在授权时带来的风险。一个人才既可能带给企业巨大的价值,又可能导致整个企业衰败,人才的风险管理成为人力资源管理的一个新课题。

b. 企业价值要求与员工成就意愿的协调。知识型员工具有很强的成就欲望与专业兴趣,如何确保员工的成就欲望和专业兴趣与企业发展目标一致是一个新问题。如企业研发人员过于注重个人的专业兴趣,在研制产品时,常常忽视产品的市场价值,无法满足市场与顾客的需求,因此,要使研发人员面向市场,把注意力集中在为企业开发适合市场需求的产品上,而不仅仅是获得业界的支持与评价。

c. 工作模式改变,虚拟工作团队。知识型工作往往是团队与项目合作,其工作模式是跨专业、跨职能、跨部门的,有时并没有固定的工作场所,而是通过信息、网络组成虚拟工作团队或项目团队,这种工作模式与工业文明时期严格的等级秩序、细密的分工条件下的工作不一样。如何进行知识型工作的设计,也是21世纪人力资源管理面临的新课题。

②知识型员工具有较高的流动意愿,不希望终身在一个组织中工作,由追求终身就业饭碗,转向追求终身就业能力。这就出现了新的情况。

a. 员工忠诚具有了新的含义。流动是必然的,关键在于如何建立企业员工之间的忠诚关系。

b. 由于流动加速,企业人力投资风险由谁承担成为企业面临的抉择。

c. 流动过于频繁,集体跳槽给企业管理带来危机。

③知识型员工的工作过程难以直接监控,工作成果难以衡量,使得价值评价体系的建立变得复杂而不确定。知识型员工更加关注个人的贡献与报酬之间的相关性,这就要求企业建立公正、客观的绩效考核体系。

在知识创新型企业中,每个人在企业中的位置,不再是按照工业文明时代企业严格的等级秩序和细致的分工体系下的精确定位,而是按照现代数学的模糊定位。在知识创新型企业中,传统的工作说明书变得越来越没有用。要代之以角色定位的角色说明书,即对人力资源进行分层、分类管理,在不同层次、不同类别上来确定各职位的任职资格、行为标准、工作规范。传统的职务说明书已经不足以清楚地确定一个人在企业中的定位,回答不了在知识创新型企业中需要跨部门、跨职能的团队合作问题。

④知识型员工的能力与贡献差异大,出现混合交替式的需求模式。需求要素及需求结构也有了新的变化。

a. 报酬不再是一种生理层面的需求,其本身也是个人价值与社会身份的象征。从某种意义上说,报酬成为一种成就欲望层次上的需求。

b. 知识型员工的内在需求模式是混合交替式的,这使得报酬设计更为复杂。

c. 知识型员工不仅需要获得劳动收入,而且要获得人力资本的资本收入,即需要分享企业的价值创造成果。

d. 知识型员工出现了新的内在需求要素。这些要素是传统的需求模型难以囊括的,如利润与信息分享需求、终身就业能力提高的需求、工作变换与流动增值的需求、个人成长与发展的需求等。

⑤领导界限模糊化。

　　a. 在知识创新型企业中，领导与被领导的界限变得模糊，知识正替代权威。一个人对企业的价值不再仅仅取决于其在管理职务上的高低，而取决于其拥有的知识和信息量。领导与被领导之间的关系以信任、沟通、承诺、学习为基本互动准则。

　　b. 知识型员工的特点要求领导方式进行根本的转变。

　　c. 信任、沟通、承诺、学习成为新的互动方式。

　　d. 要建立知识工作系统和创新授权机制。

（4）人力资源管理的核心——人力资源价值链管理。

人力资源管理的核心就是如何通过价值链管理，来实现人力资本价值的实现与增值。价值链本身就是对人才激励和创新的过程。

价值创造就是在理念上要肯定知识创新者和企业家在企业价值创造中的主导作用，企业人力资源管理的重心要遵循2∶8规律，即要关注那些能够为企业创造巨大价值的人，他们创造了80%的价值，而在企业人员数量中仅占20%。注重形成企业的核心层、中坚层、骨干层员工队伍，同时实现企业人力资源的分层、分类管理模式。价值评价问题是人力资源管理的核心问题，就是指要通过价值评价体系及评价机制的确定，使人才的贡献得到承认，使真正优秀的、为企业所需要的人才脱颖而出，使企业形成凭能力和业绩说话的人力资源管理机制。

价值分配就是要通过价值分配体系的建立，满足员工的需求，从而有效地激励员工，这就需要提供多元的价值分配形式，包括职权、机会、工资、奖金、福利、股权的分配等。

要注重对员工的潜能评价，向员工提供面向未来的人力资源开发内容手段，提高其终身就业能力。

（5）企业与员工关系的新模式——以劳动契约和心理契约为双重纽带的战略合作伙伴关系。

在新经济时代，企业与员工之间的关系需要靠新的游戏规则来确定，这种新的游戏规则就是劳动契约与心理契约。

以劳动契约和心理契约作为调节员工与企业之间关系的纽带，一方面要依据市场法则确定员工与企业双方的权利与义务；另一方面又要求企业与员工一道建立共同愿景，在共同愿景基础上就核心价值观达成共识，培养员工的职业道德，实现员工的自我发展与管理目标。

企业要关注员工对组织的心理期望与组织对员工的心理期望，使两者达成"默契"，在企业和员工之间建立信任与承诺关系。要使员工实现自主管理。

企业与员工是双赢的战略合作伙伴关系，个人与组织共同成长和发展。双赢尤其是对知识型员工来讲，是企业和个人的共同成长。

（6）人力资源管理在组织中的战略地位上升，管理重心下移。

人力资源真正成为企业的战略性资源，人力资源管理要为企业战略目标的实现承担责任。人力资源管理在组织中的战略地位上升，并在组织上得到保证，如很多企业成立人力资源委员会，使高层管理者关注并参与企业人力资源管理活动。

人力资源管理不仅仅是人力资源职能部门的责任，而且是全体员工及全体管理者的责任。企业高层管理者必须承担对企业的人力资源管理责任，关注人力资源的各种政策。目前的人力资源管理在某种程度上可以分为三个部分：一是专业职能部门的人力资源管理工作；二是高、中、基层领导者承担履行人力资源管理的责任；三是员工实现自我发展与自我开发。人力资源管理的一项根本任务就是：如何推动企业的各层管理者及全体员工去承担人力资源开发和管理的责任。

人力资源管理由行政权力型转向服务支持型。人力资源职能部门的权力淡化，直线经理的人力资源管理责任增加，员工自主管理的责任增加。

由于目前组织变化速度很快，现在的组织是速度型组织、学习型组织、创新型组织，人力资源管理要配合组织的不断变革与创新，就需要创新授权，通过授权建立创新机制；在企业中引入新的团队合作，形成知识型工作团队，将一个个战略单位经过自由组合，挑选自己的成员、领导，确定其操作系统和工具，并利用信息技术来制定他们认为最好的工作方法。这种被称为 SMT（Self-Management Team，自我管理式团队）的组织结构已经成为企业中的基本组织单位。

（7）人力资源管理的全球化、信息化。

这是由组织的全球化所决定的。组织的全球化，必然要求人力资源管理策略的全球化。

a. 员工与经理人才的全球观念的系统整合与管理。也就是说，通过人力资源的开发与培训使得经理人才和员工具有全球的概念。现在，人力资源本身也需要进行系统的思考，思考应该建立一种什么样的理念，如何使企业的核心价值观、共同愿景能够系统地落实到员工日常的行为过程中，这就需要对经理人才和员工的理念进行系统整合与管理。

b. 人才流动国际化、无国界。也就是说，要以全球的视野来选拔人才，来看待人才的流动现象，所面对的是人才流动的国际化以及无国界的现象或趋势。

c. 人才市场竞争的国际化。国际化的人才交流市场与人才交流将出现，并成为一种主要形式。人才的价值（价格）不仅仅是在一个区域市场内体现，它更多的是按照国际市场的要求来看待。

d. 跨文化的人力资源管理成为重要内容。

e. 人才网成为重要的人才市场形式。人才网要真正实现它的价值，就要最终走出"跑马圈地和卖地"的方式，真正通过利用网络优势来加速人才的交流与流动，并为客户提供人力资源的信息增值服务。

f. 以信息网络为工具的虚拟工作形式呈不断增长趋势。

（8）人才流动速率加快，流动交易成本与流动风险增加，人才流向高风险、高回报的知识创新型企业。

员工由追求终身就业饭碗转向追求终身就业能力，通过流动实现增值，使人才流动具有内在动力。人才稀缺与日益增长的人才需求，使人才面临多种流动诱因和流动机会。人才流动的交易成本增加，企业人才流动风险增加，需要强化人才的风险管理。因此，在这种情况下，就需要企业的留住人才策略由筑坝防止人才跳槽流动转向整修渠道，即企业内部要有良好的人力资源环境，对流水进行管理，控制水的流量与流速。而且，人力资源部门要强化对流动人员的离职调查，除与个人面谈外，还要对其所在的群体和组织进行调查，找出流动原因以及所反映的组织运行上存在的问题，并提出改进措施。

集体跳槽与集体应聘成为人才流动的新现象。

企业策略联盟与企业购并关注人才联盟与人才购并。思科总裁曾经说："与其说是在购并企业，不如说是在购并人才。"也就是说，一个企业在购并另一个企业时，更多的是关心它的管理团队，关注它的人才团队，对所要购并企业的管理团队和人才团队进行科学的分析，对其价值进行评估。

（9）沟通、共识，信任、承诺，尊重、自主，服务、支持，创新、学习，合作、支援，授权、赋能，将成为人力资源管理的新准则。

在新经济时代，企业与员工之间，管理者与被管理者之间，同事之间，将按新的游戏规则来处理各种关系：如何在沟通基础上达成共识，如何在信任基础上达成承诺、尊重员工的个性，如何在自主的基础上达到有效的管理（尤其是如何为创新型团队提供支持和服务），企业如何注重创新机制，如何变成一种学习性的组织，如何进行团队合作和授权赋能。

（10）人力资源管理的核心任务是构建智力资本优势，人力资源管理者的角色多重化、职业化。

在新经济时代，企业的核心优势取决于智力资本的独特性及其优势。智力资本包括三个方面，即人力资本、客户资本和组织结构资本。人力资本的核心任务是通过人力资源的有效开发与管理，提升客户关系价值。要将经营客户与经营人才结合在一起。要致力于深化两种关系：维持、深化、发展与客户的关系，提升客户关系价值，以赢得客户的终身价值；维持、深化、发展与员工的战略合作伙伴关系，提升人力资本价值。

企业人力资源管理者要成为专家，要具有很强的沟通能力，就必须对整个企业有一个很好的把握，通过沟通达成共识。中国企业的人力资源管理者要尽快实现从业余选手到职业选手的转化。职业选手主要包括三个方面：要有专业的知识和技能、要有职业的精神、必须懂得职业的游戏规则。

企业人力资源的政策与决策越来越需要"外脑"，需要借助社会上的各种力量。没有外力的推动，企业很多新的人力资源政策、企业很多的组织变革方案是很难提出并被高层及员工认同的。

（资料来源：华夏基石管理咨询集团. 新经济时代人力资源管理的十大特点 [EB/OL]. http://www.chnstone.com.cn/research/zl/rlzygl//201602262919.html.）

1.3　本章小结

人力资源是指人类社会所拥有的一切可以利用的人的劳动能力（包括体力、智力）的总和，是指一定范围内具有为社会创造物质和精神财富、从事体力劳动和智力劳动的人的总称。

人力资源管理是指一个组织为了实现自己的战略或经营目标，围绕一整套员工管理理念而展开的吸引、保留、激励以及开发员工的政策、制度以及管理实践。

为有效发挥人力资源管理对组织可能起到的重要作用，组织必须围绕自身的经营发展战略，做好人力资源战略、工作岗位分析、人力资源规划、招聘（招募与甄选）、绩效管理、薪酬管理、培训与开发、劳动关系管理等方面的工作。这些方面正是人力资源管理的专业职能模块，也是人力资源管理部门的职责模块。

从长远来看，人力资源管理的发展将存在七大趋势。

1.4 自测题

一、名词解释

1. 人力资源。
2. 人力资源管理。

二、选择题

1. 很多管理学家都将人力资源视为一种（　　）。
   A. 无形资产　　　B. 有形资产　　　C. 可变成本　　　D. 固定成本
2. 现代人力资源的概念公认是由（　　）提出来的。
   A. 亨利·法约尔　B. 亚当·斯密　　C. 彼得·德鲁克　D. 马克思·韦伯
3. 现代人力资源的发展趋势中，一个重要的趋势是重视（　　）的管理。
   A. 大学生　　　　B. 知识型员工　　C. 一线工人　　　D. 管理层

三、简答题

1. 人力资源管理的任务有哪些？
2. 知识型员工有哪些特点？

1.5 实践训练

通过各种途径搜集知名企业的人力资源管理政策、措施、理念，全面了解企业的人力资源管理情况，并制作成幻灯片进行班级内汇报，从而加深对人力资源管理的理解。

第 2 章

工作分析

学习目标

通过本章的学习，应掌握以下职业能力。
1. 了解工作分析的概念。
2. 了解工作分析的程序和工作任务。
3. 掌握工作分析的方法。
4. 能够设计工作分析调查方案。
5. 能够收集工作分析相关信息。
6. 能够编制工作说明书。

导入案例

猴子取食的三种命运

美国加利福尼亚大学的学者做了这样一个实验：把六只猴子分别关在三间空房子里，每间两只。房子里分别放着一定数量的食物，但放的位置高度不一样：第一间房子的食物放在地上，第二间房子的食物分别从易到难悬挂在不同高度的适当位置上，第三间房子的食物悬挂在房顶。数日后，第一间房子的猴子一死一伤，伤的缺了耳朵、断了腿，奄奄一息。第三间房子的两只猴子都死了。只有第二间房子的猴子活得好好的。

究其原因，第一间房子的两只猴子一进房间就看到了地上的食物，为了争夺唾手可得的食物而大动干戈，结果一死一伤。第三间房子的猴子虽做了努力，但因食物太高，难度过大，够不着，被活活饿死了。只有第二间房子的两只猴子先是各自凭着本能蹦跳取食，最后，随着悬挂食物高度的增加，难度增大，两只猴子只有合作才能取得食物，于是，一只猴子托起另一只猴子跳起取食。这样，每天都能取得够吃的食物，很好地活了下来。

（资料来源：佚名. 管理故事：猴子取食 [EB/OL]. http：//www.chinahrd.net/article/2005/05-12/179262-l.html.）

在上述故事中，虽然学者做的是猴子取食的实验，但在一定程度上说明了人才与岗位的关系。在企业工作中，岗位难度过低，体现不出能力与水平，反倒会导致内耗式位置争斗，其结果无异于第一间房子里的两只猴子。而岗位难度太大，会使员工即便努力工作也不能达到目标，甚至抹杀人才，如第三间房子里两只猴子的命运。所以，设置岗位时，难度要适当，要循序渐进，如同第二间房子的食物。这样才能真正体现员工的能力，发挥员工的能动性。那么对于企业来说，什么是岗位和工作分析？如何做好工作分析？本章将围绕这些内容进行讲述。

2.1 认知工作分析

2.1.1 任务目标

通过本任务的学习应掌握以下职业能力。
①了解工作分析的相关术语。
②了解工作分析的内容。
③掌握工作分析的流程。

2.1.2 任务描述

工作分析是任何一个组织中人力资源管理的一个重要和基础工作。没有周密、细致的工作分析，人力资源管理的科学性就无从谈起。通过本任务的学习，应初步了解工作分析的相关术语、内容，掌握工作分析的工作流程。

2.1.3 知识学习

1. 工作分析的相关术语

工作分析是一项专业性较强的人力资源管理工作，它涉及许多专业术语。
（1）工作要素。
工作要素指工作中不能再分解的最小动作单位。例如，一位秘书从文件夹中取出文件、打开计算机、敲击键盘打字等，都属于工作要素。
（2）任务。
任务是为了完成某种目的所从事的一系列活动，它是一个或多个工作要素的集合，是对一个人从事的事情所做的具体描述。例如复印文件，为了达到最终的工作目的，复印员必须从事以下具体行动（工作要素）。
①启动复印机。
②将复印纸放入复印机内。
③将要复印的文件放好。
④按下按钮进行复印。
也就是说，复印文件这一工作，是上述四项行动直接组成的一个集合。

(3) 职责。

职责指由一个人在某一方面承担的一项或多项任务组成的相关任务集合。例如，监控员工的满意度是人力资源经理的一项职责，这一职责由下列五项任务组成。

①设计满意度的调查问卷。

②进行问卷调查。

③统计分析调查问卷的结果。

④向企业高层反馈调查的结果。

⑤根据调查的结果采取相应的措施。

(4) 职位。

职位指组织中由特定人员在特定时间所承担的、达到一定工作量的、相互联系的职责和任务的集合。例如，人力资源部经理这一职位承担着以下五个方面的职责。

①员工的招聘录用。

②员工的培训开发。

③企业的薪酬管理。

④企业的绩效管理。

⑤员工关系管理等。

(5) 职务。

职务指组织中主要职责具有同等重要性和数量相当的一组职位的集合，通常表示一个人在组织中所处的行政级别。一般地，具有管理和监督职能的职位才会有职务，没有下属的员工是没有职务的，如部门经理、主管以及政府机关中的科长、处长、局长、部长等。

(6) 职级。

职级指同一职业中工作内容、难易程度、责任大小及任职资格十分相似的所有职位的集合，如经济员、助理经济师、经济师、高级经济师等。

(7) 职等。

职等指工作性质或主要职务不同，但其困难程度、责任大小以及任职资格等条件相同的职级。

(8) 职系。

职系是指工作性质大体相似，但工作责任、难易程度不同的一系列职位，如人力资源助理、人力资源专员、人力资源经理、人力资源总监就是一个职系。

2. 工作分析的内容

由于不同的组织进行工作分析时有各自的目的，因此工作分析的侧重点会有所不同。一般来说，工作分析的主要内容包括以下三个方面。

①岗位本身的要素分析，主要包括岗位名称、所属部门、工作关系、工作任务、工作职责、工作权限、工作强度、工作环境、劳动资料和对象等。对上述要素分析结果的书面表达通常称为工作描述。

②岗位对任职者的要求分析，包括知识水平、专业技术能力、工作经验、职业道德和身体素质等。对这部分内容分析结果的书面表达通常称为工作规范或任职资格。

③将上述两大方面的分析结果用书面形式予以表达，即撰写出各岗位的工作说明书或岗

位说明书。

3. 工作分析的流程

工作分析是一项复杂的系统工程。组织进行工作分析必须统筹规划，分阶段、按步骤地进行。首先，要确定工作分析的目的，界定工作分析的范围，确定工作岗位分析的方法；其次，设计信息来源，确定搜集信息的方法，进行工作调查；最后，对搜集到的关于工作岗位的材料、信息进行整理、审查、分析、研究，并编写工作描述与工作规范，形成工作说明书。实施工作分析的主要流程如下。

（1）准备阶段。这一阶段的具体任务是了解情况、建立联系、设计岗位调查的方案、规定调查的范围对象和方法。

（2）调查阶段。在这一阶段，主要任务是根据调查方案，对岗位进行认真细致的调查研究。在调查中，应灵活地运用面谈、问卷、观察等方法，广泛深入地收集有关岗位工作的各种数据资料。如岗位工作的内容、程序、职责、劳动负荷，工作任务的生理与心理要求，作业的环境和条件等。

（3）分析、总结阶段。本阶段是工作分析中的关键环节，它根据岗位调查的结果深入分析和全面总结。岗位分析并不是简单机械地收集和积累信息，而是要对岗位的特征和要求做出全面考察，创造性地揭示岗位的主要成分和关键因素。

2.1.4 工作示例

工作分析相关术语关系如图 2-1 所示。

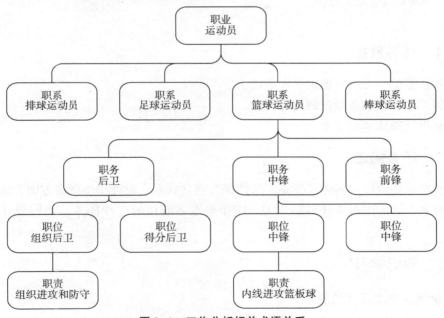

图 2-1 工作分析相关术语关系

2.1.5 实践案例

谁来清扫机油

一个机床操作工把大量的机油洒在自己所属机床周围的地面上。车间主任叫机床操作工把洒落的机油清扫干净，但机床操作工拒绝执行，理由是岗位说明书里并没有包括清扫的条文。车间主任顾不上去查岗位说明书上的原文，就找来一名服务工进行清扫。但服务工同样拒绝，他的理由是岗位说明书里也没有包括这一条。车间主任威胁说要把他解雇，因为该服务工是分配到车间来做杂务的临时工。服务工勉强同意，但是干完之后立即向公司投诉。

有关人员看了投诉后，审阅了机床操作工、服务工和勤杂工的岗位说明书。机床操作工的岗位说明书规定：机床操作工有责任保持机床的清洁，使之处于可操作状态，但并未提及清扫地面的工作。服务工的岗位说明书规定：服务工有责任以各种方式协助机床操作工，如领取原材料和工具，随叫随到即时服务，但也没有明确写包括清扫岗位。勤杂工的岗位说明书中确实包括各种形式的清扫，但是他的工作时间是在正常工人下班后开始的。

思考：
1. 对于服务工的投诉，你认为该如何解决？有何建议？
2. 你认为该公司在管理上有哪些需要改进之处？

2.2 设计调查方案

2.2.1 任务目标

通过本任务的学习应掌握以下职业能力。
①了解工作分析准备阶段的工作任务。
②能够设计岗位调查方案。

2.2.2 任务描述

工作分析准备阶段的具体任务是了解情况，建立联系，设计岗位调查方案，规定调查的范围、对象和方法。通过本任务的学习，应了解准备阶段的工作任务，能够设计岗位调查方案。

2.2.3 知识学习

1. 岗位调查方案设计的流程

首先，明确工作分析的目的；其次，明确工作分析的对象；再次，成立工作分析小组；最后，与组织中的相关成员进行沟通。

2. 明确工作分析的目的

岗位调查的任务是根据工作分析的目的，收集有关反映岗位工作任务的实际资料。因此,在开展岗位调查前,首先要明确工作分析的目的。岗位调查所获取的信息将有何种用途、想要解决什么问题,将决定岗位调查的范围、对象和内容。在这一阶段应弄清应当搜集哪些数据资料以及用什么方法、技术搜集岗位信息。

3. 明确工作分析的对象

明确工作分析的对象,就是要界定工作分析的范围,如是考虑所有职位还是只考虑关键岗位,是考虑技术岗位还是考虑管理岗位,即要明确进行工作分析的职位有哪些。

4. 成立工作分析小组

工作分析是一项复杂的系统过程,涉及大量的信息收集、分析和整理工作,既需要组织高层及各级管理人员的认可和支持,也需要选择和培训参与工作分析的人员,以确保岗位调查的顺利开展、实施。因此,要成立岗位分析小组,人员包括高层管理者、人力资源管理部门经理、人力资源管理专家或专业人员、部门经理、工作分析人员。工作分析小组各成员的主要职责说明如表 2-1 所示。

表 2-1 工作分析小组成员及职责

成员	职责
高层管理者	战略领导,动员参与,认可支持,解决困难,审核验收
人力资源管理部门经理	制订计划,落实实施方案,联络、协调高层管理者和部门经理
人力资源管理专家	策划工作分析,提供技术支持
部门经理	动员参与及配合,提供信息及反馈
工作分析工作人员	收集、整理、分析信息,撰写岗位说明书

5. 与组织中的相关成员进行沟通

在工作分析中,作为工作信息来源的组织成员,他们的态度和配合程度是工作分析成功的重要前提。因此,在进行工作分析前,组织必须向成员传达关于工作分析的目的、意义、作用,以获取组织成员的认同和合作,消除组织成员的疑虑和对立态度,取得他们的信任。

2.2.4 工作示例

工作分析之前要做的准备

2014 年 4 月 1 日下午 13:00,在大家午休的时候,小李和 HR(人力资源)经理被叫到会议室——管理顾问临时召见。这是小李来公司的第二天,刚慢慢地熟悉公司情况,包括 HR 经理——年过六旬、社会阅历颇丰、人格魅力很强的王经理和将要给他们开会的管理顾问——刚刚留美归国的 MBA(工商管理硕士)。

管理顾问:小张,很高兴你的加入,为了让你有机会展示自己的才能,我和王强决定由你来系统地做一下公司每个岗位的工作分析。有什么困难可以提出,我们会尽量提供帮助。

小李发现公司原来的工作分析是 8 年前做的,随着公司主营业务的转型和信息技术的发展,新的工作不断产生,而旧的工作设计也需要改动,于是他意识到公司要进行新的工作分析面临很大的困难。

思考：

1. 为了确保工作的顺利开展，小李在实施前，需要向管理顾问和 HR 经理阐述哪些在工作过程中可能面对的困难以及如何解决这些困难，以获得管理顾问和 HR 经理的支持？
2. 对于小李而言，他需要在整个工作中担负的责任是什么？

2.2.5 实践案例

万家公司成立工作分析项目实施小组

工作分析项目由外部的咨询顾问组成专家组，并且和万家公司有关人员共同组成工作分析实施小组，万家公司参与到这个实施小组中的人有人力资源部员工和公司主管领导。

项目实施小组中人员的责任与分工如表 2-2 所示。

表 2-2 万家公司工作分析项目实施小组人员及其责任与分工

项目组成员	责任与分工
外部专家顾问	作为项目总体策划和实施的负责人，提供技术方案和指导，并通过可行的实施手段达到项目目标。 项目实施方案和计划的制订； 研究工具（调查表、问卷）的设计； 实施调研、访谈； 岗位说明书的撰写与修改； 提供相关培训
人力资源部	作为项目的协调与联络人，配合专家开展工作。 帮助外部专家收集整理资料； 分发、回收调查问卷； 安排其他人员配合专家组的工作； 收集公司员工和管理人员在项目实施中的反馈意见，并把意见反馈给专家组和公司领导； 协调安排工作所需场所、材料、设备等； 安排专家在公司工作期间的食宿、接待
公司领导	把握项目的总体方向和原则，对工作结果进行验收。 对专家组的总体方案和设计提出意见； 对公司员工进行动员； 对项目进程的检查和监督； 听取阶段性的汇报； 验收最终成果

2.3 收集工作信息

2.3.1 任务目标

通过本任务的学习应掌握以下职业能力。
① 了解岗位调查阶段的工作任务。
② 掌握岗位调查的信息来源。
③ 掌握收集工作信息的内容及方法。
④ 运用工作分析的基本方法来收集岗位调查所需要的资料。

2.3.2 任务描述

调查阶段实质上是一个收集信息的过程,主要任务是根据调查方案,对岗位进行认真细致的调查研究。深入进行岗位调查是实现工作研究的各项任务,促进工作岗位分析、评价与分类顺利进行的首要环节和重要保障。通过本任务的学习,应了解岗位调查阶段的工作任务,掌握工作信息来源以及内容,能够运用访谈、问卷调查、工作日志等方式收集岗位信息。

2.3.3 知识学习

1. 岗位调查的信息来源

(1) 书面资料。

在企业中,一般都保存有几类岗位现有人员的资料记录以及岗位责任的说明,这些资料对工作分析非常有用,如组织中已有的部门职责、岗位职责等。

(2) 任职者的报告。

通过访谈、工作日志等方法得到任职者的报告。由于任职者是自己描述所做的主要工作以及工作是如何完成的,因此,很难保证所有的工作方面都能涉及,而且无法保证信息本身的客观性与真实性。

(3) 同事的报告。

组织可以通过向任职者的上级、下属、同事等获得资料。上级的评价可以检查结果是否有效;同事的报告有助于提供对比,也有助于弥补仅通过任职者获取资料的不足。

(4) 直接观察。

到任职者的工作现场进行直接观察也是一种获取有关工作信息的方法。尽管岗位分析人员出现在任职者的工作现场对于任职者会造成一定的影响,但这种方法仍能提供其他方法所不能提供的信息。除此之外,岗位分析的资料还可以来自顾客和用户等。

2. 收集工作信息

收集与工作分析有关的信息,包括收集工作的背景资料和收集与工作相关的其他信息。

工作的背景资料主要包括国家的职业分类标准或国际职业分类标准，组织中的组织结构图、工作关系图、工作流程图、岗位设置表、部门职责说明书等有关资料，以及现有的岗位说明书或职位描述的资料等。

与工作相关的其他信息主要是职位信息，包括以下几个方面。

（1）工作名称。

工作名称指组织对从事一定工作活动所规定的工作名称或工作代号，以便于对各种工作进行识别、登记、分类，确定组织内外的各种工作关系。工作名称应当简明扼要，力求做到能够识别工作的责任以及在组织中所属的地位或部门，如一级生产统计员、财务总监就是比较好的工作名称，而统计员、部门经理则不够明确。

（2）工作活动和程序。

工作活动和程序是职务描述的主体部分，必须详细，列出所需的内容；包括所要完成的工作任务、工作职责，完成工作所需要的资料、机器设备与材料、工作流程、工作联系以及上下级关系。

（3）工作条件和物理环境。

工作描述要完整地描写个人工作的物理环境，包括工作地点的温度、光线、湿度、噪声、安全条件等，此外还应包括工作的地理位置、可能发生意外事件的危险性等。

（4）社会环境。

社会环境是迎合当前人力资源管理的实际而提出来的，是工作描述的新趋势。它包括工作群体中的人数及相互关系，工作群体中每个人的个人资料，如年龄、性别、品格等；完成工作所要求的人际交往的数量和程度；工作点内外的公益服务、文化设施、社会习俗等。

（5）职业条件。

职业条件包括工作的各方面，如工资报酬、奖金制度、工作时间、工作季节性、晋级机会、组织地位等。

（6）任职资格。

任职资格包括必备知识、经验、能力、心理素质、身体素质等。

3. 工作分析（收集信息）的方法

工作分析的方法，实质上就是收集工作分析所需的信息资料的方法，大体上可以分为定性的分析方法和定量的分析方法。定性的分析方法一般有访谈法、问卷调查法、观察法、工作日志法、关键事件法等；定量的分析方法则包括职位分析问卷、职能性职位分析法等。

（1）访谈法。

访谈法是指通过访谈的方式来获取职位信息的方法，适用于工作流程较为复杂、内容责任难以界定的工作。访谈法根据访谈对象可分为个人访谈、群体访谈和主管人员访谈，不同访谈法的比较如表2-3所示。

表 2-3　不同访谈法的比较

类型	出发点	注意点
个人访谈	任职者对自身承担的职位最为了解，最了解职位所承担的工作任务是什么，如何完成这些工作，在职位中存在哪些困难，以及如何解决这些困难	让任职者充分了解工作分析的意义，否则会夸大自己承担的责任、工作难度等，造成信息失真或虚假
群体访谈	可以更全面和充分地了解和职位有关的各方面信息	最好要有承担者的上级主管人员在场，如果不在场，事后需要确认信息的真实性和可靠性
主管人员访谈	主管人员对下属所承担的工作较为了解，甚至有些主管本人也是从被分析职位上晋升而来的，对职位通常比较了解	在进行主管人员访谈法时，可以对岗位进行深入的分析，但要注意如果主管人员之前做过该岗位的工作，有可能在回答时会侧重说明该岗位的重要性

访谈提纲示例

你所在的部门的主要职责是什么？
你个人的主要职责有哪些？
在××职责中需要从事哪些具体工作？
××工作任务是怎样完成的？工作对象和流程是怎样的？
完成××工作任务大约需要多长时间？
完成××工作的主要难点和障碍是什么？
履行××职责或工作任务应该达到的基本绩效标准是什么？
你个人认为目前的工作量是否适中？如不适中，是过大还是过小？
完成这些工作需要什么样的学历、经验、技能等？
完成工作时的环境和条件如何？
你认为你们部门内部的职位设置和分工情况是否合理？
……
（资料来源：刘昕．人力资源管理［M］．第3版．北京：中国人民大学出版社，2018．）

(2) 问卷调查法。

问卷调查法是通过让相关人员填写与其工作职责有关的调查问卷来收集信息的方法。问卷分为结构性问卷和非结构性问卷。结构性问卷是在对职位彻底了解的基础上对某工作任务与职责有大量描述，由员工选择与判断哪些是本职位的任务与职责的问卷；非结构性问卷是事先不提供任何有关某工作的任务与职责描述，而由接受问卷调查的员工结合平时工作体会全面地描述其职位的问卷。调查问卷示例如表 2-4 所示。

表 2-4　调查问卷示例

姓名： 部门： 主管姓名：	工作名称： 工作编号： 主管职位：

任务综述（请简单说明你的主要工作）
特定资格要求（说明完成由你承担的职务需要什么学历、证书或许可）
设备（列举为完成本职工作，需要使用的设备或工具等） 设备名称：　　　　　　　　　　平均每周使用小时数：
日常工作任务（请你尽可能多地描述日常工作，并根据工作的重要性和每项工作所花费的时间由高到低排列）
工作接触（请你列出在公司或公司外所有因工作而发生联系的部门和人员，并按接触频率由高到低排列）
决策（请说明你的日常工作中包含哪些决策）
文件纪律责任（请列出需要由你准备的报告或保存的文件，并说明文件应上交给谁）
工作条件（请描述你的工作环境与条件）
资历要求（请描述胜任本工作的人最低应达到什么要求） 最低教育程度： 专业或专长： 工作经历： 工作年限： 特殊培训与资格： 特殊技能：
其他信息（请写出前面各项中没有涉及的，但你认为对本职务很重要的其他信息）
填表人：

（3）观察法。

观察法是通过观察工作人员的工作过程，记录工作行为各方面的特点，了解工作中所使用的工具设备、工作程序和体力消耗等，从而收集职位信息的方法。观察时，可以用笔记录，也可以事先准备好观察项目表进行观察核对。

运用观察法的注意事项。

①观察员的工作相对稳定，即在一定时间内，其工作内容、程序、对工作人员的要求没有明显的变化。

②观察法适用于大量标准化的、周期较短的、以体力劳动为主的工作，不适用于以脑力劳动为主的工作。

③要注意工作行为本身的代表性。

④观察人员尽可能不要引起被观察者的注意，以免干扰他们的工作。

⑤观察前要有详细的观察提纲和行为标准。

表2-5所示为工作分析观察提纲（部分）。

表2-5 工作分析观察提纲

被观察者姓名：	日　　期：
观察者姓名：	观察时间：
工作类型：	工作部分：
观察内容：	
1. 什么时候开始正式工作？	
2. 上午工作多少小时？	
3. 上午休息几次？	
4. 第一次休息时间是从_____到_____？	
5. 第二次休息时间是从_____到_____？	
6. 上午完成产品多少件？	
7. 平均多长时间完成一件产品？	
8. 与同事交谈几次？	
9. 每次交谈约多长时间？	
10. 室内温度为多少摄氏度？	
11. 上午抽了几支香烟？	
12. 上午喝了几次水？	
13. 什么时候开始午休？	
14. 出了多少次品？	
15. 搬了多少次原材料？	
16. 工作地的噪声分贝是多少？	

（4）工作日志法。

工作日志法又称为工作写实法，是指让员工用工作日志的方式记录每天的工作活动，然后经过归纳、提炼、整理获取所需工作信息的一种方法。表2-6为某公司的工作日志示例节选。

表2-6　某公司的工作日志示例（节选）

年　月　日	序号	紧急程度	具体情况	完成情况
待办事项				
起止时间	所属序号		具体情况	完成情况

（5）关键事件法。

关键事件法通过对被分析员工在工作中极为成功或失败的关键事件进行分析，确定某一工作的关键特征和行为要求。具体来说，关键事件记录包括以下四个方面的内容：一是记录导致事件发生的原因和背景；二是记录员工特别有效或多余的行为；三是记录员工关键行为的后果；四是记录员工自己能否支配或控制上述后果。

（6）职位分析问卷。

职位分析问卷是一种应用最广泛的量化职位分析方法，一共有194个问项，分别描述了从不同的职位汇总概括出来的各种比较抽象的工作行为和能力要求。职位分析问卷中的每一项描述都与通用能力系列测试中的一些分数联系在一起，通过对任职者在信息投入、脑力劳动、工作产出、与他人的关系、工作环境中的互动行为、所需能力等的衡量，在计算机系统中形成一个组织中不同职位之间的相对价值体系，表明各职位在组织中的相对贡献程度，从而对职位进行量化评估。

上述几种工作分析方法的优缺点如表2-7所示。

表 2-7 不同工作分析方法的优缺点比较

方法	优点	缺点
访谈法	运用最广泛；为组织提供了一个良好的机会来解释工作分析的必要性和功能；让被访谈者有机会释放因受到挫折而带来的不满，讲出一些通常不会被管理人员重视的看法	信息可能被扭曲
问卷调查法	可以在较短的时间内向众多的任职者收集到所需要的资料	设计调查问卷进行测算的技术要求较高；不同的任职者对问卷中同一问题的理解可能不一致，会使收集到的信息偏离该工作的主旨
观察法	比较直观地了解被观察者的行为、所需完成的操作	无法观察到内在的反应和思维，不适合于抽象的智力活动、心理素质的分析；如果被观察者知道自己处于被观察状态，会影响其正常工作表现
工作日志法	为工作分析人员提供了一个完整的工作场景	若任职者遗忘或未能及时填写，便要靠回忆进行补记，会影响信息的准确性；给任职者带来更多的记录工作，同时会导致他们产生被监视、监管的感觉；不能全面地了解各项活动的目的和重要性；不能了解长期的、周期性变化的工作活动
关键事件法	便于实施，研究的焦点集中在职务行为上，而行为是可以时刻观察的、可测量的	需要花大量的时间去搜集关键事件，并加以概括和分类；没有对工作提供完整的描述，记录的是显著的对工作绩效有效或无效的事件，不能反映平均绩效水平

2.3.4 工作示例

工作日志法

在填写工作日志前，需要阅读表 2-8 所示的工作日志填写说明。

表2-8　工作日志填写说明

填写工作日志是为了清楚地了解您的工作任务和职责，以便改进工作流程，提高工作效率。它所关注的焦点是工作本身，绝对不涉及对您工作表现的评价。

关于工作日志中时间的填写方法如下：

开始时间：一项工作活动开始的时间（以分为单位）；

结束时间：一项工作活动结束的时间（以分为单位）；

所耗时间：从事一项工作活动总共消耗的时间（以分为单位）。

当一项活动是延续一段时间的活动时，可以记下开始时间和结束时间及所消耗的时间（中间如果插入其他活动，则需另外记下时间）；当活动持续的时间非常短暂，但是在一段时间内反复出现时，可以不记录每次的开始时间和结束时间，而记下在一段时间内发生的次数和总共消耗的时间。

请您在每天的工作开始之前将工作日志放在手边，按工作活动发生的顺序及时填写，切忌在一天工作结束后一并填写。

对工作活动内容的描述要尽可能具体化，判断工作内容描述是否具体化的标准为：没有亲自观察过您工作的人通过阅读您的工作日志后，可以比较清晰地想象出您的工作活动。

不要遗漏细小的工作活动，以保证信息的完整性。

活动的描述中用职位代替人名，不要使阅读工作日志的人感到费解。

若因工作需要外出办事，应在归来后立即补充记录。

请您提供真实的信息，以免损害您的利益。

请您注意保管好您的工作日志，以防遗失。

表2-9为某公司公关宣传部经理的工作日志。

表2-9　公关宣传部经理的工作日志

6月9日　星期二			工作活动
开始时间	结束时间	所用时间/分钟	
8：30	9：30	60	审阅企业宣传专员交来的最新一期稿件，对稿件的内容和排版设计提出意见
9：30	11：30	120	与广告公司协商广告有关的事宜，品牌管理专员同时参加
11：30	12：00	30	继续阅读稿件
13：00	14：30	90	到集团公司主任办公室谈话，讨论关于举办大型广场晚会的问题
14：30	15：30	60	向公共关系专员传达集团办公室主任对广场晚会的意见，并讨论有关具体实施的问题，让公共关系专员草拟具体的实施计划
15：30	16：00	30	与几个媒体朋友电话沟通，讨论广告宣传的有关问题
16：00	17：30	90	与企业宣传专员讨论新一期杂志，并进一步讨论该杂志今后的发展

续表

6月10日 星期三			工作活动
开始时间	结束时间	所用时间/分钟	
8：30	9：00	30	回复几个与业务有关的邮件
9：00	11：00	120	面试两个公关宣传专员职位的应聘者
11：00	12：00	60	与人力资源部的员工关系主管讨论杂志的有关问题
13：00	15：30	150	参加市场部有关暑期促销活动的会议
15：30	16：30	60	文化演出公司前来洽谈有关大型广场晚会的事项
16：30	17：30	60	审阅双刊的大样

2.3.5 实践案例

万家公司的访谈法

下面是对公关宣传部经理职位的任职者进行的访谈。

第一步：介绍和了解基本背景。访谈者首先用诚恳、简洁的语言向被访谈者介绍自己及本次访谈的目的，消除被访谈者的顾虑，建立良好的访谈关系。

访谈者（以下简称"访"）：您好！我想您应该已经知道公司现在正在进行的工作分析工作了，今天与您交谈是为了了解一些有关您这个职位的信息，因为您是最了解这方面信息的人，所以希望您能够积极配合！

任职者（以下简称"任"）：好的。

访：您在这个职位上干了多长时间了？能否简单介绍一下您的工作经历？

任：我大学毕业以后就被分配到万家公司的前身——万家电冰箱厂担任秘书一职，两年以后被调到宣传科工作了5年。后来集团成立后，我就一直在集团办公室负责公关和宣传工作。5年以后，也就是前年被提升为部门经理。

访：看来您是从基层开始，一步一步地走到今天这个位置的。可想而知，您的实践经验一定是很丰富的；而且您在公司工作时间这么长，各方面的情况也一定非常了解。我们可能会对今天的谈话内容进行录音，以方便回去整理笔记。我们会对您所谈的内容保密，不知您是否同意？

任：好，没问题。

第二步：获得与工作描述有关的信息。这部分交谈主要是为了获得与工作描述有关的信息，了解与工作有关的职责、任务、权限等。

访：首先我想要了解您所在职位有关的一些工作内容。请您简单介绍一下您的工作职责。

任：我的工作概括起来主要有两个部分，即公关和宣传，就是与相关的一些重要单位搞好关系，为公司业务的发展创建良好的公共关系环境。我们的业务发展需要与政府部门、新闻媒体、供应商、客户等建立良好的关系，使他们支持我们的业务。宣传包括对外和对内两方面。对外宣传主要是广告，其次还有我们的刊物《万家灯火》，另外也时常组织一些活动来扩大企业的知名度。对内宣传主要就是让员工了解公司情况、认同企业文化，我们出版了内部发行的刊物《万家人》，里面都是员工自己写的文章，讲述了"万家人"自己的故事。您看，我还给您各带来了一本，这是《万家灯火》，这是《万家人》。《万家人》是一本内部刊物，它是我们和人力资源部合办的，毕竟建设企业文化也是他们的责任。

访：听您讲了这些以后，我对您的工作已经有了一个初步的了解，您能不能再稍微具体地讲一下您在公关方面主要做了哪些工作？

任：其实有很多工作是配合公司领导做的。公司领导需要与市里的领导、上级主管单位的领导保持密切的联系，我经常陪同领导参加一些这样的活动。还有一些代理商、媒体等，也是要经常保持联络、建立良好的关系。另外，还有些常规性的工作需要我负责落实。例如，我这儿有一些重要人物的名单，到了过年过节的时候，要给他们送一些小礼品；而且我们的刊物也要按期发给他们。这些工作由我们部门负责。

访：据我所知，客户服务中心也负责与客户建立良好的关系，供货商的关系主要由采购部来处理，那么您这里与他们是怎么分工的呢？

任：涉及业务方面的客户、供应商的关系都是由相应的部门来处理的，非业务性往来，像我前面提到的那些礼尚往来的事情主要由我们部门统一来管。

访：各部门可以自己与他们礼尚往来吗？

任：当然可以，但我们有统一的礼品标准。超过200元的礼品要我做最后的审批确认，超过1 000元则需要获得主任批示。

访：我理解您的意思了，你们主要是以制定规则和监督的方式来管理各部门的公关活动，而不全是亲自操作。

任：对，是这个意思。

访：在对外宣传方面，您提到了广告是一个很重要的内容。能否请您讲述一下贵公司对外投放广告的工作的程序呢？

任：每年年初我们以招投标的形式决定广告代理商，包括电视广告、户外广告等。每年的招投标会都是由我组织的。年度代理商确定后，我们将统一对其进行相关知识和公司背景的培训，使他们了解我们公司的理念、文化等，使他们的创意更符合我们的需要。公司品牌和形象宣传的广告由我们这里牵头，综合各部门的意见提出计划，产品有关的广告主要由市场部制订计划。我们要审核其是否符合公司形象，然后由领导审批计划，最后才让代理商进行设计。与代理商的沟通工作都是通过我们进行的，必要的时候我会邀请市场部的人或相关领导参加。广告投放之后，我们将联合市场部对广告效果进行评估，如对销售额的影响进行客户满意调查等。

访：除了广告之外，还有其他宣传推广活动吗？

任：我们的市场推广活动主要有公司级别的重大事件的对外发布及展示、与产品和服务相关事件的对外发布和展示以及分公司在当地的推广活动。市场推广活动按受众对象分为面向大众的发布与推广活动、面向新闻界的发布与推广活动、面向主要客户的发布与推广活动，按主要采用的形式分为大型展览会、新闻发布会、记者招待会、酒会、研讨会等。例如，最近我们正在着手准备的大型广场晚会，会邀请一些著名的歌手、演员，在晚会上还准备了现场抽奖环节，而奖品就是我们公司的电器产品。

可：这样的活动你们多长时间组织一次？

任：一年组织五六次。

访：分公司组织各种广告、宣传活动也需要统一通过您这里吗？

任：我们制定了关于各公司（包括各部门）进行广告宣传的规章制度。一般来说，公司的整体形象、品牌宣传由我们部门负责，分公司可以自己在当地开展配合促销的广告宣传活动，各部门也可以针对某个具体产品做宣传推广。但是，代理商的资质必须由我们审核，广告、活动方案也要经我们审批后才可以实施。

访：您这里还负责《万家灯火》和《万家人》这两个刊物吗？这些刊物多长时间出一期？

任：《万家灯火》每半个月出一期，主要发给政府有关部门、新闻媒体、客户、经销商等，当然，内部员工和他们的家人也能看到；《万家人》则是内部刊物，但有时也会给外部的客户、上级单位、媒体等，让他们了解我们员工的精神风貌。

访：这么大的工作量，您有几个下属，对他们又是怎样分配工作的呢？

任：广告主要由两个品牌管理专员负责，他们一个负责形象广告，一个负责产品广告和对分公司的指导；公共关系就一个人，协助我处理一些常规的公共关系事务。对外宣传主要由一个人负责大型活动，一个人负责外部刊物；对内宣传由一个人负责刊物。另外，我们在各部门和分公司都设有兼职的宣传员，主要负责收集稿件、发放刊物。我这里的人手还是比较紧的，最近我也希望能再增加两个人，一个负责对外的大型活动，一个负责对政府部门、媒体的公关。在组织一些大型活动时，我们经常发挥团队的力量，大家都参与。每个人有自己的工作，又能经常参与集体性活动。如此一来能调动大家的积极性，也使他们接触到不同的工作。

访：您的工作应该是向集团办公室主任汇报的吧？那么有哪些事情是您能做主的，哪些是必须请示上级的呢？

任：例如广告，500万元以上的公司形象广告一定要行政副总审批，200万元以上的由集团办公室主任审批，200万元以下的基本上我就可以审批。各地分公司的广告基本上我也可以审批，如果发现有问题，如与总体的基调不太符合等，再向主任汇报。大型活动都得由主任审批，影响特别重大的活动还需要让老板最后做决定。宣传的刊物基本已经定型，每一期我这里通过就可以了，除非有一些特别重要的稿件再请示上级。

访：在人员的管理上，您有多大的权限呢？听说您现在正在招人？

任：主要是由我来面试，我这里通过的再由主任进行复试，一般情况下，主任不会有太多意见。

访：您的工作绩效主要是如何衡量呢？

任：这主要是看广告投放的效果怎样；组织了几次大型活动，效果怎样；外界的反响如何等。

第三步：关于工作规范。这部分主要了解任职者应具备的任职资格（注意确定任职者应具备的最低标准，不要以现有的任职者来决定）。

访：我还想同您讨论一下，从事您这项工作的人应具备的基本要求有哪些呢？需要强调的是，我们想要了解的是能够胜任这项工作的人所必不可少的条件，是最低的工作要求。不考虑您本人现在的水平，而讨论应该具备怎样的条件。首先，您觉得要做好您的工作至少需要哪些知识、技能和能力呢？

任：我觉得要做好我这项工作，不一定需要有多深的知识，但知识面要广，因为接触的人是方方面面的。要善于处理人际关系，善于与人沟通，还要善解人意。要懂一些广告、公共关系的相关知识，另外还要有比较好的文笔。此外，处理事情要灵活，善于随机应变，还要能承受住压力。

访：您觉得从事您现在这个工作至少需要什么样的教育背景呢？包括教育程度、专业方向。

任：我觉得本科就可以了，最好是广告、新闻等专业毕业的。我本人是学中文的，在实际工作中还是觉得有很多东西需要学习。

访：您觉得经验在这个工作中重要吗？要想从事您现在的工作至少需要什么样的工作经验？另外，需要接受哪些培训？

任：经验非常重要，因为这项工作的很多方面都需要从实践中积累经验。怎样为人处世、怎样同不同的人打交道，都不是能从书本中学到的。我想，至少得有3年的经验吧。关于培训，如果有条件接受一些专业的公关广告培训就更好了。

访：还有什么其他要求吗？

任：我觉得形象应该比较好。因为总要跟人打交道，形象好一些容易让人喜欢。

访：好。谢谢您给我提供了这么多有用的信息。非常抱歉占用了您这么多宝贵的时间。

任：不必客气。

2.4 编制工作说明书

2.4.1 任务目标

通过本任务的学习应掌握以下职业能力。
①了解工作描述和工作规范的基本概念。
②能够在已有资料的基础上编写工作描述与工作规范。

2.4.2 任务描述

工作分析的直接结果通常表现为工作说明书，工作说明书包括工作描述和工作规范两方面的内容。工作分析中总结、分析阶段的主要任务是撰写岗位说明书、工作规范等人力资源管理的规章制度。本阶段是工作分析中的关键环节，要对岗位的特征和要求进行全面深入的考察，充分揭示岗位主要的任务结构和关键的影响因素。通过本任务的学习，能对岗位调查的结果进行深入细致的分析，能够采用文字、图表等形式进行全面的归纳和总结。

2.4.3 知识学习

1. 工作分析概述

（1）分析不是罗列。

一个职位包括的工作任务有很多，但是工作分析不是将所有工作任务事无巨细地罗列出来，而是要将职位所要完成的工作分解或者归纳为几个重要的组成部分，将其重新进行组合，形成系统的职责。例如，对公司前台转接电话这项职责进行分析后，应当这样描述：按照公司的要求接听电话，并迅速转接到相应的人员那里，而不应该将所有的活动都罗列上去，如"听到电话铃响后，接起，说出公司的名字，然后询问对方的要求，再按下转接键，转接到相应的人员那里"。

（2）针对的是工作不是个人。

工作分析只关注职位本身的特征和要求，不关注职位上任职者的情况，也不考虑职位上任职者的个性、职业经验、工作能力等差异，要分析、总结和提炼职位本身的要求。例如，某一职位本来需要本科学历的人来从事，但由于各种原因，现在只是由一名中专生担任，那么在分析这一职位的任职资格时仍要规定为本科，而不能根据现在的状况将学历要求规定为中专。

（3）以当前工作为依据。

工作分析是对职位当前的工作内容和职责进行描述，不强调职位过去或者将来可能发生的变化，应准确、清楚地描述职位本身在当前的目的、职责以及工作任务、任职资格等信息。

（4）是事实而不是判断。

工作分析人员要尽可能准确、全面地传递关于职位的事实资料，而不去做判断。判断工作应由职位上的任职者根据职位说明书提供的事实和自己的目的去做，如判断职位的职责是否需要调整以及职位是否需要撤销、合并或增加等。

2. 编制工作描述

（1）工作描述。

工作描述反映了职位的工作情况，是关于职位所从事或承担的任务、职责以及责任的目录清单。

①职位标识。职位标识如同职位标签，让人们能够对职位有一个直观的印象，一般要包括职位编号、职位名称、所属部门、直接上级职位类型、职位薪资级别和制定日期等相关

信息。

②职位概要。职位概要也称职位综述,是对职位所承担的总体职责、工作性质所做的简单描述,职位概要应用简单的语句勾画出职位的主要工作职责,不必细分工作职责下的具体工作任务和活动。

③职位职责与任务。职位职责与任务是职位概要的具体化,列明了任职者所担任的职位在组织中承担的具体职责、所需完成的工作活动或工作内容。在实践过程中,这一部分是相对较难的,要经过反复的实践才能准确把握。首先要将职位所有的工作活动划分为几项职责,然后再将每项职责进一步地细分,分解为不同的任务。

④业绩标准。业绩标准就是职位上每项职责的工作业绩衡量要素和衡量标准。衡量要素是指对于每项职责应当从哪些方面来衡量它;衡量标准则是指这些要素必须达到的最低要求,这一标准可以是具体的数字,也可以是百分比。例如,对于销售经理这一职位,工作完成得好坏主要表现在销售收入、销售成本方面,因此,它的业绩衡量要素就是销售收入和销售成本,至于收入要达到多少、成本要控制在什么范围内就属于衡量标准了,可以规定销售收入每月100万元,销售成本每月30万元。再例如,对于人力资源部薪酬主管,其工作完成得好坏主要看薪酬发放是否准确、及时。因此,其业绩衡量要素就是薪酬发放的准确率和及时性,至于准确率要达到多少、及时性如何表示就属于衡量标准了,可以规定准确率要达到98%,薪酬迟发的时间最多不能超过2天。

⑤工作关系。工作关系是指某一职位在正常工作的情况下,主要与企业内部哪些部门和哪些职位发生工作关系,以及需要与企业外部哪些部门和人员发生工作关系。这个问题比较简单,需要注意的问题是,偶尔发生联系的部门和职位一般不列入工作关系的范围之内。

⑥职位权限。职位权限是指界定职位承担的工作权限范围,包括决策的权限、对其他人实施监督的权限以及经费预算管理的权限等。

⑦工作环境和工作条件。工作环境和工作条件包括工作的时间要求、工作的地点要求以及工作的物理环境条件等。

以上内容属于工作描述的范畴。工作描述是否清楚明了,可以用一个简单的方法来测试。编写工作描述的分析人员可以问自己:"若一个从来没有接触过这一职位的人看了工作描述之后从事这一职位,他是否知道自己应该干什么以及如何去干?"如果不能得到肯定的回答,说明这份工作描述还需要继续修改。

(2) 工作描述的发展趋势。

随着外部竞争环境日趋激烈,很多企业都在改变传统的工作方式,将以客户为导向的工作流程进行改造和重组。在这一浪潮的冲击下,传统的以"命令—执行"为特征的工作方式正在转变为以"服务"为特征的工作方式。在这种工作方式中,企业内部的每一个职位都以服务者和被服务者的双重身份出现,既要接受上游职位的工作输入,又要对下游职位进行工作输出,工作的链条关系越来越重要。为了反映这种关系,结合工作流程编写工作描述已成为一个趋势。

结合工作流程编写工作描述就是在搞清楚工作链相互关系的基础上,在描述职责的任务时加入对象状语,也就是说,加入工作输入对象和工作输出对象。结合工作流程,可以将工作描述提炼成下面的格式:输入的对象和内容+动词+宾语+输出的对象和内容+目的状语。例如,招聘主管的拟定招聘计划职责,结合工作流程可以这样描述:接受各部门的招聘需求信息,拟定招聘计划,提交给经理审批,以保证招聘工作的顺利进行。

3. 编制工作规范

(1) 工作规范的主要内容。

工作规范又称岗位规范或任职资格,是指任职者要胜任该项工作必须具备的资格与条件。它说明了从事某项工作在教育程度、工作经验、知识、技能、能力、兴趣、体能和个性特征等方面的最低要求,是衡量职工是否具备任职资格的依据。

工作规范通常包括六部分内容。

①岗位名称。

②岗位编号。可按岗位评价与分级的结果对岗位进行编码,以便查找。

③职业道德。岗位应遵守的职业道德。

④知识要求。胜任本岗位工作应具有的知识结构和知识水平。

⑤能力要求。胜任本岗位工作应具有的主观条件。

⑥身体条件。胜任本岗位工作应具备的身体素质。

(2) 一般员工工作规范的主要内容。

工作规范的本质是分析任职者应具备的个体条件,一般的人员任职条件主要包括身体素质、心理素质、知识、经验和职业品德等方面。

①身体素质。身体素质包括身高、体重、力量、耐力及身体健康状况等。

②心理素质。心理素质包括视觉、听觉等各种感觉、知觉能力,如辨别颜色、明暗等能力,辨别声音、音调等能力,辨别气味的能力等;记忆、思维、语言、操作活动能力及应变能力;以及兴趣、爱好、性格类型等个性特点。

③知识、经验。知识、经验包括一般文化修养、专业知识水平、实际工作技能和经验等。

④职业品德。任职人员除了必须遵纪守法和具有一般公德外,还要具有职业所需要的职业品德(或职业伦理)。例如,教师要热爱学生、教书育人;财物保管人员要公私分明,非己之物,分毫不沾等。

(3) 管理岗位工作规范内容。

①知识要求。知识要求指胜任本岗位工作应具有的知识结构和知识水平,一般包括六部分内容。

a. 最低学历。

b. 专门知识。胜任本岗位工作所具有的专业基础知识与实际工作经验。

c. 政策法规知识。政策法规知识指具备的政策、法律、规章或条例方面的知识。

d. 管理知识。管理知识指应具有的管理科学知识或业务管理知识。

e. 外语水平。外语水平指因专业、技术或业务的工作需要，对一种或两种外语应掌握的程度。

f. 相关知识。相关知识指本岗位主体专业知识以外的其他知识。

知识要求可采用精通、通晓、掌握、具有、懂得、了解六级表示法来进行评定。

②能力要求。能力要求指能胜任本岗位工作应具有的素质条件，一般包括七部门内容。

a. 理解判断能力。理解判断能力指对有关方针、政策、文件指令、科学理论、目标任务的认识与领会程度，对本岗位工作中各种抽象或具体问题的分析、综合与判断方面应具备的能力。

b. 组织协调能力。组织协调能力指组织本部门人员开展工作及与有关部门人员协同工作的能力。

c. 决策能力。决策能力指从整体出发，对方向性、全局性的重大问题进行决断的能力。

d. 开拓能力。开拓能力指对某一学科、业务或工作领域进行研究、开发、创新、改革的能力。

e. 社会活动能力。社会活动能力指为开展工作在社会交往、人际关系方面应具有的活动能力。

f. 语言文字能力。语言文字能力指在撰写论著、文章，起草文件、报告，编写计划、情况说明、业务记录，讲学、演说、宣传等方面，应具有的文字和口头语言表达能力。

g. 业务实施能力。业务实施能力指在具体贯彻执行计划任务的过程中，处理工作业务、解决实际问题的能力。

③经历要求。经历要求指胜任本岗位工作一般应具有的工作年限，包括从事低一级岗位的经历，以及从事与之相关岗位的工作经历。

(4) 工作规范的编制格式。

如上所述，工作规范的编制一般应具备岗位基本信息、岗位任职条件或要求等要素。在具体操作过程中，可根据行业情况、企事业实际情况和侧重点适当增加内容。

在工作分析过程中，可以采用多种方法进行工作规范信息的收集。在实际操作中，工作规范信息的收集与工作描述的信息收集基本是同步的。一份完整的工作分析调查问卷是可以收集工作描述与工作规范两方面的信息的。所以，工作规范的编制其实是工作分析的另一种成果。

编制工作规范时要注意：一套完整的工作规范应有统一的用语风格；不同部门的相同岗位应有相同的任职条件；任职条件应与岗位的胜任情况相吻合，既不要过高，以至于符合要求的人才较少，也不要过低，以至于不能支持组织长远发展及核心竞争力的形成。

4. 编制工作说明书

(1) 工作说明书的主要内容。

工作说明书是指对企业各类岗位的工作性质、任务、责任、权限、工作内容和方法、工作环境和工作条件，以及本岗位人员资格条件等所做的统一要求。它具有明确工作职责与权限、工作目标、工作特点、任职人员资格等作用，并能为工作评价、人员招聘、绩效管理、培训与开发、薪酬管理等提供依据。

工作说明书主要包括十二方面的内容。

①基本资料。岗位基本资料主要包括岗位名称、岗位等级（岗位评价的结果）、岗位编码、定员标准、直接上下级和分析日期等方面的识别信息。

②岗位职责。职责是岗位的职务、任务与责任的统一，在工作说明书中岗位职责包含三部分内容。

a. 职责概述。用精练的语言高度概括本岗位所应承担的责任。

b. 职责范围。对本岗位各项工作任务逐一进行具体描述。

c. 其他工作。在规定职责范围之外，完成上级主管部门直接领导交办的其他临时性工作。

③监督与岗位关系。本部分包含两个方面的内容，即说明本岗位与其他岗位之间在横向与纵向上的关系。

a. 岗位的纵向关系。工作说明书中必须清楚指出本岗位所施的和所受的监督，即明确本岗位直接指导、监督谁，本岗位又直接接受谁的指导、监督。

b. 岗位的横向关系。即与其他岗位之间的横向关系，包括与企业内部各相关岗位之间、与企业外部相关岗位之间的关系。

通过对本岗位横向与纵向关系的分析，可以清楚地表明本岗位在组织系统中所处的地位和作用。在工作说明书中，采用岗位职务晋升阶梯图可从纵向清楚地显示本岗位员工的晋升路线。在工作说明书中，说明本岗位与本部门内部和本部门以外相邻、相近岗位的关系，以及与企业外部组织机构的上下、左右关系，不但为企业员工的晋升、平移、调动等人力资源管理活动提供了客观依据，还可以反映本岗位工作任务内外联系的复杂与难易程度，为员工培训开发、岗位分析与评价等基础工作开展提供必要条件。

④工作内容和要求。工作内容是岗位职责的具体化，即对本岗位所要从事的主要工作事项做出的说明。本岗位应该做哪些主要的事、应该如何去做，应逐条做出说明，表述的内容力求简明扼要、翔实具体、易于操作。工作要求是对每项工作应达到的数量质量标准和时限等所做出的统一规定。本项目的规定也可以作为本岗位员工绩效考评的重要依据之一。

⑤工作权限。为了确保工作的正常开展，必须赋予每个岗位不同的权限，但权限必须与工作责任相协调。如果权限过大，将会导致滥用权力；如果权限过小，就起不到应有的监督和制约作用。岗位权限的规定，应该体现责任、权限和利益的一致性要求，保证三者之间相互制约、相互协调。

⑥劳动条件和环境。劳动条件是指在一定时空范围内工作地所涉及的各种物质条件。影响劳动环境的主要因素有噪声、粉尘、毒物、振动、辐射等有害因素的污染，环境温度与湿度状况；如有在井下、露天、高处或低温条件下作业的情况，应说明工作危险性、劳动安全性等。在工作说明书中，本部分内容应依据上述情况做出具体说明。

⑦工作时间。工作时间包含工作时间长度的规定和工作轮班制的设计两方面内容。工作时间长度有周标准工时、月标准工时和年标准工时之分。工作时间制度有标准工作时间制度、非标准工作时间制度和不固定工作时间制度三类制度。从工作时间制度的形式来看，主要有标准计时制、累计计时制和弹性计时制等形式。从 1995 年开始，我国法律规定各类企事业单位员工实行每天 8 小时、每周 40 小时的标准计时工作制，因特殊原因不能实行标准计时工作制的行业或岗位，可实行不定时工作制和综合计算工时工作制，但须经国家劳动部门批准。

常见工作轮班制有单班制、两班制、三班制、四班三运转制、四六班制和四八班制等多种形式。

⑧资历。资历由工作经验和学历条件两方面构成。对员工（上岗前）必须具有一定工作经验要求的岗位，在进行岗位分析时，应当通过实地调查和比较验证，对工作经验的年限做出科学的判断。

a. 岗位工作经验的要求，应当明确本岗位需要什么样的工作经验，以及所需工作经验的时间界限。时间界限可分为实习期或见习期、一年、三年、五年或七年以上不等。

b. 岗位学历条件的要求，应当根据本岗位工作要求和技术特点做出判断，具体的指标有高中毕业、中专（中技）、大专、本科、硕士、博士、博士后等。

⑨身体条件。结合岗位的性质、任务对员工的身体条件做出规定，包括对体格和体力两方面的具体要求。

a. 体格。体格包括身高、体重、胸围、腰围、臀围、臂长、腿长等尺寸要求。体格反映了劳动者身体的发育程度和健康状况。

b. 体力。体力指人体活动时各部分肢体所能付出的力量，如推力、拉力、握力、耐力等。

如搬运工岗位需要配备身体健康、能够从事较重体力劳动的员工。而办公室的文员岗位，对员工体格、体力和身体健康状况的要求一般。某些残疾人也能胜任的岗位，对身体条件的要求，应做出相应的调整。

⑩心理品质要求。心理品质要求包括对员工在智力、语言能力、数字能力、空间理解力、形状视觉、书面材料知觉、运动协调能力、手指灵巧、眼手足协调、颜色分辨能力等方面的要求。同其他项目一样，岗位心理品质要求应紧结合本岗位的性质和特点深入分析，并做出具体的规定。

⑪专业知识和技能要求。本部分主要阐述员工从事某岗位应具备的专业知识和技能，主要包括四部分内容。

a. 本岗位员工应当具备的专业知识和职业技能。这是胜任本岗位工作的基本要求。如未达到这一要求，员工就不具备上岗的资格和条件。

b. 招聘本岗位员工时，需要测试的项目和内容。这是对胜任本岗位应具备的综合素质最低限度的要求。它与第一项的区别是，测试的项目和内容应强调本岗位基础性的一般要求。适当减少本岗位具体的特殊性要求，员工在这方面存在的差距，可由上岗前培训或上岗后的继续教育加以弥补。

　　c. 本岗位员工上岗前应接受的培训项目和内容。员工上岗前的入职培训是为了促进员工全面了解单位情况，弄清业务范围，熟悉各种法律法规和规章制度，认知企业文化，明确企业近期的目标和今后的战略发展方向，尽快融入企业。

　　d. 本岗位员工上岗后应继续接受教育的项目和内容。上岗后继续教育的项目和内容更深入，目的是使本岗位员工在全面掌握必备专业知识和技能的基础上，谋求企业与员工的共同发展，促进员工掌握新知识、新技能，更好地胜任本岗位工作。

　　⑫绩效考评。所谓绩效考评，就是从品质、行为和绩效等多个方面对员工进行全面的考核和评价。考评可以采用领导评定、自我评定、同级评定和下级评定等方式，其评价结果的权重，可根据岗位的具体情况而定。绩效考评的指标体系，可以涉及德、能、勤、绩四个方面。"德"指人的思想素质、职业道德，考核指标有道德修养水平、敬业爱岗程度、忠于职守的表现等；"能"指员工的能力，也就是认识、影响和改变主观、客观世界的本领，具体表现在基础能力、特殊（专业）能力和创造能力等层面；"勤"指思考、学习、工作等方面的勤奋精神和程度，评价的指标有员工在工作、学习方面的积极性、主动性和创新性，以及到岗出勤情况（如出勤率、工时利用率等）；"绩"就是工作实际取得的成果，包括完成工作的质量、数量、经济效益和社会效益等，具体指标可结合岗位工作内容和工作要求加以确定。

　　（2）工作说明书编制的格式。

　　工作说明书是经过对该岗位工作的详细、客观和科学分析后，提炼出来的一份叙述简明扼要的描述书。其中，工作任务要明确，使任职者知道要干什么；在每项工作中所负的责任与该项工作目标要明确，以利于绩效考核；岗位规范要科学客观，以有助于人员选聘与组织培训。

　　工作说明书的编制不是一蹴而就的，其有着复杂的程序。在多数组织的实践中，组织若还没有形成工作描述、工作规范的正式文本，就意味着工作说明书的编制需要从工作分析开始，从各种工作信息的收集开始。如果组织已经形成了工作分析的部分结果，如工作描述、工作规范，那么工作说明书的编制会相对更快些。

　　工作说明书的编制工作量较大，需要多人协作完成。为了避免出现语言风格不统一、专业用词不规范等现象，需要对工作说明书中的主要内容进行语言风格的统一和用词的规范。

　　①工作目的（或工作职责）概述的撰写。工作目的概述是对该岗位工作的总括，需要用简洁、精练的语言。例如，某公司大客户经理的工作目的是最大限度地利用销售资源，增加销售额和扩大市场，在指定的销售区域内和公司政策规定指导下，制定销售策略，观察、监督和领导销售代表完成销售目标，建立市场信息渠道。

　　在"以何为目的，有何限制，有何做法"中，工作目的概述常用的词语如下。

　　a. 以何为目的：市场业绩、利润、效率、生产率、质量、服务、期限、安全持续等。
　　b. 有何限制：法律、价值观、原则、政策、策略、方针、模型、方法、技术、体系等。
　　c. 有何做法：习惯、程序、条件、模式、规定、常规、指示、规则、准则等。

　　②具体工作职责的撰写。工作职责描述某个岗位主要负责的几个工作事项，也就是一个

岗位要有多项具体的工作职责。

　　a. 职责项目内容。每项职责应用几个关键词来说明该项工作的主要内容，然后描述怎么做、有什么限制条件及所要达成的结果。各项职责应独立，不可交叉重复。

　　b. 职责项目数量。一般为6~8项，最少不应少于4项，对个别工作可酌情增加或减少项目数量。

　　c. 职责项目排序。按重要程度排序。

　　d. 各项职责占所有工作的比重。按工作量所占比例填写。每项职责用的时间一般大于所有职责的5%。未被逐条详细描述的"其他"职责所占用的时间一般不超过该项工作完成时间的10%。

　　e. 工作内容。工作内容是对该职责的分解，描述怎样（通过哪些工作、怎么做）完成职责。撰写公式：工作内容行为+行为对象+限制条件+要达到的结果+考核标准。

　　③工作说明书主要职权的撰写。在编制工作说明书之前，应对其主要职权进行划分，并对不同的职权进行定义，如表2-10所示。

表2-10　主要职权及其定义

职权	定义
建议权	对管理方案（制度）提出意见和建议的权利
提案权	提出或编制管理方案（制度）的权利
审核权	对管理方案（制度）的科学性、可行性进行审议、修订或否定的权利
审批权	批准管理方案（制度）付诸实施的权利
执行权	组织执行管理方案（制度）的权利
考核权	对管理方案（制度）执行结果进行考核的权利
审计权	对管理方案（制度）执行结果的真实性和合规性进行审计的权利
监控权	对管理方案（制度）执行过程进行监督和调控的权利
奖惩权	对考核和审计结果按照相关规定对相关责任者进行奖惩的权利
申诉权	对考核结果或者管理决策进行申诉的权利
知情权	了解管理方案（制度）相关信息的权利

　　④任职资格的撰写。不同组织对相同岗位会有不同的任职资格。组织可根据业务要求确定各岗位的任职资格，并结合人才市场供需情况对任职资格做适当的调整。

　　(3) 工作说明书编制应注意的事项。

　　工作说明书在企业管理活动中的地位极为重要，不但可以帮助任职人员了解其工作，明确其责任范围，还可为管理者的某些重要决策提供参考。工作说明书是人力资源管理的基础性文件。编写时应注意以下八个方面。

　　①简明清晰。在囊括了所有基本工作要素的前提下，工作说明书的文字描述应简明扼要。工作说明书对工作的描述要清楚透彻，任职人员阅读以后，无须询问其他人就可以明白其工作内容、工作程序与工作要求等应避免使用原则性的评价，难以理解的专业性词语要解

释清楚。

②具体。在说明工作的种类及复杂程度、任职者需具备的技能、任职者对工作各方面应负责任的程度时，应尽量使用具体的动词，如"分析""收集""召集""计划""分解""引导""运输""转交""维持""监督"及"推荐"等。一般来说，组织中较低岗位的任务最为具体，工作说明书中的描述也最具体。

③指明范围。在界定岗位时，要指明工作的范围和性质，如用"为本部门……""按照经理的要求……"这样的句式来说明。此外，还要包括所有重要的工作关系。

④文件格式统一。可参照典型工作描述编写样本，但形式和用语应符合本组织的习惯，切记不要照搬其他组织的范本。

⑤应充分显示工作的真正差异。各项工作活动，以技术或逻辑顺序排列，或依重要性、所耗费时间多少排列。

⑥对事不对人。无论谁在这个岗位上，所需要做的事情都是一样的。

⑦描述工作不要忽视对绩效期望的描述。员工通过阅读工作说明书不仅要确切了解这项工作的内容和责任，还要了解公司希望将这项工作做到什么程度、达到什么目标。因此，工作说明书要尽可能写出可测量的期望结果；不能量化的，最好用清楚的语言描述出来。

⑧共同参与。为了保证工作分析的严肃性和科学性，工作说明书的编写应由担任该职务的工作人员、上级主管、人力资源专家共同分析协商。只有将各方面的意见考虑在内，制定出来的工作说明书才会为各方面所接受，才能在工作中真正发挥作用。

2.4.4 工作示例

材料一：工作描述的内容

工作描述应使阅读者理解该项工作，具体内容如表 2-11 所示。

表 2-11 工作描述的内容

项目	具体内容
工作识别项目	名称、身份、编码、工作关系等
工作概述	简明、全面地描述工作的任务、目的及结果
工作职责	指明工作的主要职责、工作任务、工作权限，即工作人员行为的界限等
手段	机器、工具、装备、工作辅助设施
材料	原料、半成品、物资、资料、其他用于工作的材料
技术和方法	把原料输入变为产出的专门方法
指导方针和控制任务或行为	对产出的数量和质量、技术和方法、行为和工艺流程的管理模式和规定；对所做工作的描述，包括工作人员与资料、人力、物力及完成工作应遵循的方针之间的关系
环境条件	工作的物理环境、心理环境、情感环境、安全状况、职业危害性等内容
补充信息	以上未提，但对操作化目标制定是必需而有用的细节术语的解释

材料二：工作描述模板

工作描述模板如表2-12所示。

表2-12　工作描述模板

岗位名称：
所在部门/科室/组别：
直属上级主管岗位名称：
直属下级岗位名称：
岗位设置目的：（用简要的语言说明此岗位为什么需要）
主要岗位职责：（用陈述句说明一项有明确结果或产出的工作及所负的责任） 请以职责重要性为序，并标明每项职责所占工作时间的比重。 1.　　　　　　　　　　　　　　　（％） 2.　　　　　　　　　　　　　　　（％） 3.　　　　　　　　　　　　　　　（％） 4.　　　　　　　　　　　　　　　（％） 5.　　　　　　　　　　　　　　　（％） 6.　　　　　　　　　　　　　　　（％） 7.　　　　　　　　　　　　　　　（％） 8.　　　　　　　　　　　　　　　（％）

材料三：招聘专员工作规范

岗位名称：招聘专员　　　所属部门：人力资源部　　　直接上级：人力资源部经理

岗位代码：HR-003　　　　职位等级：四级六等　　　　直接下级：招聘助理员

定员标准：1人

（一）知识和技能要求

1. 学历要求：具有大学本科以上学历，人力资源管理相关专业。

2. 工作经验：4年以上企业人力资源相关的工作经验。

3. 专业背景：3年以上人力资源招聘工作经验。

4. 计算机：熟悉各种办公软件的使用。

（二）能力要求

1. 能够准确、清晰、生动地向应聘者介绍企业情况，并准确、巧妙地解答应聘者提出的各种问题。

2. 工作认真细心，能认真保管好各类招聘的相关文件。

3. 具有较强的洞察力，掌握甄别选拔人才的技巧。

4. 具有较强的亲和力，能网罗公司所需要的各类人才。

5. 有较好的公关能力，能准确地把握同行业的招聘情况。

（三）身体要求

1. 年龄：24~35岁。
2. 性别：不限。
3. 身体状况：良好。

（四）其他要求

1. 能适应加班及出差。
2. 不可连续请假1个月以上。

2.4.5 实践案例

A 公司工作分析为什么失败

A公司是我国中部省份的一家房地产开发公司。近年来，随着当地经济的迅速增长，房地产需求强劲，公司有了飞速发展，规模持续扩大，已逐步发展成为一家中型房地产开发公司。随着公司的发展和壮大，员工人数大大增加，同时，众多的组织和人力资源管理问题也随之逐步凸显。

公司现有的组织机构是基于创业时的公司规划，随着业务扩张的需要逐渐扩充而形成的。在运行的过程中，组织与业务上的矛盾已经逐步凸显。部门之间、职位之间的职责与权限缺乏明确的界定，推诿扯皮的现象不断发生：有的部门抱怨事情太多，人手不够，任务不能按时、按质、按量完成；有的部门又觉得人员冗杂，人浮于事，效率低下。

公司在人员招聘方面，用人部门给出的招聘标准很含糊，招聘主管往往无法准确地理解，使得招来的员工大多差强人意。同时，目前许多岗位往往不能做到人事匹配，员工的能力不能得到充分发挥，严重挫伤了士气，并影响了工作效果。公司员工的晋升，以前都是由总经理直接做决定，现在公司规模扩大了，总经理几乎没有时间来与基层员工和部门主管打交道，基层员工和部门主管的晋升只能根据部门经理的意见决定。而在晋升中，上级和下属之间的私人感情成了决定性的因素，有才干的人往往并不能获得提升。因此，许多优秀的员工由于看不到未来的前途而另寻高就。在激励机制方面，公司缺乏科学的绩效考核方案和薪酬制度，考核中的主观性较强，员工的报酬不能体现其价值与能力，人力资源部经常听到大家对薪酬的抱怨和不满，这也是人才流失的重要原因。

面对这样严峻的形势，人力资源部开始着手进行人力资源管理的变革，变革首先从进行工作的岗位分析、确定岗位价值开始。究竟如何抓住工作分析、岗位评价过程中的关键点，为公司本次变革提供有效的信息支持和基础保证，是摆在A公司面前的重要问题。

首先，开始寻找进行工作分析的工具与技术。在阅读了国内流行的基本工作分析书籍之后，公司从其中选取了一份岗位分析问卷作为收集职位信息的工具。然后，人力资源部将问卷发放到各部门经理手中。同时，还在公司的内部网上传了一份关于开展问卷调查的通知，要求各部门配合人力资源部开展问卷调查。

据反映，问卷在下发到各部门之后一直搁置在各部门经理手中，没有下发给员工，很多部门直到人力资源部开始催收才把问卷发放到每个人手中；另外，由于大家都很忙，很多人在拿到问卷之后，没有时间仔细思考，草草填写；还有很多人在外地出差，或者因任务缠身而无法自己填写，因此由同事代笔；此外，据一些较为重视这次调查的员工反映，很多员工都不太了解这次问卷调查的意图，也不理解问卷中那些陌生的管理术语，如何为职责、何为工作目的，很多人想就疑难问题向人力资源部询问，可是也不知道具体该找谁，因此，在回答问卷时只能凭借个人的理解进行填写，无法把握填写的规范和标准。

一个星期之后，人力资源部收回了问卷。他们发现，问卷填写的效果不太理想，有一部分问卷填写不全，一部分问卷答非所问，还有一部分问卷根本没有收上来。辛苦调查的结果并没有发挥出它应有的价值，于是人力资源部着手选取一些职位进行了访谈，在试谈了几个职位的人员之后，发现访谈的效果并不好。因为，在人力资源部，能够对部门经理访谈的人只有人力资源部经理，主管和一般员工都无法与其他部门经理进行沟通。另外，由于经理们都很忙，能够把双方凑到一块实在不容易。因此，两个星期过去之后，只访谈了两个部门经理。

人力资源部的几位主管负责对经理级以下的人员进行访谈，但在访谈中，出现的情况却出乎意料。大部分时间都是被访谈的人在发牢骚，指责公司的管理有问题，抱怨自己的待遇不公等。而在谈到与工作分析相关的内容时，被访谈的人往往又言辞闪烁，顾左右而言他，似乎对人力资源部的这次访谈不太信任。访谈结束之后，访谈人都反映，对该职位的认识还是停留在模糊的阶段。这样持续了两个星期，访谈了大概1/3的职位。人力资源部经理认为不能再拖延下去了，因此决定开始进入项目的下一个阶段——撰写岗位说明书。

可这时，各职位的信息收集却还不完全，该怎么办呢？人力资源部在无奈之下，不得不另想办法。于是，他们通过各种途径从其他公司中收集了许多岗位说明书，试图以此作为参考，结合问卷和访谈收集到的一些信息来撰写岗位说明书。

在撰写岗位说明书阶段，人力资源部还成立了几个小组，每个小组专门负责起草某一部门的职位说明书，并且还要求各组在两个星期内完成任务。在起草岗位说明书的过程中，人力资源部的员工都颇感为难：一方面不了解其他部门的工作，问卷和访谈提供的信息又不准确；另一方面大家又缺乏撰写岗位说明书的经验。因此，岗位说明书撰写起来感觉很费劲。规定的时间快到了，很多人为了交稿，不得不急忙东拼西凑出一些材料，再结合自己的判断，最终成稿。

最后，岗位说明书终于出台了。人力资源部将岗位说明书下发到各部门，同时还下发了一份文件，要求各部门按照新的岗位说明书来界定工作范围，并按照其中规定的任职资格条件来进行人员的招聘、选拔和任用工作。这引起了其他部门的强烈反对，很多直线部门的管理人员甚至公开指责人力资源部，说人力资源部的岗位说明书是一堆垃圾文件，完全不符合实际情况。

于是，人力资源部专门与相关部门召开了一次会议来推动岗位说明书的应用工作。人力资源部经理本来想通过这次会议取得各部门的支持，但结果却恰恰相反。在会上，人力资源部遭到了各部门的一致批评。人力资源部由于对其他部门并不了解，因此，对其他部门所提的很多问题都无法进行解释和反驳。会议的最终结果是，让人力资源部重新编写岗位说明书。岗位说明书随后又经过了多次重写与修改，仍然无法令大家满意。工作分析项目就这样不了了之。

人力资源部的员工在经历了这次失败后,对工作分析项目彻底丧失了信心。他们认为,工作分析只不过是"雾里看花,水中望月",说起来挺好,实际上却没有什么用;而且认为工作分析只能针对西方国家的那些管理先进的大公司,运用到中国企业,根本就行不通。原本雄心勃勃的人力资源部经理也变得灰心丧气。他们一直对这次失败耿耿于怀,对项目失败的原因也是百思不得其解。

工作分析真的如上述人力资源部员工所认为的"雾里看花,水中望月"吗?该公司的职位分析项目为什么会失败呢?

思考:

1. 试分析该公司为什么决定从工作岗位入手来实施变革,这样的决定正确吗?为什么?
2. 在工作分析项目的整个组织与实施过程中,该公司存在着哪些问题?
3. 该公司所采用的工作分析工具和方法主要存在哪些问题?请用相关知识加以分析。

2.5 本章小结

工作分析是任何一个组织中的人力资源管理的重要基础。工作分析可分为准备阶段,调查阶段,信息收集阶段,分析、总结阶段。工作分析的方法可以划分为定性的分析方法与定量的分析方法。本章主要介绍了定性的分析方法,主要包括访谈法、问卷调查法、观察法、工作日志法、关键事件法等。定量的分析方法可自行参考学习,主要包括职位分析问卷、职能性职位分析法等。

工作分析的直接结果通常表现为工作说明书,工作说明书包括工作描述和工作规范两方面内容。

当前,为了应对环境的剧烈变化,企业越来越重视工作分析,做好工作分析有利于企业人力资源规划,有利于企业人员的招聘与录用,有利于企业绩效考核,有利于企业做好员工培训与开发,有利于企业建立先进、合理的工作定额和报酬制度,有利于员工的职业生涯规划。

2.6 自测题

一、名词解释

1. 工作分析。
2. 工作要素。
3. 职位。
4. 职级。

二、选择题

1. 一名秘书所进行的从文件筐中取出文件、开机、敲击键盘打字等都属于(   )。

A. 任务　　　　　　　　　　　　B. 责任
C. 工作要素　　　　　　　　　　D. 职务

2. 会计师、高级会计师、财务经理、财务总监这一系列财务岗位形成了一个（　　）。

A. 职系　　　B. 职等　　　C. 职级　　　D. 职位簇

3. 工作分析既要对岗位本身进行研究，又要对（　　）进行分析。

A. 岗位职责　　B. 岗位内容　　C. 岗位任务　　D. 人员资格

4. （　　）阶段形成工作说明书。

A. 准备阶段　　B. 实施阶段　　C. 结果形成阶段　　D. 应用反馈阶段

5. 工作描述反映了职位的工作情况，是关于职位所从事或承担的（　　）、（　　）以及（　　）的目录清单。

A. 任务　　　B. 职责　　　C. 责任　　　D. 权利

三、简答题

1. 工作分析的意义是什么？
2. 简述工作分析的基本流程。
3. 工作分析的方法有哪些？
4. 工作描述包括哪些内容？
5. 工作规范包括哪些内容？

2.7　实践训练

1. **实践训练一**

某公司为人力资源部经理草拟了一份岗位说明书，其主要内容如下：

①负责公司的劳资管理，并按绩效考评实施奖惩；

②负责统计、评估公司人力资源需求情况，制订人员招聘计划并按计划招聘公司员工；

③按实际情况完善公司的《员工工作绩效考核制度》；

④负责向总经理提交人员鉴定、评价的结果；

⑤负责管理人事档案；

⑥负责本部门员工工作绩效考核；

⑦负责完成总经理交办的其他任务。

该公司总经理认为这份工作说明书格式过于简单，内容不完整，描述不准确。请为该公司人力资源部经理重新写一份岗位说明书。

2. **实践训练二**

请3~5人组成一个小组，对你所在的学校选择任一岗位进行调查分析，撰写一份工作说明书。

第3章

人力资源规划

学习目标

通过本章的学习，应掌握以下职业能力。
1. 掌握人力资源规划的含义及内容。
2. 掌握人力资源需求预测的考虑因素和方法。
3. 掌握人力资源供需不平衡时的对策。
4. 掌握人力资源规划的编制。

导入案例

贾炳灿同志是1984年调往上海液压件三厂任厂长的。他原是上海高压油泵厂厂长，因治厂有方，该厂连获"行业排头兵"与"优秀企业"称号，他已是颇有名望的管理干部。这次是他主动向局里请求，调到这问题较多的液压件三厂来的。局里对他能迅速改变该厂的落后面貌寄予厚望。贾厂长到任不久，就发现原有厂纪厂规中确有不少不尽合理之处，需要改革。但他觉得应先找到一个能引起震动的突破口，并能改得公平合理，令人信服。他终于选中了一条。原来厂里规定，本厂干部和职工，凡上班迟到者一律扣当月奖金1元。他觉得这规定貌似公平，其实不然。因为干部们发现自己可能来不及了，便先去局里或公司兜一圈再来厂，有个堂而皇之的因公晚来借口免于受罚，工人却无法采用该办法。厂里400来人，近半数是女工，是孩子妈妈，家务事多，早上还要送孩子上学或入园，有的甚至得抱孩子来厂入托。本厂未建家属宿舍，职工散住全市各地，远的途中要换乘一两趟车；还有人住在浦东，要摆渡上班。碰上塞车、停渡，尤其是碰上雨、雪、大雾等天气，尽管提前很早出门，仍难免迟到。他们想迁来工厂附近，无处可迁；要调往住处附近工厂，很难成功。所有这些，使迟到不能责怪工人。贾厂长认为应当从取消这条厂规下手改革。有的干部提醒他，莫轻举妄动，此禁一开，纪律松弛，不可收拾；又说别的厂还设有考勤钟，迟到一次扣10元，而且是累进式罚款,第二次罚20元,三次罚30元。我厂才扣1元,算什么?但贾厂长斟酌再三后决定,这条规定一定得改,因为1元钱虽少,工人觉得不公、不服、气不顺,就影响到工作积极性。于是在3月末召开的全厂职工会上,他正式宣布,从4月1日起,工人迟到不再扣奖金,并说明了理由。这项政策的确引起了全厂的轰动,职工们报以热烈的掌声。不过贾厂长又补充道:"迟到不扣奖金,是因为常有客观原因。但早退则不可原谅,因为责在自己,理应重罚;所以凡未到点而提前洗手、洗澡、吃饭者,要扣半年奖金!"这半年奖金等于几个月的工资啊。贾厂长觉得这条补充规定跟前面取消原规定同样公平合理,但工人们却反应冷淡。

新厂规颁布不久,人事科发现有7名女工提前2分钟至3分钟去洗澡。人事科请示怎么办,贾厂长断然地说:"照厂规扣她们半年奖金,这才能令行禁止。"于是处分的告示贴了出来。次日中午,贾厂长偶过厂门,遇上了受罚女工之一的小郭,问道:"罚了你,服气不?"小郭不理而疾走,贾厂长追上去又问。小郭扭头道:"有什么服不服?还不是你厂长说了算!"她一边离去一边喃喃地说:"你厂长大人可曾上女澡堂去看过那像什么样子?"贾厂长想:"我是男的,怎么会去过女澡堂?"但当天下午趁澡堂还没开放,跟总务科长老陈和工会主席老梁一块儿去看了一趟女澡堂。原来这澡堂低矮狭小,破旧阴暗,一共才设有12个淋浴喷头,其中还有3个不太好使。贾厂长想,全厂194名女工,分两班也每班有近百人,淋一次浴要排多久队?下了小夜班洗完澡,到家该几点了?明早还有家务活要干呢。她们对早退受重罚不服,是有道理的。看来这条厂规制定时,对这些有关情况欠调查了解,下一步该怎么办呢?处分公告已经发布了,难道又收回不成?厂长新到任定的厂规,马上又取消或更改,不就等于厂长公开认错,以后还有什么威信?私下悄悄撤销对她们的处分,以后这一条厂规就此不了了之,行不?贾厂长皱起了眉头。

问题:

(1) 贾厂长是以一种什么样的人性观来对待员工的?

(2) 如果你是贾厂长,你准备怎样对待员工?你想采用什么样的激励手段和管理方式?

(资料来源:http://www.pinggu.org/bbs/viewthread.php?tid=591226&page=1.)

3.1 人力资源需求与供给预测

3.1.1 任务目标

通过本任务的学习应掌握以下职业能力。

①掌握人力资源规划的含义及内容。

②掌握人力资源规划的意义。

③掌握人力资源需求预测的影响因素。

④了解人力资源需求预测的方法。

⑤掌握人力资源供给预测的影响因素。

⑥掌握人力资源供给预测的方法。

3.1.2 任务描述

人力资源规划是组织根据自身战略的需要，通过科学的方法对组织未来可能面临的人力资源需求和供给状况进行预测，满足组织未来对人力资源数量和质量的需求。通过本任务的学习，掌握人力资源规划的内涵及意义，掌握人力资源需求预测和供给预测的方法及考虑因素。

3.1.3 知识学习

1. 人力资源规划的概念及内涵

（1）人力资源规划的概念。

人力资源规划是指组织根据自身战略发展的需求，通过科学的方法对组织未来可能面临的人力资源需求和供给状况进行预测，进而制订人力资源的选、育、用、留计划，满足组织未来对人力资源的需求。

（2）人力资源规划的内容。

人力资源规划有广义和狭义之分。广义的人力资源规划包含人力资源战略规划、人员补充规划、人员使用规划、人才接替及提升计划、培训规划、绩效规划、薪酬规划、劳动关系规划等与人力资源相关的各种规划活动。广义的人力资源规划如表3-1所示。

表3-1 广义的人力资源规划

规划类别	内容
人力资源战略规划（总体规划）	总目标（绩效、人力资源总量、素质等）
人员补充规划	人员标准、人员来源、类型、数量
人员使用规划	部门编制、任职资格、职务轮换
人才接替及提升规划	后备人才的数量、结构、选拔标准
培训规划	素质提升、培训类型、培训数量
绩效规划	绩效改善、士气提升
薪酬规划	薪酬政策、奖励政策、激励重点
劳动关系规划	和谐劳动关系、组织保障

狭义的人力资源规划专指组织的人员供求规划，即组织根据对未来人力资源的需求和供给进行预测，分析需求和供给之间的矛盾，进而制定相应的解决对策。狭义的人力资源规划如图3-1所示。

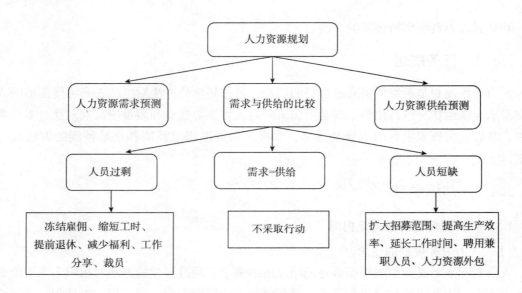

图3-1 狭义的人力资源规划

（3）人力资源规划的意义。

①人力资源规划是组织战略目标实现的保障。组织战略目标的实现最终是通过人来实现的，没有有效的人力资源保障，再美好的组织战略规划都将化为泡影。人力资源规划是在组织战略规划的基础上进行的，是为保证组织战略目标的实现而进行的。组织应在充分考虑内部人力资源供需的情况下，制定符合组织发展需求的人员配置、培训、发展规划，以在市场中保持稳定的发展。

②人力资源规划有利于增强组织的竞争性。当今市场环境竞争激烈，外部因素变幻莫测，有效的人力资源管理系统可以使组织内部的人员保持稳定性、系统性，有利于组织的健康、稳定发展，主动适应外部市场变动。试想，在组织高速发展的时候，一旦出现人员缺口，组织的正常运行如何保证？人员的流动、技能的缺乏都会对组织的运行产生很大的影响。

③人力资源规划有助于实现人才资源的合理配置。通过对人才需求和供给的预测，提前对组织所需求的人才进行规划，提前做好人才储备，可避免在需要人才的时候临时抓东墙补西墙；同时使组织内的人员人尽其才，避免人力资源浪费。

2. 人力资源需求预测

（1）人力资源需求预测的含义。

人力资源需求预测是组织为了实现战略发展目标，对未来需要多少数量的员工以及需要什么样的员工所进行的预测。

（2）人力资源需求预测的考虑因素。

①组织外部因素。组织外部因素主要有五个。

a. 经济环境。经济环境影响组织未来的发展趋势，经济的发展、变革和转型会影响组织的发展目标，进而影响组织对人力资源的需求。对经济形势看好时，对企业发展前景也很可能看好，使得组织对人力资源需求增加。

b. 社会文化环境。社会文化环境不仅会影响人们的价值观和行为，也会影响组织对人才的预测和判断。

c. 政治、法律环境。政治制度、法律体制对人才的相关举措，会促使人才在劳动力市场产生流动，进而影响组织对人力资源的需求预测。

d. 技术。组织在未来采用的新技术会影响人力资源需求的数量和质量，技术进步会使得组织对技术水平低的人员的需求减少，对技能型人才的需求增加，如生产的自动化、新技术的引用会降低对传统劳动力的需求。

e. 竞争者。市场竞争的激烈化会导致组织间相互争抢人才，引起人力资源需求的变化。

②组织内部因素。组织内部因素主要有五个。

a. 组织的发展战略。组织的发展战略决定了组织未来的方向，决定了组织未来对人才需求的重点。

b. 组织的发展现状。组织的规模、经营现状、管理水平决定了对人才需求的不同。

c. 组织结构。组织结构的调整、流程再造及业务外包等会导致人力资源需求产生变化，如人力资源外包使组织对一线员工的需求减少，对管理人员的需求增加。

d. 预算。组织对人力成本的预算，会影响未来可能获取人才的质量。如组织预算富余，使用高薪战略会更容易吸引优秀人才。

e. 现有员工的情况。组织内现有员工的素质、技能能否满足组织发展的需求，会影响未来人力资源的需求。同时，现有人员由于退休、离职等原因所产生的员工流动率，会影响组织中相应岗位的空缺，在对未来人力资源需求进行预测时应充分考虑。

总体而言，人力资源需求预测的考虑因素如表3-2所示。

表3-2 人力资源需求预测的考虑因素

组织外部因素	组织内部因素
经济环境	组织战略
社会文化环境	组织的发展现状
政治、法律环境	组织结构
技术	预算
竞争者	现有员工的情况

3. **人力资源需求预测的方法**

（1）德尔菲法。

德尔菲法是一种定性预测方法，是于20世纪40年代末由美国著名的兰德公司提出的，是用来听取专家们的意见进而处理和预测重大技术性问题的一种方法。在预测过程中，必须避免专家面对面的集体讨论，通过一个中间人或协调员，把第一轮预测过程中专家们各自单独提出的意见集中起来，加以归纳后反馈给各位专家。然后重复这一循环，使专家们有机会修改他们的预测并说明修改的原因。一般重复3~5次，专家们的意见即趋于一致。

德尔菲法的具体步骤包括四个环节。

①预测准备。

a. 确定预测的课题及具体预测项目。

b. 设立负责预测工作的临时机构。

c. 选择研究人力资源问题的专家成立一个小组。

②专家预测。

a. 把预测表及有关背景材料寄给各位专家。

b. 要求专家判断各种新情况和发展趋势,以及这些情况和趋势的时空区间,并以匿名方式做出预测。

③收集反馈。

a. 收集各预测专家的预测结果。

b. 预测机构对各专家意见进行统计,分析预测结果。

c. 把综合结果反馈给小组成员,并要求各专家对新预测表做出第二轮预测。

d. 收集反馈要重复进行数次。

④充分考虑专家意见,进行最后预测。德尔菲法的好处在于可以充分综合很多专家的意见,对影响人力资源需求的因素考虑得更为全面;缺点在于耗费时间长,费用较高。

(2) 经验判断法。

经验判断法是组织中的中高层管理人员,依据过去的工作经验,对组织未来需要的人力资源数量和质量进行主观预测的一种方法。这种方法比较简单,适用于技术较稳定的组织的中、短期人力资源预测规划。

在实际操作的时候可通过"自上而下"和"自下而上"两种方式进行。"自上而下"是组织根据自身的战略需求,确定各部门、各专业的人员需求情况,制定出人力资源需求政策。"自下而上"是组织中的各个部门,根据对组织战略的理解,提出各部门的人力资源需求,人力资源部对各部门的需求进行汇总,得出组织的人力资源总需求。

这种方法是凭借管理者的主观经验判断而得出结论,主要适用于短期预测,适用于组织规模较小、组织结构稳定的企业。

(3) 趋势预测法。

趋势预测法是通过分析组织过去一定时期(一般为5~10年)的人员需求情况,来预测组织未来人力资源需求的方法,是一种简单的时间序列分析法。

如根据表3-3所示组织的人员变动数据,可以对组织的人员数量做出变动趋势预测。

表3-3 某公司人员变动数据

年度	2012	2013	2014	2015	2016	2017
人数/人	300	420	500	660	880	980

趋势预测如图3-2所示,分析公司在2012—2017年每年年底的人员数量,以散点图的形式标注出来,然后通过对散点图的观察,以坐标轴的形式用趋势线表示人员与年份之间的变动关系,判断人员变化的趋势。

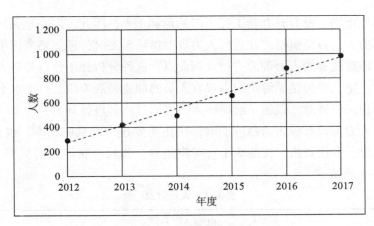

图 3-2 趋势预测法

趋势预测法比较粗糙，散点图本身可能产生不规律的变化，预测的准确性会大打折扣，因此在运用时应谨慎。

（4）比率分析法。比率分析法是根据不同岗位人员与产量之间的比率，对人力资源进行预测规划的方法。在运用时首先计算出人均生产效率，然后根据企业未来的业务量预测出对人力资源的需求。

$$所需的人力资源 = 未来的业务量 / 人均生产效率$$

如一所学校目前一名老师能够承担40名学生的工作量，如果明年学校准备使在校学生达到4 000人，就需要100名老师。

用比率分析法进行预测时是假定人均生产率不变，但人各有异，这种方法并不能保证对人力资源需求做出准确预测，在实际应用中应具体问题具体分析。

4. 人力资源供给预测

（1）人力资源供给预测的含义。

人力资源供给预测指组织对自己未来一定时期内，能够获得的人力资源数量、质量等进行的预测。

人力资源供给预测所要回答的问题是"组织目前的员工数量是多少""组织目前的人员质量如何""组织从外部市场可以获得多少员工"等。

（2）人力资源供给预测的考虑因素。

人力资源供给预测需要综合考虑组织内部的人力资源供给和组织外部的人力资源供给两个方面。

①组织外部的人力资源供给。组织从外部劳动力市场获取人力资源供给的来源包括高校毕业生、待业人员、其他组织中的人员等，如果组织所在的地区外部劳动力市场上人员供给充足，势必会为组织减轻不少压力。反之，组织需要投入更大的精力去为人力资源获取做准备。

曾经有一个例子，位于美国西海岸的一家大型制造公司新建了一个工厂，准备次年开工。当年年底资金已经到位，设备也已就绪，可是两年过去了，工厂还没有开工。原因在于：其管理者犯了一个关键性的错误，即只研究了人力资源的需求，而没有研究人力资源的供给。由于在当地市场上没有开办新工厂所需的足够工人，因此工厂一直无法开工。

②组织内部的人力资源供给。在进行人力资源供给预测时，还需要考虑组织内部的人力资源供给情况，即对现有的人力资源进行分析盘点。这种分析并不仅仅是对人员的数量和一般结构进行分析，更主要的是了解组织内现有人员的职业发展阶段、技能水平，了解哪些员工未来可能会出现岗位异动，以便了解哪些人员可通过内部进行补给。

为对组织内人力资源有较为清楚的了解，往往需要建立人员信息库，包括员工的姓名、职位、受教育情况、专业资格、技能水平、工作经验、特长、获得过的奖项、职业规划等。人员信息如表3-4所示。

表3-4 人员信息

姓名		血型		照片
性别		出生日期		
籍贯				
现住址				
身份证号			职位	
专长				
嗜好				
入司经历	介绍人			
	入职日期			
	职位变动情况			
	培训经历			
工作经历	服务单位名称	职位	年薪	离职原因
学历	学校名称	专业		起止年月
奖惩情况				

5. **人力资源供给预测的方法**

（1）人员替换法。

人员替换法是针对组织内部的某些职位，确定未来承担该职位的候选人员。它要确定的问题是，在未来某个职位空缺的时候，组织内部能够填补这一空白的候选人有哪些。人员替换法如图3-3所示。

第 3 章 人力资源规划

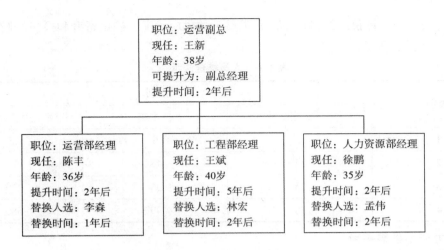

图 3-3 人员替换法示例

(2) 马尔科夫分析法。

马尔科夫分析法的基本思想是,通过找出过去人力资源变动的规律,来推测未来人力资源变动的趋势,是一种转移矩阵的统计分析方法。

表 3-5 描绘的是某公司的一个转移矩阵,在这个矩阵中描述了 3 种不同的职位类型,纵向左侧 2 列代表这 3 个职位在 2010 年的情况,右侧 4 列代表这 3 个职位在 2011 年的情况,通过分析表格可以发现 2010 年这 3 个职位上的人员在 2011 年去了哪里。

如横向看销售经理,2010 年公司的销售经理,在 2011 年有 90% 的人依然在销售经理的职位上,10% 的人离职;同样横向看厂长助理,2010 年公司的厂长助理,在 2011 年有 5% 的人升为销售经理,90% 的人依然在厂长助理的职位上,5% 的人离职。

表 3-5 某公司的转移矩阵

2010 年		2011 年			
		1	2	3	4
		销售经理	厂长助理	行政事务	不在企业中
1	销售经理	0.9			0.1
2	厂长助理	0.05	0.9		0.05
3	行政事务		0.08	0.7	0.22
4	不在企业中	0.05	0.02	0.3	

另外,通过表 3-5 也可以看出 2011 年这 3 个职位上的人员是从何得到供给的。如纵向看销售经理,2011 年的销售经理,90% 是 2010 年的销售经理,5% 是由厂长助理晋升的,还有 5% 是从外部招聘的。

如果公司的人员结构比较稳定,这种转移矩阵对预测组织内部的人力资源供给是非常有效的,也可以较为准确地预测组织未来几年的人员供给情况。

(3) 人员核查法。

通过人员核查表,组织可获得人员的技能、职称、背景等相关信息,方便进行人事决策。这种方法有利于评价组织目前不同种类员工的供应状况,确定晋升和换岗的候选人。人员核查法如表3-6所示。

表3-6 人员核查法示例   人

级别	类别		
	管理类	技术类	操作类
1	4	6	25
2	13	18	63
3	25	35	230
4	30	49	680

6. 人力资源供需平衡

在完成了组织对人力资源需求及供给的预测后,就需要对需求和供给之间的数据进行比较,找出两者之间的差距,确定组织未来准备采取的人力资源政策。如果仅仅从数量上来说,供给和需求之间无非三种状态:供大于求、供小于求、供需平衡。

人力资源供需平衡就是组织通过进行人力资源规划、增减人员、人员结构调整等方式,使组织的人力资源需求与人力资源供给保持一致的过程。组织的人力资源供需平衡是一种比较理想的状态,此时不需要采取特别的行动。但一旦供大于求或供小于求,组织就有必要采取一定的措施降低未来发展的风险。

(1) 人力资源需求大于供给时的组织对策。

①扩大招募范围。如果组织的人力资源需求是长期性的,就有必要加大招募投入,扩大招募范围,通过高薪战略、培训战略等树立组织在社会中的良好形象,吸引优秀员工。

②降低人员流失率。由于产生了用人缺口,组织这时应采取各种措施降低现有员工的流失率,避免在外部不能得到供给的情况下,组织内部人员的进一步流失。

③延长工作时间。当人力资源需求在短期内得不到供给时,可考虑以适当加班的方式弥补人员的不足,但应注意加班费的合理发放,否则会招致员工的不满,同时,加班应在法律规定的时间范围内,加班频率不宜过高。

④人力资源外包。人力资源外包就是组织将一项或几项人力资源管理工作外包出去,交由其他一些专业机构进行管理,以降低管理成本。当组织周期性或短期性出现人力资源需求大于供给,可进行人力资源外包,减少对人力资源的需求,同时减少成本,实现效率最大化。

⑤提高员工生产率。员工生产率的提高,会减少人员的过多需求,因此可通过加大培训的方式,提高员工的技能和操作水平,提高单位人员的生产率,减少对人力资源数量的需求。

⑥聘用兼职人员。当组织出现短期内人力资源需求过剩时,如季节性的人员需求大,可通过聘用兼职人员、临时工的方式缓解供需矛盾,这种用工方式较为灵活,可以减少组织由于雇用正式员工产生的成本。

(2) 人力资源需求小于供给时的组织对策。

①工作分享。通过工作分享的方式，缩短每位员工的工作时间，同时降低工资，缓解人员供给过剩的情况，避免解雇员工。如缩短现有员工的工作时间，将一个职位交由两个员工于不同时间段工作，设立早、中、晚班等。

②冻结雇用。当组织出现人员离职时，不再从外部招聘新人，而是通过内部人员的调配满足人员的需求，这是一种自然减少人员的方式。这种方式不会像裁员那样立竿见影，操作空间较小，不会带来明显的效果。

③鼓励提前退休。组织可以通过制定相关优惠政策，鼓励临近退休年龄的员工主动离职，但应做好离职人员的退休安置工作。

④对富余人员进行储备培训。组织要保持持续的发展活力，应当对未来的人力资源进行适当储备，如果需求大于供给的情况只是暂时的，可以对富余人员进行培训，为组织未来的发展做好人力资源的储备。如制订全员轮训计划，减少在岗人员数量的同时提升员工素质。

⑤减少福利。由于人员供给过剩，为避免解雇员工，可通过适当降低工资、减少福利的方式，降低人力成本的支出，给更多的人提供就业的机会。这种方式使全体员工共渡难关，增强组织凝聚力。

⑥裁员。这是解决人员供给过剩见效最快的方式，但这种方式有可能会引起法律风险，也会在劳动力市场上形成不好的形象，不利于将来的招聘工作。在进行裁员时，应首先制定好裁员政策，如发放过渡性基本工资、失业补助金等。

供给不平衡时的组织对策如表3-7所示。

表3-7 供给不平衡时的组织对策

需求>供给	需求<供给
扩大招募范围	工作分享
降低人员流失率	冻结雇用
延长工作时间	鼓励提前退休
人力资源外包	对富余人员进行储备培训
提高员工生产率	减少福利
聘用兼职人员	裁员

3.1.4 工作示例

德尔菲法，也称专家调查法，1946年由美国兰德公司创始实行。该方法是由企业组成一个专门的预测机构，其中包括若干专家和企业预测组织者，按照规定的程序，背靠背地征询专家对未来市场的意见或者判断，然后进行预测的方法。

德尔菲法本质上是一种反馈匿名函询法。其大致流程是：在对所要预测的问题征得专家的意见之后，进行整理、归纳、统计，再匿名反馈给各专家，再次征求意见，再集中，再反馈，直至得到一致的意见。其过程可简单表示如下：匿名征求专家意见—归纳、统计—匿名反馈—归纳、统计……若干轮后停止，如表3-8所示。

表 3-8 德尔菲法举例 人

专家编号	第一次判断			第二次判断			第三次判断		
	最低需求	最可能需求	最高需求	最低需求	最可能需求	最高需求	最低需求	最可能需求	最高需求
1	100	150	180	120	150	180	110	150	180
2	40	90	120	60	100	130	80	100	130
3	80	120	160	100	140	160	100	140	160
4	150	180	300	120	150	300	100	120	250
5	20	40	70	40	80	100	60	100	120
6	60	100	150	60	100	150	60	120	150
7	50	60	80	50	80	100	80	100	120
8	50	60	100	70	80	120	70	80	120
9	80	100	190	100	110	200	60	80	120
平均	70	100	150	80	110	160	80	110	150

3.1.5 案例实践

某餐饮行业巨头企业在创业高速发展的时候提出了在 3~5 年内发展成为业界第一、快速做大做强的战略构想，因此大规模地招聘人才，员工总数由 2014 年的 3 400 人急速扩大为 2015 年的 5 600 人。但是随着市场经济形势的变化，新兴餐饮形式取代传统的就餐方式，企业竞争压力变大，该企业人员富余严重。一方面一线服务人员和营销人员冗员严重，另一方面职业化的经营管理人才及高级专业人员匮乏。如何做好企业人力资源战略规划，人力资源部感到思考困惑。

思考：
1. 解决人员富余的主要途径有哪些？
2. 该企业在解决人力资源总量过剩的同时应如何做好结构调整工作？

3.2 人力资源规划的编制

3.2.1 任务目标

通过本任务的学习应掌握以下职业能力。
掌握人力资源规划的编制。

3.2.2 任务描述

组织要实现自身的战略发展目标，就需要有效的人员匹配。实施人力资源规划是实现组织战略的重要保障，通过本任务的学习，应掌握如何编制人力资源规划。

3.2.3 知识学习

1. 确定人力资源战略

人力资源规划本身是一个依据组织战略对人力资源进行预测、配置、调整的过程，因此，人力资源战略的确定必须与组织发展战略相适应，从组织的角度去思考人力资源的未来规划。人力资源战略包括对组织未来收缩、扩张、业务调整等战略的匹配，确定组织所需人员的数量及素质要求。

组织所处的环境瞬息万变，组织的战略发展目标随着环境的变化而不断发生变化，因此人力资源的战略目标也应能保持良好的适应性，帮助组织去适应环境的变化。

2. 人力资源供需预测

（1）收集信息。

本阶段主要是调查收集信息，以取得人力资源规划所需的资料，为后续的工作做准备。需要收集的信息包括组织内、外部信息。外部信息主要包括国家政策、社会经济环境、行业发展状况、外部劳动力市场的供给情况、竞争对手分析等；内部信息主要包括组织经营计划、组织内部人员供给情况等。这些信息的全面收集，有助于准确地对人力资源供需情况进行预测。

（2）分析和预测。

在收集信息的基础上，可以通过科学的方法进行人力资源的具体预测，分析需求与供给之间的差距，为编制方案做准备。

3. 制定人力资源规划方案

（1）招聘配置计划。

招聘配置计划主要包括四方面内容。

①需要配置的人员属于何种职位类型。

②通过何种途径进行人员配置，是外部招聘还是内部人员变动。

③人员配置的时间进度。

④人员配置的费用预算。

（2）人员使用计划。

在对人员进行配置的基础上，应保证人力资源的充分利用，制订完善的人力资源使用计划，人员使用计划的确定主要包括两个方面。

①根据职位要求及员工的特点进行人岗匹配，明确每个员工的职责。

②根据员工的绩效表现进行相应的人员调动、职位轮换等。

（3）培训与发展计划。

为使组织保持持续的竞争力，并且留住员工，组织应当关注员工的素质提升及职业发展，培训与发展计划的确定主要包括两个方面。

①根据组织发展需求，制订员工培训计划，包括确定培训对象、培训内容、培训方式、培训预算、培训效果评估等。

②根据职位特点确定核心员工的职业发展通道，为组织发展进行人才储备。

（4）激励奖励计划。

为提高员工绩效，组织需要通过各种方式对员工进行激励，因此激励奖励计划必不可少，主要包括三个方面。

①确定员工需求，有针对性地进行激励。

②确定不同激励对象的不同激励方式，如物质激励、精神激励、情感激励等。

③激励预算。

（5）员工关系计划。

良好的员工关系有利于组织工作的顺利开展，员工关系包括组织与员工之间的关系以及员工与员工之间的关系，员工关系计划的主要内容包括三个方面。

①提高员工的综合满意度。

②降低员工的主动离职率。

③减少组织与员工之间的法律纠纷，减少员工投诉。

4. 人力资源规划的执行与评价

在制定好人力资源规划方案后，要将方案付诸实施，在执行的过程中应注意及时跟进及反馈。

3.2.4 工作示例

某集团人力资源规划方案

根据集团战略发展规划，结合集团及各子公司的人力资源需求报告进行盘点，以及现有人员可能出现的变动情况、职务的空缺数量等，现制定2017年度集团人力资源规划方案。

一、人力资源战略规划

2017年度集团人力资源战略规划主要包含的内容如表3-9所示。

表3-9 人力资源战略规划的主要内容

项目类别	内容	目标
组织结构	组织结构讨论与设计	设计能适应集团长期发展的组织结构并保持相对稳定，根据组织结构、集团战略明确各部门职能、分工与授权
	部门职能讨论与整合	
职务分析	岗位职务分析	明确各岗位的工作职责、考核要求
薪酬	薪资制度	保持薪资结构与社会同步，逐步调整至浮动部分比例≥40%
	薪资核算	员工薪资核算导入信息系统，考核核算与薪资核算同步
	薪酬体系评估	每年定期对薪酬体系成效进行调查，提出书面评估报告
	年度薪资调整	根据年度考核结果及社会薪酬变化进行薪资调整

续表

项目类别	内容	目标
绩效	绩效考核制度	建立对制订计划、编制预算并执行计划、预算达成情况进行评估的完整考核体系
	绩效体系评估	定期对考核体系实施效果进行评估
招聘配置	招聘制度	形成人员缺口预测体系及规范的招聘制度,组建完整、有效的招聘网络,完善对聘用人员的培养与评估
	人才的即时募集	
	聘用效果评估	
培训	培训体系设计	制定培训系列制度,持续培养内部讲师、导师人才,实现入职前的培训100%完成,全面开展内部培训并完善培训考核体系,最终实现长效的人才培养机制,并将培训体系与考核体系挂钩
	职前培训	
	内部讲师培训	
	培训效果评估	
离职	离职访谈制度	建立离职访谈制度,员工离职100%通过人事面谈,定期进行离职原因分析,提出改善措施
	离职原因评估与对策	

二、招聘配置计划

（一）2017年度招聘配置目标

1. 各部门缺口人员及时招聘、补充,人员及时到位率≥80%。
2. 新聘人员试用通过率≥80%。

（二）2017年度人才缺口预测

根据2016年人员变动情况及招聘情况分析,在2017年,集团及各公司急需增补的主要是高级外贸人才、国际注册人才、研发人才、生产管理人才,具体如表3-10所示。

表3-10 人才缺口预测

公司/部门	人才缺口预测	备注
集团	投资副总	
集团/财务部	审计师（1名）	需补充有大型外企工作经验、能力较强的人员
集团/行政部	高级翻译（2名）	
集团/信息部	副经理（1名）	协助各公司导入信息系统
国际营销	外贸经理、外贸主办	国际营销体系的发展将取决于有业务开拓能力的人才储备
生产部	生产经理、车间主任	随着规模的扩大、产能的提高,需配备更多管理能力强的生产管理人员
研发部	资深研究员	为完成新产品导入任务,需尽快加强制药研发实力

目前本地劳动力市场上相关人员匮乏,这些人才大部分需要由外地引入,在招聘上一方

面要拓宽招聘渠道，另一方面要为外地员工提供更多的福利，帮助其解决生活上可能存在的问题，稳定外来员工。

三、培训发展计划

（一）2017年度培训重点

1. 企业文化塑造。
2. 团队合作精神。
3. 培训技巧。
4. 管理与沟通技巧。
5. 各岗位对应的专业知识。

（二）2017年度培训目标

1. 通过拓展训练及各种活动的组织，加深集团及各子公司中、高层主管间的配合度与团队精神，减少部门间摩擦。
2. 通过集团内训师培训及系列内部课程安排，培训出10名一级讲师、10名二级讲师及20名三级讲师。
3. 通过培训资料整理、课程安排及总结，形成30门完整课程（包括完整讲义、Powerpoint讲义、测试题）。
4. 建立完善的培训体系与培训考核机制，并将受训情况纳入考核体系。
5. 需持证上岗的岗位100%培训合格。

（三）培训方式

1. 外派培训与内训形式相结合，逐步培养内部讲师，扩大培训效果。
2. 对内部讲师进行考核、定级，提供一定的培训津贴，以提高集团内部培训水平。
3. 将培训结果逐步纳入考核体系。

四、薪酬激励计划

根据集团及各子公司的实际情况，人力资源部对2017年度集团薪酬体系的核心思想提出如下建议。

在薪酬总体定位上，高级管理人员和核心技术人员、业务人员采用市场领先策略，以保障高端人员的招聘与稳定；一般职能人员和一般生产人员采用市场跟随策略，而一些简单操作类的岗位，采取成本导向策略。

一方面，适当提高总体薪酬水平，缩小与同地区同类企业的差距，强调与市场接轨；另一方面，对核心管理骨干和技术骨干加大激励力度，以保障集团长期规划实现所需的人才基础，为进一步引进高端人才创造条件。

2017年度薪酬调整目标为：单位薪酬创造价值提升5%，人均薪酬上调10%以上。

五、绩效考核计划

目前集团及各子公司考核所遭遇的瓶颈是缺少有效的考评数据与标准。要实现公正、公平、公开的考核，就需要有明确的考核目标、指标及详尽真实的绩效数据，并严格按事前设定的绩效计划、奖惩方案落实考核结果。

2017年度绩效考核目标如下：

1. 建立量化考核体系，由集团人力资源部对集团各部门主管、各子公司副总级（含）以上人员设定绩效计划，进行量化考核，考核依据量化部分≥70%。

2. 通过考核体系的建立，将预算管理、信息管理、制度落实、人才培养等专案执行效果与人员考核、薪资调整直接挂钩。

3. 配合信息部门、财务部门导入人力资源信息系统，建立考核档案。

六、劳动关系计划

目前集团的劳动关系面临的主要问题是员工离职率高，这对公司团队的稳定产生不利影响，2017 年度应关注员工主动离职的原因，降低员工离职率。

2017 年度劳动关系目标如下。

1. 建立离职人员访谈制度，完善访谈记录，离职职员面谈率达到 100%，并建立书面面谈记录。

2. 月均离职率≤3%，年离职率≤33%。

3. 工龄一年以上比例同比提升 3%。

3.2.5 案例实践

聚力电子产品有限公司是无锡市一家电子产品公司，是集 LED 显示屏及其应用产品的研发、生产、销售和服务于一体的专业生产厂家。

公司成立于 2006 年，拥有一支技术力量雄厚的研发队伍；现拥有大型防静电流水线及 SMD（表面贴装器件）自动表贴设备、波峰焊等技术设备；公司依靠先进的管理模式、强大的技术研发能力和丰富的原材料资源，精心搭建了一个现代化的专业队伍。可靠的质量、先进的技术、稳定的工艺、自动化生产设备、合理的价格使聚力电子产品有限公司迅速成为行业内的焦点。

但近两年来，随着行业竞争的激烈化，同行对人才的抢夺越来越激烈，给公司的人力资源管理带来一定的压力。公司现有一线生产与维修工人 15 000 人，行政后勤类人员 300 人，中基层管理人员 150 人，技术研发人员 200 人，销售人员 400 人。据统计，近三年来，员工的平均离职率为 18%，预计今后变化不大，不过不同种类的员工离职率并不一样：一线生产与维修工人的离职率达到 28%，销售人员的离职率为 17%，而技术研发人员的离职率只有 4%，中基层管理人员的离职率为 10%。

按照公司目前的战略发展规划，公司计划明年在现有的四条生产线基础上再引进一条新的生产线，届时对人员的需求将会增加。预计一线生产与维修人员将增加 25%，中基层管理人员将增加 5%，销售人员将增加 10%，技术人员将增加 15%。

此外，公司正在加大投入研发新的产品，计划在五年内将产品投入市场，实现销售额翻一番。

思考：

请根据以上信息，编制一份聚力电子产品有限公司的五年人力资源规划。

3.3 本章小结

人力资源规划是指组织根据自身战略发展的需求，通过科学的方法对组织未来可能面临的人力资源需求和供给状况进行预测，进而制订人力资源的选、育、用、留计划，满足组织未来对人力资源的需求。

人力资源规划有广义和狭义之分。广义的人力资源规划包含人力资源战略规划、人员补充规划、人员使用规划、人才接替及提升计划、培训规划、绩效规划、薪酬规划、劳动关系规划等与人力资源相关的各种规划活动。

狭义的人力资源规划专指组织的人员供求规划，即组织根据对未来人力资源的需求和供给进行预测，分析需求和供给之间的矛盾，进而制定相应的解决对策。

人力资源需求预测是组织为了实现战略发展目标，对未来需要多少数量的员工以及需要什么样的员工所进行的预测。

人力资源供给预测指组织对自己未来一定时期内，能够获得的人力资源数量、质量等进行的预测。

在完成了组织对人力资源需求及供给的预测后，就需要对需求和供给之间的数据进行比较，找出两者之间的差距，确定组织未来准备采取的人力资源政策。如果仅仅从数量上来说，供给和需求之间无非三种状态，供大于求、供小于求、供需平衡。

人力资源供需平衡就是组织通过进行人力资源规划、增减人员、人员结构调整等方式使组织的人力资源需求与人力资源供给保持一致的过程。组织的人力资源供需平衡是一种比较理想的状态，此时不需要采取特别的行动。但一旦供大于求或供小于求，组织就有必要采取一定的措施降低未来发展的风险。

3.4 自测题

一、名词解释

1. 人力资源规划。
2. 人力资源需求预测。
3. 人力资源供给预测。

二、选择题

1. 狭义的人力资源规划专指组织的（　　）。

    A. 人员供求规划　　B. 需求计划　　C. 供给计划　　D. 战略规划

2. 在人力资源需求预测的方法中，通过听取专家意见处理和预测重大技术性问题的一种方法叫（　　）。

    A. 德尔菲法　　B. 比率分析法　　C. 头脑风暴法　　D. 趋势预测法

3. 根据不同岗位人员与产量之间的比率，对人力资源进行预测规划，在运用时首先计算出人均生产效率，然后根据企业未来的业务量预测出对人力资源的需求。这种方法叫作（　　）。

A. 德尔菲法　　　B. 比率分析法　　　C. 头脑风暴法　　　D. 趋势预测法

4. （　　）的基本思想是找出过去人力资源变动的规律，从而推测未来人力资源变动的趋势，是一种转移矩阵的统计分析方法。

A. 马尔科夫分析法　B. 人员替换法　　C. 人员核查法　　　D. 趋势预测法

三、简答题

1. 人力资源需求预测的方法有哪些？
2. 人力资源供给预测需要考虑哪些因素？
3. 人力资源需求大于供给时的组织对策有哪些？
4. 人力资源需求小于供给时的组织对策有哪些？

3.5　实践训练

　　近年来苏澳公司常为人员空缺所困惑，特别是经理层次人员的空缺常使公司陷入被动局面。苏澳公司最近进行了公司人力资源规划。首先由四名人事部的管理人员负责收集和分析目前公司对生产部、市场与销售部、财务部、人事部四个职能部门的管理人员和专业人员的需求情况以及劳动力市场的供给情况，并估计在预测年度，各职能部门内部可能出现的关键职位空缺数量。上述结果用来作为公司人力资源规划的基础，同时也作为直线管理人员制定行动方案的基础。但是在这四个职能部门里制定和实施行动方案的过程（如决定技术培训方案、实行工作轮换等）是比较复杂的，因为这一过程会涉及不同的部门，需要各部门通力合作。例如，生产部经理为制定将本部门 A 员工的工作轮换到市场与销售部的方案，需要市场与销售部提供合适的职位，人事部做好相应的人事服务（如财务结算、资金调拨等）。职能部门制定和实施行动方案过程的复杂性给人事部门进行人力资源规划也增添了难度，这是因为有些因素（如职能部门间的合作可能性与程度）是不可预测的，它们将直接影响预测结果的准确性。苏澳公司的四名人事管理人员克服种种困难，对经理层的管理人员的职位空缺做出了较准确的预测，制定了详细的人力资源规划，使得该层次人员空缺减少了 50%，跨地区的人员调动也大大减少。另外，从内部选拔工作任职者的时间也减少了 50%，并且保证了人选的质量，合格人员的漏选率大大降低，使人员配备过程得到了改进。人力资源规划还使公司的招聘、培训、员工职业生涯计划与发展等各项业务得到改进，节约了人力成本。

　　苏澳公司取得上述进步，不仅仅得益于人力资源规划的制定，还得益于公司对人力资源规划的实施与评价。在每个季度，高层管理人员会同人事咨询专家共同对上述四名人事管理人员的工作进行检查评价。这一过程按照标准方式进行，即这四名人事管理人员均要在以下 14 个方面做出书面报告：各职能部门现有人员；人员状况；主要职位空缺及候选人；其他职位空缺及候选人；多余人员的数量；自然减员；人员调入；人员调出；内部变动率；招聘人数；劳动力的其他来源；工作中的问题与难点；组织问题及其他方面（如预算情况、职业生涯考察、方针政策的贯彻执行等）。同时，他们必须指出上述 14 个方面与预测（规划）的差距，并讨论可能的纠正措施。通过检查，一般能够对下季度在各职能部门应采取的措施达成一致意见。在检查结束后,这四名人事管理人员则对他们分管的职能部门进行检查。在此过程中,直线经理重新检查重点工作,并根据需要与人事管理人员共同制定行动方案。当直线经理与人事管理人员发生意见分歧时,往往可通过协商解决。

思考:

此案例中人力资源规划过程中的做法是否正确?如果不正确,问题在哪里?如果正确,遵循了哪些原则?

第4章

招聘管理

学习目标

通过本章的学习,应掌握以下职业能力。
1. 掌握制订招聘计划的方法。
2. 掌握发布招聘广告的渠道及方法。
3. 重点掌握人员甄选的技术。

导入案例

盲目招聘的代价:200多亿人民币!

经过一年多筹备,赛维终于在纽约证券交易所挂牌上市,募集资金4.86亿美元,发行定价达到27美元,创造了所有在美国纽约证券交易所单一上市的中国企业中最大规模IPO(首次公开募股)的纪录。随后,赛维的股价一路上涨,在2007年9月27日达到76.75美元的最高点,而无锡尚德股价尚在40元左右波动,另一家在此上市的中国太阳能企业天威新能源则只有30元。赛维的风头一时无人能及。

仅用两年时间,创始人彭小峰便一跃成为中国新能源产业的翘楚,但与前财务经理的恩怨纠葛,却让其以更瞠目的速度失去一半身家。到底发生了什么?

11月2日,彭小峰正坐在位于上海西藏中路一幢写字楼的赛维办公室里,独自一人面试一些应聘者。他穿着黑色西装,身体前倾,双臂支在桌角上,时而抬头看一眼应聘者,时而低下头,用红笔把对应聘者的印象和评价写在其简历上。

半年前,正是在同一间办公室里,彭小峰和邵永刚面试了一位叫司徒伟成的具有财务背景的香港人。司徒伟成是那种会给人留下深刻的第一印象的人,不到170厘米的个子,即使在面试的过程中也能看出其沉默寡言的性格。

司徒伟成是由一家猎头公司推荐过来的,当时赛维正酝酿上市,急需财务人员,彭小峰、邵永刚和司徒伟成三个人在办公室聊了并不太长的时间,彭小峰问了几个常规问题,就决定让他加入赛维。

入职后的司徒伟成给赛维的高管们留下的印象是很爱钻牛角尖甚至偏执，难以沟通。他在基本的职业纪律上似乎更成问题：按照赛维方面的说法，司徒伟成在对自己的待遇表达不满后，连续8天没有到公司上班。赛维根据人事管理规定，给他发去了解聘函。

离职的司徒伟成的一个举动让被各种光环笼罩的赛维陷入了噩梦：他把一封检举信寄到了美国证监会、毕马威会计师事务所等机构的邮箱里。在信里，他指责赛维虚报库存，且原料质量差，退货率高，并提供了赛维一次高管电话会议的录音。

不难想象，这样的"火爆"内容很容易引起舆论的关注以及对中国市场知之甚少的海外投资者的恐慌。受此消息影响，赛维股价迅速跌至40美元左右，跌幅将近50%，市值一下子缩水200多亿元人民币。一些分析师甚至由此对中国快速膨胀的太阳能产业感到不安。

司徒伟成同时也把这封检举信发给了赛维。赛维高级副总裁邵永刚称，公司给他回了邮件，建议他按正常流程向赛维的审计委员会反映这些情况，"但他回信说自己'没空'。"邵永刚说。一开始，赛维并没有重视这件事，直至公司股价大跌，才在纽约证券交易所发了公告，并由公司审计委员会牵头开始自查。本月，赛维已按程序聘请德勤入驻公司做相关独立调查，不日将公布审计结果。

彭小峰称司徒伟成的所为是因为在待遇上很想不通，所以做出了这么可怕的事情。邵永刚则称司徒伟成的其中一项指责是不懂行，后者认为赛维采用低等级的回收原料与高档硅原料混合生产，影响了产品品质。但邵永刚解释说，该公司拥有的一项独家技术，可以将用于半导体生产的多晶硅边角料与高级硅原料混合在一起熔炼，使之成为具有统一硅纯度的产品。

邵永刚表示，司徒伟成最大的问题在于以会计师的身份做出了工程师的判断，"但他不是工程师，并不懂技术和生产流程。""司徒伟成的指责没有任何说服力，他说库存有差异，作为一个加入公司时间不长、对生产流程又不熟悉的财务人员，他知道赛维有多少个仓库吗？他拥有的数据非常片面和不完整。"经历了数天炼狱般煎熬的彭小峰反驳说，"如果司徒伟成在这里，我要跟他好好谈谈，公司保留对他追究法律责任的权利。"

对于市值的大幅缩水，赛维高层以淡然姿态视之。"这只是纸面上的财富缩水，我们不关心这个，只要公司发展，股价还会上去的。"邵永刚称。

但风波对赛维声誉的伤害——尤其是它在高度注重诚信的美国资本市场的声誉，显然很难迅速挽回。对初登海外资本市场的赛维来说，这已经被证明是一个过于沉重的代价。其内部高管称，赛维本来计划在股价较高的合适时机进行新一轮增发融资，但现在计划被打乱了。

"我现在很后悔，当时招聘太仓促，没有对他做深入调查。"彭小峰说。

在观察人士看来，彭小峰的反思表面看起来未免过于简单，反映的却是赛维这样的速成企业的一个先天缺陷：市场、技术和资本都可以速成，但团队的速成看起来容易做到，真正形成向心力则非一日之功。

与大多数面向风险资本而生的初创企业不同，彭小峰在向资本市场讲故事时，主角只有他一个人，而非一个成熟的团队。这在很大程度上是彭小峰决定在太阳能产业完全重新开始的思路所致：在建立赛维的过程中，他没有从原来的柳新集团带过来一个经理，而是从无到有地建立了一支新的团队。彭小峰的解释是，这是一个全新的产业，只能聘用全新的专业人才。

在外部资本介入后,上市的严格日程表让彭小峰只能快马加鞭:先由几个核心创始人开始经营,然后边投入生产边建立管理和技术团队,同时进行融资,然后迅速上市。

在赛维第二次私募谈判过程中,法国NBP亚洲投资基金创始人及首席合伙人王刚再次要求尽快建立技术和管理团队,他希望在这次完成注资前能够确认赛维确实可以招聘到一流的人才。

赛维现任CFO(首席财务官)赖坤生说,2006年年初他接到彭小峰邀请他加盟的电话,他当时谢绝了,原因是觉得"赛维太小了"。没有想到的是,三天后,彭小峰亲自飞到加利福尼亚州向他描述了公司的未来前景。赖坤生终于被打动,加入赛维。

司徒伟成正是在这种背景下被赛维迅速接纳的。在纽约证券交易所上市公司,财务人员拥有美国注册会计师资格(AICPA)是必要条件之一,司徒伟成的优势是他有这个证书。赛维内部高管称,当看到司徒伟成之前频繁跳槽的履历时,他们也意识到他可能并不是一个合适的人选,但为了能够快速上市,仍然决定雇用他。

为此,彭小峰认为他对司徒伟成的待遇堪称慷慨:允许他每周周一上班,周四就回香港,而且公司为其报销往返机票。但当司徒伟成了解到他只有当初自己认可的3万期权股,比那些公司初创时的工程师还少时,心中顿生不满。在他第一次提出增加期权的要求时,赛维满足了他,增加了1.8万股期权。但司徒伟成不久又提出再次增加的要求,最终被拒绝。不幸的种子由此埋下。

在递交检举信后,司徒伟成似乎神秘地消失了。赛维也难以联系到他本人。他在数年前创办的香港企业增值促进会,现在网页已经无法打开。

彭小峰现在谨慎多了,记者在上海办公室里见到他时,他正在面试的不过是一些中层管理职位的应聘者。

思考:
该公司在招聘过程中存在什么问题?

4.1 制订招聘计划

4.1.1 任务目标

通过本任务的学习应掌握以下职业能力。
①掌握招聘渠道的特点和选择方法。
②掌握招聘计划的内容。
③掌握制订招聘计划的程序和方法。

4.1.2 任务描述

在开展一项工作之前,必须了解该项工作将经历哪些环节。"凡事预则立,不预则废",孔子强调了"预"的重要性,即通过预见未来,提前为未来的变化做好准备,事情就会成功。招聘计划是一个清楚认识企业自身人力资源状况,吸引候选人来填补岗位空缺的活动,即人力资源部门根据用人部门的增员申请,结合企业的人力资源规划和工作说明书,明确一定时期内需招聘的职位、人员数量、资质要求等因素，并开展具体的招聘活动。

4.1.3 知识学习

1. 选择招聘渠道

确定招聘渠道是招聘计划的一项重要内容，它将影响到其他内容的确定。

（1）好的招聘渠道应具备的特征。

如何选择一个好的招聘渠道一直是困扰人事经理的问题之一。那么，什么样的招聘渠道才是好的呢？一个好的招聘渠道应该具备三个特征。

①招聘渠道具有目的性，即招聘渠道的选择能够达到招聘的要求。

②招聘渠道具有经济性，指在招聘到合适人员的情况下所花费的成本最小。

③招聘渠道具有可行性，指选择的招聘渠道符合现实情况，具有可操作性。

（2）招聘渠道的种类与特点。

招聘渠道按照招聘人员的来源可分为内部招聘和外部招聘。所谓内部招聘，就是当公司出现空缺的职位时，主要通过提拔内部员工来解决；外部招聘则主要是吸收外部新鲜血液来解决招聘问题。外部招聘渠道很多，在我国劳动力市场上，普遍运用的六种渠道是网络招聘、猎头公司、校园招聘、内部推荐、人事外包、新媒体渠道等。在公司实际招聘过程中，人力资源部一般会考虑采用多种渠道招聘公司员工。不同的招聘渠道有各自的特点和优缺点，在实际操作中可根据公司的岗位特点有所偏重地采用相应的渠道。

①三大内部招聘渠道。

a. 公开招聘。公开招聘面向全体员工，有利于为积极上进、希望全面发展的有志员工提供发展平台，同时也有利于宣扬公司重视人才的企业文化。此渠道的操作难点是要重视公正、公开、公平。

b. 内部选拔。内部选拔面向部分员工，有利于公司提拔已经培养成熟的人员，使员工感受到企业的关怀，更重要的是体现绩效考核的力量。此渠道的操作难点是提拔人员是否确实工作努力、为企业做出贡献，且有志于为企业奉献。

c. 横向调动、岗位轮换。横向调动、岗位轮换面向部分员工，有利于员工适应多个岗位，是培养管理人员的一个渠道，同时有利于员工减轻对现有岗位的疲倦感。此渠道的操作难点是人力资源部是否建立岗位互换机制，调动和轮换的岗位是否具有相似性，减少员工适应岗位的时间和企业投资成本。

②六大外部招聘渠道。

a. 网络招聘。网络招聘是近几年来新兴的招聘方式，目前主要有两种类型：由人才交流公司或中介机构完成网上招聘，企业直接进行网上招聘。网络招聘在实际应用中表现出了三大特点：一是成本较低廉，据专业人士介绍，一次招聘会的费用可以做两个月的网络招聘；二是网络本身是一层屏障，通过网络的应聘者一般在计算机使用、网络，甚至英语上都具备一定的水平；三是网上的招聘广告不受时空限制，受众时效强，招聘信息还可以发布到海外。同时值得一提的是，这种渠道对于招聘 IT 行业人才有着很好的效果，这也与 IT 人员经常使用网络的特点密切相关。

b. 猎头公司。猎头公司是职业中介机构中比较特殊的一种，通过这一渠道招聘的多是公司中高层职位。通过猎头公司招募的人员特点是工作经验比较丰富、在管理或专业技能上有着特殊之处，在行业中和相应职位上是比较难得的人才。这个渠道在公司招聘中也存在一定的需求，因为企业的中高层岗位一般都有现职人员，在物色到更佳的替换对象前，调整决定尚掌握在企业领导层面，不适宜通过媒体大张旗鼓地进行公开招聘，影响现职人员的工作积极性；另外，能够胜任这些岗位的候选人也多已"名花有主"，薪水、地位相当有保障，不会轻易跳槽，即便有换单位的意向，也较倾向于私下进行，不愿在去向未定之前让领导、同事知道，他们投寄应聘材料和参加招聘会的可能性不大，所以猎头公司能在公司和个人需求之间进行平衡。但人才猎取需要付出较高的招聘成本，一般是委托猎头公司的专业人员进行，费用原则上是被猎取人才年薪的30%。猎头公司在北京、上海和沿海地区较为普遍。并且，现在的猎头公司已经不仅是瞄准高级特殊人才，也为企业提供高、中、初各种层次的服务。

c. 校园招聘。招聘应届生和暑期临时工可以在校园直接进行。校园招聘方式主要有张贴招聘海报、举办招聘讲座和学生办推荐三种。

从个体差异来看，校园招聘的应聘者普遍是年轻人，学历较高，工作经验少，可塑性强。这类员工进入工作岗位后能较快地熟悉业务、进入状态，所以这个招聘渠道一般适用于招聘专业职位或专项技术岗位人员。如果招聘企业重在员工知识结构的更新和人力资源的长期开发，则校园招聘是首选。当然，校园招聘的应聘者由于缺乏工作经验，公司在将来的岗位培训上成本较高，且不少学生由于刚步入社会，对自身定位还不清楚，工作的流动性也可能较大。

校园招聘的目的一是寻找并筛选优秀的候选人，这也是最重要的目的；二是将他们吸引到单位工作。

d. 内部推荐。内部推荐也是公司招募新员工的渠道之一，在现实生活中也很常见，对招聘专业人才比较有效。内部推荐的优点是招聘成本小，应聘人员素质高、可靠性高，新员工进入公司后离职率低、工作满意度较高、工作绩效较好。这类应聘者多数是公司内部员工熟知的亲人或朋友，所以他们对公司内部信息和岗位要求也有比较清楚准确的认识。另外，公司内部员工对被推荐者较为熟悉，会根据岗位的要求考虑他们是否具备相应的条件；被推荐者进入公司后可能更快地融入公司内部关系网络，得到更多的帮助和指导，从而在短时间内工作可能会有较好的表现。但采用该渠道时也应注意一些负面影响：一些公司内部员工也许纯粹想为朋友、亲人争取一个职位机会而没有考虑被推荐人是否合格，更有甚者则是有些中高层领导为了培植个人在公司的势力，在公司重要岗位安排自己的亲信，形成小团体，这会影响公司正常的组织架构和运作。

e. 人事外包。所谓外包，英文直译为"外部资源"，指企业整合利用其外部最优秀的专业化资源，达到降低成本、提高效率、充分发挥自身核心竞争力和增强企业对环境的应变能力的一种管理模式。在一个企业里，要健全人力资源部门就要配备各种专业人力资源人员，如"薪资管理专员""招聘专员"" 培训专员"等，代价相对来说是相当大的。但是，国内很多企业都没有这样的配备，尤其是一部分中小型企业，从性价比的角度来讲，它们没有必要在这样规模的企业中设置这样多的人员，于是就把这一块管理外包给专业的人力资源机构，专业的人力资源机构相对来说比企业自己做得更加完备，企业借助了更多专业的东西来完善自身人力资源的不足，从而节约资源，创造出最大价值。

人事外包的好处有规避风险、减少纠纷、降低营运成本、节省人事专员的时间、提高工作效率。

除此之外，人事外包还客观地反映劳动力市场的普遍薪酬行情，为企业进行薪酬管理提供科学的依据，为企业吸引、留住和激励人才打下坚实的基础。企业根据实际需求，进行人事外包，不但可以及时引进先进的人事管理方式、规避政策风险、提高员工满意度，还可以节省大量事务性工作的人力、资金和时间。

f. 新媒体渠道。近年来，随着网络技术、社交平台的快速发展，招聘渠道已经逐渐由传统方式走向个性化与多样化，特别是在电商、互联网等高新技术领域，新媒体渠道是运用比较多的一种招聘渠道。新媒体渠道，近年常见的有朋友圈、公众号、微博、网络直播平台、社交网络平台（包括职业社交网络、娱乐社交网络、移动社交网络、位置社交网络、垂直社交网络、社会化问答社区、企业级社交网络等），另外还有网猎（网络悬赏）、电视媒体求职PK、地铁及公交车内的移动电视终端、高级写字楼及高级居民楼电梯口的液晶广告显示屏等。比如新闻报道过的，某知名外企业在B站（Bilibili）上直播招聘，B站是一个直播弹幕式网站，在半个小时内，有将近5 000人进入直播间，虽然人数不算很多，但还是能看出这种新媒体的招聘方式更受年轻的电商人才的青睐。这种方式覆盖的人群大，而且比起去学校跑校园招聘，成本更低；借助弹幕的方式还可以线上答复实习工资、招聘岗位、任职要求、公司介绍等各方面的问题。

在招聘实践中，公司不能局限于采用单一渠道，而应考虑各种渠道的特点，灵活使用，来自不同招募渠道的应聘者适用于公司的不同岗位，在招聘过程中根据需要有所偏重。

（3）内外部招聘的利弊分析。

①内部招聘优劣势分析。

a. 内部招聘的优点。选人时间较为充裕，了解全面，能做到用其所长、避其所短。所招聘的人员对组织情况较为熟悉，了解与适应工作过程会大大缩短，上任后能很快进入角色。内部提升给每个人带来希望，有利于鼓舞员工士气，提高其工作热情，调动其积极性，激发其上进心。

b. 内部招聘的缺点。容易造成"近亲繁殖"。老员工有思维定式，不利于创新，而创新是组织发展的动力。容易在组织内部形成错综复杂的关系网，任人唯亲，拉帮结派，给公平、合理、科学的管理带来困难。内部备选对象范围狭窄。

②外部招聘优劣势分析。

a. 外部招聘的优点。来源广泛，选择空间大。特别是在组织初创和快速发展时期，更需要从外部大量招聘各类员工。可以避免"近亲繁殖"，给组织带来新鲜空气和活力，有利于组织创新和管理革新。此外，由于员工新近加入组织，与其他人没有个人恩怨，在工作中可以很少顾忌复杂的人情关系。可以要求应聘者有一定的学历和工作经验，节省在培训方面所耗费的时间和费用。

b. 外部招聘的缺点。难以准确判断员工的实际工作能力；容易造成对内部员工的打击。

2. 制订招聘计划

（1）招聘计划的内容。

一般而言，招聘计划包括九项内容。

①人员需求清单,包括招聘的职务名称、人数、任职资格要求等内容。
②招聘信息发布的时间和渠道。
③招聘小组人选,包括小组人员姓名、职务、各自的职责。
④应聘者的考核方案,包括考核的场所、大体时间、题目设计者姓名等。
⑤招聘的截止日期。
⑥新员工的上岗时间。
⑦招聘费用预算,包括资料费、广告费、人才交流会费用等。
⑧招聘工作时间表,应尽可能详细,以便于他人配合。
⑨招聘广告样稿。
(2)制订招聘计划的步骤和方法。
①招聘需求分析。招聘需求分析的操作流程如下。
a. 用人部门提出需求。
b. HR 了解职位信息(岗位背景信息)。
c. HR 访谈任职者及相关者(上级、任职者、内部供应商等)。
d. HR 和职位上级沟通。
e. HR 分析市场人才供给情况。
f. HR 编制文件,发布职位信息。
②招聘费用预算。招聘费用的预算流程如图 4-1 所示。

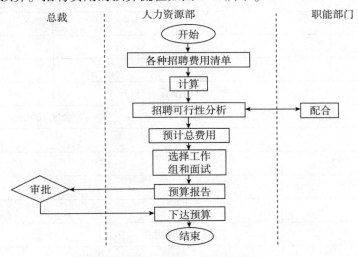

图 4-1 招聘费用的预算流程

③招聘计划的制订。招聘计划的制订,一方面能保证企业的招聘工作有的放矢、有条不紊;另一方面也是应聘人员了解企业录用员工要求的重要信息来源。招聘计划常用招聘计划表来呈现,招聘计划表通常应注意三方面。

a. 对拟聘的岗位和条件要做出充分说明,便于应聘人员选择是否竞聘。特别是聘用条件,应当详细具体。

b. 时间安排既要有利于企业的运作,也要方便候选人来应聘。

c. 招聘组织,通常要选择与招聘录用岗位相关的部门来参与招聘考核工作。

4.1.4 工作示例

常见的招聘计划表,如表 4-1 所示。

表 4-1 招聘计划表

招聘目标		
职务名称	数量	任职资格
信息发布渠道和时间		
招聘小组成员		
组长		职责
组员		职责
选拔方案及时间安排			
招聘岗位	步骤	负责人	截止时间
费用预算	
项目	金额(元)
招聘工作时间表	
时间	工作内容
制订人		部门经理签字	
分管副总经理意见			
			制表日期: 年 月 日

4.1.5 案例实践

管理职位空缺：外聘还是内升

HR 经理 Joyce 最近正在左右为难：一名产品经理跳槽离开了公司，是选择通过外部招聘给这个职位着陆一个"空降兵"呢，还是通过公司内部选拔来填补这个空白？如果采用外部招聘，公司很难保证在短时间内找到熟悉这个产品的合适人选；但如果选择内部选拔，这个部门里其他主管的能力又确实与产品经理的职位要求存在一定距离。其实，HR 经理经常会面对突然离职造成的职位空缺。应对这种管理层的真空状态，是内升还是外聘，这是 HR 经常要做的选择题。

思考：

试从不同角度分析应该如何选择招聘渠道。

4.2 发布招聘广告

4.2.1 任务目标

通过本任务的学习应掌握以下职业能力。
①掌握招聘广告撰写的主要内容。
②掌握招聘广告的设计原则。
③掌握选择广告媒体的方法。

4.2.2 任务描述

招聘广告主要指用来公布招聘信息的广告。招聘广告是企业员工招聘的重要工具之一，招聘广告的设计直接影响到应聘者的素质和企业的竞争力。

4.2.3 知识学习

1. 设计广告内容

（1）招聘广告的主要内容。

传统的招聘广告主要包括以下内容。
①本企业的基本情况。
②是否经过有关方面的批准。
③招聘人员的基本条件。
④报名的方式。
⑤报名的时间、地点。
⑥报名需带的证件、材料。

⑦其他注意事项。

（2）招聘广告的设计原则。

①客观准确。招聘信息是人才资源需求的客观反映，必须忠实地反映企业人力资源需求的基本情况，反映现状和发展趋势。不能做出无法遵守的承诺来误导应聘者，对于晋升机会、挑战、责任等要诚实列出，给人以可信度，树立以诚待人的企业形象。那些言过其实、夸大其词、别有用心的广告，一旦被人识破，广告企业便会声名狼藉，只会得到饮鸩止渴的恶果。

②引人注意。设计招聘广告要能抓住读者的注意力，促使他们深入阅读。注意是增强广告效果的首要因素，注意是人的认识心理活动过程的一个特征，是人对认识事物的指向和集中。招聘广告要想使人理解、领会、形成记忆，不应自作聪明。文字要简洁、易读，要避免使人眼花缭乱，不愿细看。标题要反复推敲，而且要运用突出的字体，激发读者细读广告的兴趣，深入理解广告内容。

③内容详细。招聘广告必备的内容不可缺少，比如公司情况介绍、岗位情况等。

④条件清楚。招聘广告的信息具体化、鲜明化有助于增强求职者的信心和决心。目前我国的招聘广告中很少直接提及工作报酬、福利等条件，而这些条件恰巧是招聘广告中的核心。许多求职者对工资待遇都非常关注，而大多数招聘广告在这个问题上含糊其词。其后果是：一方面许多优秀人才不知道可能获得多少报酬而不愿意应聘；另一方面许多求职者一旦了解企业真实报酬后就不愿意被录用，同时浪费了企业和应聘者的时间、精力和金钱。在广告中含糊其词是有百弊而无一利的。

2. 选择广告媒体

使用招聘广告时，广告媒体的选择取决于招聘工作岗位的类型。一般来说，低层次岗位招聘可以选择地方性报纸，高层次或专业化程度高的岗位招聘则要选择全国性或专业性的报刊。

4.2.4　工作示例

史上最真诚的高校招聘：贵州兴义民族师范学院招聘启事走红

近日一则"招贤纳士·兴义民族师范学院招聘语言学博士"的招聘信息发出后，点击量瞬间超过10万次，评论上千条。原因很简单，该招聘内容既朴实诚恳又很接地气，同时不乏幽默诙谐，除了让众多求职者争相报名外，还引来众多网友的围观评论。

贵州兴义民族师范学院招聘启事的全文如下。

兴义民族师范学院（在贵州省黔西南州，云南广西贵州三省区交界地区）招聘"语言学博士"：

首先坦白，学校很一般很一般。

一、不是数字序列高校（"985""211"），不是"双一流"；平台很一般，需要您来创造。

二、交通情况暂时不"高速",只有飞机到达全国各大城市;但高铁五年内融入上沪昆高速网线。

三、人才引进政策待遇一般,或者一套三室两厅 90 多平方米的房子,或者 30 万元的安家费,二选一;另加 10 万～15 万元的科研启动金。其他无。

四、工资待遇参照西部地区的高校标准,据事实比较,略超湖南一点点。

看了以上条件,如果您绝对不考虑过来,就请忽略以下内容;如果以上情况可以接受的话,您就再看看以下内容,也许可以考虑来学校看看。

一、语言学博士应聘,年龄不超过 45 岁(最多 46 岁,不能再加了),免面试、免试讲、免拖免等,来了就签录用合同,约今年 8 月到州人社局办入编手续。

二、文传院有汉语言文学、国际汉语教育两个专业,语言学课程丰富,任您挑选符合您的研究方向的课程;现有语言学博士四名、文献学博士两名、语言学硕士五名,可组建科研团队。

三、评职称容易,只要您曾参与过省厅级及以上课题项目且已结题,有结题证书、1 篇北大核心文章且总期刊文章数 7 篇(挂任何单位发表皆可),就可以参加明年上半年的"绿色人才通道"评副教授职称,已有副教授职称的通过此通道可以快速评教授(学校教授数量亟待增加,校长为这事儿特别上火)。

四、工作压力不大,没有科研要求,申不申请项目、发不发文章全凭您心意,学校不强制要求;您只想好好上课那就上课,当个好老师也行,这边学生相对淳朴,到课率 90%以上,别讲太深奥的专业知识,学生不一定能吸收得了。

五、搜肠刮肚再说一个,兴义市是世界级春城之一(中国大概只有昆明、兴义等两三个入选——数据来源于百度),紫外线比昆明弱,四季较昆明分明。风景区有万峰林、马岭河峡谷,学校新校区就在马岭河峡谷风景区边上,空气质量长年排贵州省第二。还有什么?噢,对了,牛肉便宜,35 元一斤,现宰现杀不注水。

其他没了。

总结起来,就是兴义是个适合养老的地方,兴义民族师范学院是个不会出现"过劳死"的工作单位,而且您想做学问就可以快快乐乐做学问,只问耕耘不求收获。

如果觉得可以接触了解一下,请联系我们。

4.2.5 案例实践

有效的废水处理流程工程师招聘广告

广告1:

急招一名在佛罗里达州工作的废水处理流程工程师。要求至少有 4 年的工业废水处理经验,薪酬为 6.5 万～8.5 万美元/年。有意者请发简历至 KimGD@ WaterscleanX. com。

广告2:

你想帮助我们一起使这个世界变得更加美好吗?

我们是全世界顶级的废水处理公司之一,从迈阿密至伦敦至北京,都有我们的污水处理设施,我们正在快速成长,需要寻找一位经验丰富的废水处理流程工程师加入我们团队,如果你有至少4年为废水处理厂设计流程的工作经验,并且致力于让我们的世界变得更加美好,我们非常愿意收到您的来信。该职位的薪酬水平将根据工作经验而定,薪酬范围为每年6.5万~8.5万美元,有意者请发送简历至 KimGD@ WaterscleanX. com。

思考:
以上两个广告的不同之处在哪里?撰写招聘广告时有哪些注意事项?

4.3 人员甄选

4.3.1 任务目标

通过本任务的学习应掌握以下职业能力。
①掌握筛选求职简历及求职申请表的方法。
②掌握面试的内容和技巧。
③掌握人员素质测评的内容和技巧。
④掌握人员录用决策的原则。

4.3.2 任务描述

人员甄选是指从应聘者的资格审查开始,经过用人部门与人力资源部门共同初选、面试、测试、体检、个人资料核实到人员录用的过程,是整个招聘工作的关键,也是整个招聘工作中技术性最强、难度最大的一个环节。从20世纪50年代开始,在西方发达国家,企业招聘工作的重心就已经从寻找和吸引人员转移到了人员甄选方面。人员甄选在整个招聘过程中占据核心地位。如果不能有效地从招聘所网罗的人员中选择出最优秀的,或者说,不能把不合格人员排除在企业大门外,而是等他们进入企业之后再去应付,就会直接或间接地给企业带来严重的时间、金钱和效率损失,造成一些法律上的困扰。

4.3.3 知识学习

1. 筛选求职简历及求职申请表

简历,是求职者对自身工作经历、教育背景、知识技能等的总结。它既是个人经历的写照,也是个人的自我宣传广告。通常情况下,用人单位在发布招聘信息后,会收到大量的求职简历。对于一些比较受求职者欢迎的用人单位来说,每年收到的简历数以万计。招聘人员面对大量简历,能否在较短的时间内挑选出合适的应聘者进入下一轮测试,对于有效的招聘来说有着决定性意义。

在现实招聘中,简历筛选是一个主观性较强、难以把握的环节。个人简历给了求职者比较大的自由发挥空间，允许求职者充分展示各项特征和能力，这种由求职者自己制作的、用于自我宣传的个人简历，可能会掺杂大量的冗余信息，甚至是虚假信息；有时可能故意忽略一些对求职者本人不利而用人单位需要知道的信息。不管求职简历的形式如何变化，一般的简历所包含的内容不外乎以下几个方面：求职者个人基本信息（如求职者姓名、性别、年龄、学历、毕业院校、所学专业、个人身体特征等）；受教育经历（上学经历和培训经历）；相关技能（求职者掌握的相关技能以及获得的各种证书，如英语、计算机、普通话等）；工作经历（如曾经从事过的工作，对于应届毕业生来说则是个人从事的兼职和社会实践活动等）；自我评价（如个人自身的特长、个性、兴趣爱好、职业规划、求职动机等）。面对成百上千份经过巧妙修饰的简历，招聘人员若善于运用筛选简历的技巧，将大大提高简历筛选的效率和效果。

（1）招式一：优先考虑"硬性指标"。

不同的岗位有不同的用人要求。有些岗位对硬性指标有非常严格的要求，有些岗位则对硬性指标的要求不是很严格。

表现之一：对性别的要求，如前台通常要求为女性。

表现之二：对学历和专业的要求，如研发人员。

表现之三：对工作经验的要求，如管理岗位。

表现之四：对年龄的要求，如酒店服务生。

如果所聘岗位对某些硬性指标的要求很严格，则招聘人员在筛选简历时首先应该关注这些硬性指标，如果硬性指标不符合职位要求则可以把该简历直接筛选掉。

（2）招式二：警惕"含糊"信息。

求职者在撰写简历时常常会隐藏一些不利信息，夸大一些有利信息，而达到此目的常用技巧之一就是运用含糊字眼。

表现之一：水平含糊。例如，一位大学毕业生的简历中有这样的描述："英语水平：具有较强的听说读写能力。"用这种含糊的表达方式来描述自己的技能水平，基本可以推测该名学生在大学期间没有通过英语最基本的四级。

表现之二：教育经历含糊。学历一般是非常硬性的指标，所以求职者可能会做一些处理。例如，一位自考的大学毕业生，对受教育类型不做说明，从简历中的受教育时间看很容易被误认为统招统分的毕业生。因此，用人单位在制作求职申请表时最好特别注明"受教育类型"。

表现之三：时间含糊。例如，有一份简历是这样写的："1999—2003，××大学管理学院；2004—2006，××有限公司。"如果从年份上看，一般人看不出什么问题，但实际上这里的时间跨度可能很大。如果这个人于2003年7月大学毕业，2004年7月就职，中间就会有一年的空档。仅从年份上看，中间甚至可以产生近两年的空档，如2003年1月到2004年12月。所以，用人单位在制作求职申请表时，通常需要特别注明：求职者对时间的描述要具体到月份。

(3) 招式三：分析"逻辑性"。

在审查简历时，要关注简历中有关信息的逻辑性，如简历中的描述是否符合逻辑、是否符合应聘者的真实身份、是否有互相矛盾的地方等。

表现之一：不合逻辑。例如，一位求职者在描述自己的工作经历时，列举了一些著名的企业和一些高级职位，而他所应聘的却只是一个普通职位，这种不合常情的事情就需引起注意。

表现之二：不合身份。例如，一位应届毕业生的求职简历中，有关社会实践的部分有以下描述："在××公司，负责销售工作。"类似这样的表述明显不符合求职者的身份，一个公司会让一位做兼职的大学生负责销售工作，让人怀疑。

表现之三：前后矛盾。例如，笔者曾经筛选过的一份简历中有以下信息"出生年月：1985年8月；学历：中专；教育经历：1997年9月进入××中专；工作经历：2001年进入××公司"。在这份简历中，存在明显矛盾的地方。从时间推算，这位求职者应该是12岁进入中专学习，16岁进入一家公司工作。按照现在的教育制度，12岁应该正在念小学，就算读书早一点，也应该在读初中，不可能读中专，后来经过证实，这份简历的信息是虚假的。

表现之四：时间不连贯。求职者的简历中发现如下信息"1999年9月—2003年7月，武汉××大学本科；2002年6月—2004年8月，广东××公司"。从简历上看，学习和工作地点在两个不同的地方，大学四年的时间有一年不在学校。后来经过证实，发现该名求职者获得的学位是通过函授得到的。

表现之五：自我评价与事实不符。主要查看求职者自我评价是否适度、是否属实、是否与工作经历中的描述一致。例如，一位求职者在自我评价中自称"细致耐心"，可在简历中却发现多处错别字。

(4) 招式四：关注"匹配性"。

求职者的个人基本情况与应聘岗位、公司的发展状况是否匹配，是审查简历时必须考虑的问题。这里的"匹配"既包括求职者能力、个性与所应聘岗位的匹配，也包括其他方面的匹配。

表现之一：专业匹配。有些岗位需要考虑求职者过去所从事专业与应聘岗位的匹配度，这个匹配度一般可以通过三个方面来考察：求职者所学专业与应聘岗位的专业对口程度；求职者过去在相同或相似岗位上工作的时间长短；求职者曾经接受过的培训与应聘岗位的符合程度。

表现之二：工作背景匹配。另一个需要关注的匹配性问题是求职者曾经工作公司的大致背景与应聘公司的背景是否相似，如所在行业是否一致、面对的下属是否相似等。这一点对于中高层管理者来说尤为重要。

表现之三：工作地点匹配。要考虑求职者期望的工作地点与应聘职位是否一致。

表现之四：期望薪资匹配。要考虑求职者的期望薪资与应聘职位的薪资水平是否一致。

表现之五：稳定性匹配。要考察求职者的就职稳定性与应聘岗位是否一致，求职者的就职稳定性可以通过考察求职者在总的工作时间内跳槽或转岗的频率来进行推算。如果求职者在短时间内频繁跳槽和换岗，应聘职位又要求相对稳定，则要多加考虑。

（5）招式五：巧用电话审查简历。

在审查简历时，有时可借助电话审查简历。借用电话筛选简历主要适用于两种情况。

表现之一：初次筛选时模棱两可的简历。有些简历在初次筛选时，有个别情况不符合要求，招聘人员难以下定决心，这时可借助电话帮助筛选。例如，如果一位求职者各方面情况与所应聘岗位非常匹配，但是其期望的工作地点与应聘职位所要求的工作地点有冲突，这时可考虑通过电话来确定原因，帮助筛选。

表现之二：招聘职位有语言表达能力要求。对于对语言表达能力要求很高的工作岗位，如产品宣讲员，则可以结合电话来进行初步审查。

简历筛选一般是由人力资源部来完成的。以上几招可以使简历筛选人员高效地对简历进行初步筛选，以确定是否向用人部门推荐，并且提醒面试官在面试中需要注意的信息。总之，有效筛选简历是做好招聘工作的第一步，招聘工作者只有做好简历筛选工作，才有可能高效地做好招聘工作。

2. 面试

（1）面试的分类。

①个人面试。个人面试又称单独面试，指主考官与应聘者单独面谈的面试，是面试中最常见的一种形式。个人面试分为一对一的面试与主试团的面试。一对一的面试适用于规模小的机构。主试团（多对一）的面试适用于较大机构。

②集体面试。集体面试主要用于考察应试者的人际沟通能力、洞察与把握环境的能力、组织领导能力等。在集体面试中，通常要求应试者做小组讨论，相互协作解决某一问题；或者让应试者轮流担任领导主持会议、发表演说等。无领导小组讨论是最常见的一种集体面试法。集体面试常使用现场技能测验或考试，如速记、表演、推销等。

③综合面试。综合面试是以上两种方式的综合，由主考官通过多种方式综合考察应试者多方面的才能。综合面试常事先定题，自由交谈，相互交融。

④渐进式面试。人太多时，初次面试可以了解应聘者的个人背景、谈吐与应对能力，然后视职位高低，进行二次面试以及三、四次面试。一般来讲，渐进式面试分为五个阶段：简历筛选、笔试、初次面试、高级经理面试和最后的录取通知。

（2）面试的内容及主要问题。

虽然从理论上讲，面试可以测评应试者几乎任何一种素质，但由于人员甄选除面试外还有其他许多有效的方法，并且每种甄选方法都有其长处和短处，因此，招聘单位一般并不以面试去测评应聘者所有的素质，而是有选择地用面试去测评最易测评的内容。

①仪表风度。仪表风度是指面试者的体型、外貌、气色、衣着、举止、精神状态等。国家公务员、教师、公关人员、部门经理等职位，对仪表风度的要求比较高。研究表明，仪表端庄、衣着整洁、举止文明的人，一般做事有规律，注意自我约束，责任心强。

②专业知识。在此部分面试官主要了解面试者掌握专业知识的深度和广度，确定其专业知识是否符合所要录用职位的要求，以此作为专业知识笔试的补充。面试对专业知识的考察更具灵活性和深度，所提问题也更接近空缺岗位对专业知识的需求。

③工作实践经验。面试考官一般根据应试者个人简历和求职登记表的情况，提出相关的问题，查询应试者有关背景及过去工作的情况，以补充、证实其所具有的实践经验。通过对其工作经历与实践经验的了解，考察应试者的责任感、主动性、思维灵敏度、口头表达能力及应变能力等。

④口头表达能力。口头表达能力主要考察应聘者是否能将自己的思想、观点、意见和建议顺畅地用语言表达出来。考察的具体内容包括表达的逻辑性、准确性、感染力、音质、音量、音调等。

⑤综合分析能力。综合分析能力主要考察应试者是否能对主考官所提出的问题通过分析抓住本质，并且说理透彻、分析全面、条理清晰。

⑥反应能力和应变能力。反应能力和应变能力主要考察应试者对主考官所提的问题理解是否准确贴切、回答是否迅速，对于突发问题的反应是否机智敏捷、回答恰当，对于意外事项的处理是否得当等。

⑦人际交往能力。人际交往能力的考察主要通过询问应试者经常参与哪些社会活动，希望同哪些类型的人打交道，在各种社交场合扮演哪种角色，了解应试者的人际交往倾向和与人相处的技巧。

⑧自我控制能力和情绪稳定性。自我控制能力对于国家公务员及许多其他类型的工作人员（如企业的管理人员）显得尤为重要。一方面，在遇到上级批评指责、工作压力或个人利益受到冲击时，能够克制、容忍、理智地对待，不致因情绪波动而影响工作；另一方面，工作要有耐心和韧性。

⑨工作态度。第一，要了解应试者对学习、工作的态度；第二，要了解应试者对所应聘职位的态度。在学习或工作中态度不认真，对做什么、做好做坏无所谓的人，在新的工作岗位也很难勤勤恳恳、认真负责。

⑩上进心、进取心。上进心、进取心强的人，一般都有事业上的奋斗目标，并为之积极努力，具体表现在会努力把现有工作做好、不安于现状、工作中常有创新。

⑪求职动机。了解应聘者为何希望来本单位工作、对哪类工作最感兴趣、在工作中追求什么，可判断本单位所能提供的职位和工作条件能否满足其工作要求和期望。

⑫业余兴趣与爱好。从应聘者休闲时间爱从事哪些运动、喜欢阅读哪些书籍、喜欢什么样的电视节目、有什么样的嗜好等，可以了解其兴趣与爱好，这对录用后的工作安排非常有用处。

（3）面试的流程。

当人力资源部门对应聘人员资料进行梳理、分类，并交给各主管经理后，就进入对应聘人员进行初步筛选的阶段；随后确定面试人选，并由人力资源部通知面试人员。随后就是面试的组织阶段,通过初次面试的人员,还要进行复试,最终挑选出企业所需要的人员。面试的具体操作流程如图4-2所示。

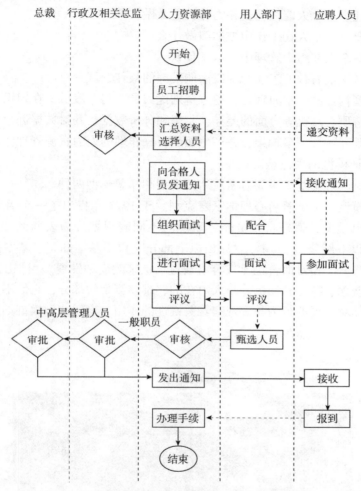

图 4-2 面试的具体操作流程

3. 人员素质测评

(1) 胜任特征。

胜任特征指高效完成岗位职责所需具备的能力集合。胜任特征主要包括以下几个层面:知识——某一职业领域需要的信息(如人力资源管理的专业知识);技能——掌握和运用专门技术的能力(如英语读写能力、计算机操作能力);社会角色——个体对社会规范的认知与理解(如想成为工作团队中的领导);自我认知——对自己身份的知觉和评价(如认为自己是某一领域的权威);特质——某人所具有的特征或其典型的行为方式(如喜欢冒险);动机——决定外显行为的内在稳定的想法或念头(如想获得权力、喜欢追求名誉)。

员工个体所具有的胜任特征有很多,但企业所需要的胜任特征员工不一定全部满足,企业会根据岗位的要求以及组织的环境,明确能够保证员工胜任该岗位工作、确保其发挥最大潜能的胜任特征,并以此为标准来对员工进行挑选。这就要运用胜任特征模型分析法提炼出能够对员工的工作有较强预测性的胜任特征，即员工最佳胜任特征能力。胜任特征模型分析法主要分析以下内容。

①个人的胜任力：个人能做什么和为什么这么做。

②岗位工作要求：个人在工作中被期望做什么。

③组织环境：个人在组织管理中可以做什么。

交集部分是员工最有效的工作行为或潜能发挥的最佳领域。

胜任特征模型构建的基本原理是，通过辨别优秀员工与一般员工在知识、技能、社会角色、自我认知、特质、动机等方面的差异，收集和分析数据，并对数据进行科学整合，从而建立某岗位工作胜任特征模型构架，并产生相应可操作性的人力资源管理体系。

（2）胜任特征模型的理论基础。

胜任特征模型的理论基础主要有素质冰山模型和洋葱模型两种。

①素质冰山模型。美国著名心理学家麦克利兰于1973年提出了一个著名的素质冰山模型。所谓素质冰山模型，就是将人员个体素质的不同表现划分为表面的"冰山以上部分"和深藏的"冰山以下部分"。其中，"冰山以上部分"包括基本知识、基本技能，是外在表现，容易了解与测量，相对而言也比较容易通过培训来改变和发展。"冰山以下部分"包括社会角色、自我概念、特质和动机，是人内在的、难以测量的部分，它们不太容易通过外界的影响而改变，却对人员的行为与表现起着关键性的作用。素质冰山模型如图4-3所示。

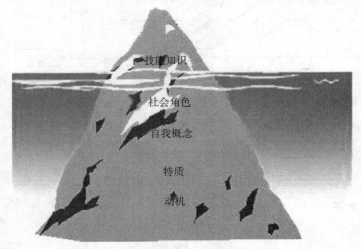

图4-3 素质冰山模型

素质冰山模型认为，支持一个人取得业绩的能力素质模型由六个要素构成。

a. 知识：个人在某一特定领域所拥有的事实型和经验型信息。

b. 技能：个人结构化地运用知识来完成某项具体工作的能力。

c. 社会角色：个人基于态度和价值观的行为方式与风格。

d. 自我概念：个人态度、价值观和自我印象。

e. 特质：个性身体特征对环境和各种信息所表现出来的持续反应。

f. 动机：个人对某种事物的持续渴望，进而付诸行动的内驱力。

其中，知识、技能大部分与工作所要求的资质直接相关，能够在比较短的时间使用一定的手段进行测量。这些素质可以通过考察资质证书、考试、面谈、简历等具体形式来测量,也可以通过培训、锻炼等办法来提高。社会角色、自我概念、特质、动机往往很难度量和准确表述,又少与工作内容直接关联,只有其主观能动性变化影响到工作时,其对工作的影响才会体现出来。考察这些方面时,每个管理者有自己独特的思维方式和理念,但往往因其偏好而有所局限。招聘人才时,不能仅局限于对技能和知识的考察,而应从应聘者的求职动机、个人品质、价值观、自我认知和角色定位等方面进行综合考虑。如果没有良好的求职动机及品质、价值观等相关素质的支撑,能力越强、知识越全面,对企业的负面影响就会越大。

②洋葱模型。所谓洋葱模型,是把胜任素质由内到外概括为层层包裹的结构,最核心的是动机,然后向外依次展开为个性、自我形象与态度、价值观、知识、技能。越向外层,越易于培养和评价;越向内层,越难以评价和习得,如图4-4所示。

图4-4 洋葱模型

大体上,"洋葱"最外层的知识和技能,相当于"冰山"的水上部分;"洋葱"最里层的动机和个性,相当于"冰山"水下最深的部分;"洋葱"中间的自我形象与社会角色等,则相当于"冰山"水下浅层部分。洋葱模型同冰山模型本质是一样的,都强调核心素质或基本素质。对核心素质的测评,可以预测一个人的长期绩效。

(3) 胜任特征模型。

胜任特征模型是指驱动员工产生优秀工作绩效的各种个性特征的集合,它反映的是可以通过不同方式表现出的员工的知识、技能、个性与内驱力等。

建立胜任特征模型的步骤可分为五步。

①定义绩效标准。绩效标准一般采用工作分析和专家小组讨论的办法来确定。即采用工作分析的各种工具与方法,明确工作的具体要求,提炼出鉴别工作优秀的员工与工作一般的员工的标准(销售量、利润、管理风格、客户满意度)。专家小组讨论则是由优秀的领导者、人力资源管理层和研究人员组成专家小组,就岗位任务、责任和绩效标准以及期望表现的胜任特征行为和特点进行讨论,得出最终的结论。如果客观绩效指标不容易获得或经费不允许,一个简单的方法就是采用"上级提名"。这种由上级领导直接给出工作绩效标准的方法虽然较为主观,但对于优秀的领导层来说,其也是一种简便可行的方法。企业应根据自身

的规模、目标、资源等条件选择合适的绩效标准定义方法。

②选取分析效标样本。根据岗位要求,在从事该岗位工作的员工中,分别从绩效优秀和绩效普通的员工中随机抽取一定数量的员工进行调查。

③获取数据资料。获取效标样本有关胜任特征的数据资料,可以采用行为事件访谈法、专家小组法、问卷调查法、全方位评价法、专家系统数据库和观察法等,但一般以行为事件访谈法为主。

行为事件访谈法是一种开放式的行为回顾式调查技术,类似于绩效考核中的关键事件法。它要求被访谈者列出在管理工作中发生的关键事例,包括成功事件、不成功事件或负面事件各三项,并且让被访谈者详尽地描述整个事件的起因、过程、结果、时间、相关人物、涉及的范围以及影响层面等。同时也要求被访谈者描述自己当时的想法或感想,如是什么原因使被访谈者产生类似的想法以及被访谈者如何达成自己的目标等。在行为事件访谈结束时,最好让被访谈者总结一下事件成功或不成功的原因。

行为事件访谈一般采用问卷和面谈相结合的方式。访谈者会有一个提问的提纲,以把握面谈的方向与节奏;并且访谈者事先不知道被访谈者属于优秀组或一般组,避免先入为主。访谈者在访谈时应尽量让被访谈者用自己的话详尽地描述自己成功或失败的工作经历,自己是如何做的、感想如何等。由于访谈的时间较长,一般需要1~3小时,所以访谈者在征得被访谈者同意后可采用录音设备把内容记录下来,以便整理出详尽的、有统一格式的访谈报告。

④建立胜任特征模型。在分析数据信息(访谈结果编码、调查问卷分析)的基础上建立胜任特征模型。

通过行为访谈报告提炼胜任特征,对行为事件访谈报告进行内容分析,记录各种胜任特征在报告中出现的频次。然后对优秀组和普通组的要素指标发生频次和相关的程度统计指标进行比较,找出两组的共性与差异。根据不同的主题进行特征归类,并根据频次的集中程度,估计各类特征组的大致权重。

⑤验证胜任特征模型。采用问卷调查、评价中心、专家评议组等方式,验证胜任特征模型。

4. 人员录用决策

(1)人员录用的原则。

为实现用人之所长、学用一致、有效利用人力资源的目的,人员录用必须遵循四个原则。

①因事择人原则。因事择人就是以事业的需要、岗位的空缺为出发点,根据岗位对任职者的资格要求来选择人员。它要求组织应根据工作的需要来招聘员工,应严格按照人力资源规划的供需计划来吸纳每一名员工,人员配置切莫出自部门领导或人力资源部门领导的个人需要,也不能借工作需要来达到个人的某种目的。只有这样,才能实现事得其人、人适其事,使人与事科学地结合起来。

②任人唯贤原则。任人唯贤,强调用人要出于"公心",以事业为重,而不是以自己的"小圈子"为重、以"宗派"为重,只有这样才能做到大贤大用、小贤小用、不贤不用。能

否做到任人唯贤，是衡量管理人员是否称职的标准之一。在人员的安排使用过程中，要克服错误心态，避免用人失误。当然，任人唯贤原则，还需要有其他条件来配套，如要求部门领导明确每一个工作岗位的责任、义务和要求，学会鉴别人才，掌握基本的人才测试、选拔的方法，懂得什么样的岗位安排什么样的人员。只有管理者对所任用的员工了如指掌，并能及时发现人才，才能使每个人都充分施展才能。

③用人不疑原则。用人不疑原则要求管理者对员工要给予充分的信任与尊重。如果对部下怀有疑虑，不如不用。既然要用，就一定要明确授权，大胆使用，使其充分发挥才干。事实上，试用期员工与正式员工在使用上并无本质差异，关键是管理者能不能给他们充分的信任与权利，大胆放手让他们在岗位上发挥自己的才能。

④严爱相济原则。员工在试用期期间，管理者必须为其制定工作标准与绩效目标，对其进行必要的考核，考核可从能力及能力的提高、工作成绩、行为模式及行为模式的改进等方面进行。对试用期员工在生活上应当给予更多的关怀，尽可能地帮助员工解决后顾之忧；在工作上要帮助员工取得进步，用情感吸引他们留在组织中；同时，从法律上保证员工享受应有的权利。这些对员工是否愿意积极努力、长期稳定地为组织工作是非常有利的。

（2）员工录用的实施流程。

经公司人力资源部确认的录用人员，通知其报到，提示需要携带材料。新员工应先到人力资源部报到，按照员工入职手续清单规定办理有关手续，签订劳动合同。同时，人力资源部应按照规定对新进人员进行入职教育，使其了解公司各项规章制度、企业文化等内容。

4.3.4 工作示例

招聘面试评价表如表4-2所示。

表4-2 招聘面试评价表

姓名		性别	□男 □女	应聘岗位		联系方式	①②
学历		专业					

面试考评项目							
考核方向	询问事项（供参考用）	评价要点	评分标准					用人部门面试主管	
			优	良	中	次	劣	得分	评语
一般印象	1. 请自我介绍	仪表言谈举止	5	4	3	2	1		
	2. 请问为什么想要应聘公司的工作	工作态度/个性	5	4	3	2	1		
	3. 请描述你所知道的川山甲是怎样的公司	问题回答的适切性	5	4	3	2	1		
	4. 谈谈对供应链管理行业的了解情况	行业认知程度	5	4	3	2	1		
	5. 请说明个人三到五年的职业规划	职业发展方向	5	4	3	2	1		

续表

考核方向	询问事项（供参考用）	评价要点	评分标准					用人部门面试主管	
			优	良	中	次	劣	得分	评语
经验与潜能	1. 请描述工作上的专长并举例说明	对公司可能具有的贡献	5	4	3	2	1		
	2. 请举例说明过去工作中值得一提的成绩	工作经验是否足够	5	4	3	2	1		
	3. 请列举在专业领域中所熟悉的同行	人际关系	5	4	3	2	1		
	4. 请举例说明是否有带领团队完成任务的经验	领导能力	5	4	3	2	1		
	5. 请举例说明工作中曾遭遇的困难过程、结局	解决问题的能力	5	4	3	2	1		
教育与专业	1. 请简单说明所学学科中较感兴趣的部分	与应聘工作相关与否	5	4	3	2	1		
	2. 请说明在工作上经常运用的专业知识	知识了解深度	5	4	3	2	1		
	3. 在校期间是否参与社团活动或担任干部	专业知识与工作匹配	5	4	3	2	1		
	4. 你通常喜欢独自还是与团队一起完成任务，为什么	与他人的合作性（团队）	5	4	3	2	1		
	5. 请问你从事此专业工作的动机是什么	工作动机与兴趣	5	4	3	2	1		
工作态度	1. 如果主管对你有误解，你会怎么做	诚恳/踏实/敬业精神	5	4	3	2	1		
	2. 你对提高工作效率的看法	可塑性及创新精神	5	4	3	2	1		
	3. 什么样的工作环境和主管是你无法容忍的	稳定性与工作耐力	5	4	3	2	1		
	4. 请举例说明你在紧急情况下完成任务的经历	责任感/执行力	5	4	3	2	1		
	5. 公司因工作需要调派你做不熟悉的工作，你会如何	工作弹性/承受压力的能力	5	4	3	2	1		
分值统计（总分100分，60分以下者不予录用）									□拟录用 □不录用 □建议备存 面试人签字：	
应聘者期望薪酬：月薪_____年薪_____，预计报到时间：										

续表

考核方向	询问事项（供参考用）		评价要点	评分标准				用人部门面试主管	
				优	良	中	次	劣	得分	评语
面试小组评定	优势		人力资源部意见	1. 预核：岗位_____职务_____ 2. 工资模式：□年薪制_____ □结构制_____ ① 试用期岗位工资_____考核工资_____其他_____ ② 合同期岗位工资_____考核工作_____其他_____ 3. 试用期_____个月，合同期_____年 4. 合同类型：□劳动合同 □聘用合同 　　　　　　　□实习协议 5. 拟安排报到时间：						
	劣势								
总评	□拟录用　□不录用　□建议备存 建议拟核：岗位： 　　　　　　职务： 面试人签字：			人力资源经理签字：						
录用审批										
用人部门经理		用人部门中心总监		人力资源经理		行政管理中心总监			总经理	

说明：资料后附装订顺序　□面试评价表　□薪资资料表　□应聘登记表　□个人简历　□背景调查表　□证件复印件　□离职证明

4.3.5　案例实践

从设计师到项目经理

设计部的李润是名牌大学毕业的硕士研究生，创新意识较强，公司领导认为李润是一个非常有发展潜力的设计师，投入了大量的精力来培养李润。从实际工作来看，李润承担了几个大的设计项目，都能圆满完成任务。正是凭着这样优秀的工作表现，李润被提拔为设计部的项目经理，负责带领项目组成员完成设计项目。但是，不久李润就开始难以掌控局面，管理出现混乱，所负责的几个项目都不能按期完成，工作质量也频频出现问题，上级领导不满意，下属的意见也非常大。领导对此感到非常困惑。

思考：
为何原来表现很优秀的员工被提拔后反而不能胜任岗位要求呢？

4.4　本章小结

招聘计划是一个清楚认识企业自身人力资源状况、吸引候选人来填补岗位空缺的活动，即人力资源部门根据用人部门的增员申请，结合企业的人力资源规划和职务描述书，明确一定时期内需招聘的职位、人员数量、资质要求等因素，并制定具体的招聘活动的执行方案。

确定招聘渠道是招聘计划的一项重要内容，它将影响到其他内容的确定。招聘渠道按照招聘人员的来源可分为内部招聘和外部招聘。外部招聘渠道很多，普遍运用的六种渠道是网络招聘、猎头公司、校园招聘、内部推荐、人事外包、新媒体渠道。

招聘广告主要指用来公布招聘信息的广告。招聘广告的设计原则主要有客观准确、引人注意、内容详细、条件清楚等。

人员甄选是指从应聘者的资格审查开始，经过用人部门与人力资源部门共同初选、面试、测试、体检、个人资料核实到人员录用的过程，是整个招聘工作的关键，也是整个招聘工作中技术性最强、难度最大的一个环节。

4.5 自测题

一、名词解释

1. 招聘计划。
2. 素质冰山模型。
3. 胜任特征模型。

二、选择题

1. 要想了解候选人的隐性素质，下列选项中的（ ）最适合。
   A. 面试　　　　　B. 笔试　　　　　C. 情景模拟　　　　D. 心理测试
2. 企业欲填补空缺的职位，在招聘之前首先应考虑（ ）。
   A. 招聘备选方案　B. 内部招聘方案　C. 外部招聘方案　D. 招募选择方案
3. （ ）具有信息传播范围广、速度快、成本低、联系快捷方便，且不受时间、地域限制的优势。
   A. 内部招聘　　　B. 外部招聘　　　C. 网上招聘　　　D. 广告招聘
4. 目前企业运用最多的招聘渠道是（ ）。
   A. 网络招聘　　　B. 公告栏　　　　C. 人才市场　　　D. 校园招聘
5. 以下最适合使用角色扮演法进行面试的职位是（ ）。
   A. 研发工程师　　B. 会计　　　　　C. 机械师　　　　D. 销售员
6. 以下不属于招聘广告设计原则的是（ ）。
   A. 客观准确　　　B. 引人注目　　　C. 条件清楚　　　D. 适当夸大
7. 下列不属于内部招聘优点的是（ ）。
   A. 准确性高　　　B. 适应性快　　　C. 激励性强　　　D. 费用较高
8. 从胜任力的角度来看，不容易培训的是（ ）。
   A. 价值观　　　　B. 技能　　　　　C. 动机　　　　　D. 人格

三、简答题

1. 招聘渠道的类型及特点有哪些？
2. 面试的主要内容有哪些？
3. 人员录用的原则有哪些？

4.6　实践训练

小组模拟面试

一、组织工作

1. 分组：5~6人为一组。
2. 课堂模拟的顺序：教师课堂上随机抽取。

二、模拟内容

每一个小组即代表一个企业的招聘团队，进行相关岗位的校园招聘。

（一）模拟前的准备工作

1. 挑选一家名企作为模拟对象，比如宝洁、阿里巴巴、Facebook、腾讯等知名企业。提前确定好要招聘的岗位（注意职位层级可高可低，可以是基层员工，也可以是经理级以上职位）。
2. 制作简历：每位同学需要制作一份简历。
3. 面试问题列表：把面试时准备要问的常规问题列上去。

（二）现场模拟流程

1. 模拟面试：由老师随机抽取该小组的同学作为候选人，其他几位同学作为面试官，进行现场面试。面试过程中面试官要注意填写面试记录，每位候选人的面试时间控制在15分钟以内。
2. 面试点评：由其他组的同学现场点评面试的效果，并提出建议。点评时间为5分钟。

三、标准要求

1. 面试技巧演练的重点内容：事件行为访谈法、问卷调查等。
2. 准备模拟的过程是把之前的课堂内容串起来练习的过程，需要在准备的过程中复习课堂内容，并且搜索相关资料或者视频，先学习，待熟悉了相关的知识和内容之后再进行模拟练习。
3. 在课后，每个小组都至少要模拟5次，熟练了之后才能上台演示。准备不充分不可上台。
4. 模拟的过程既是熟悉招聘的过程，也是提高自身综合素质的过程，必须认真对待。同时，要具有团队协作精神，服从组长安排，积极参加模拟练习。

第5章

员工培训与开发

学习目标

通过本章的学习，应掌握以下职业能力。
1. 了解员工培训与开发的含义及目的。
2. 了解员工培训与开发中常见的问题。
3. 掌握培训体系搭建的步骤。
4. 掌握培训需求计划拟定的流程和方法。
5. 掌握员工培训常用的培训方式。
6. 掌握培训评估的内容、工具和程序。
7. 能够设计和实施培训方案。

导入案例

西门子如何开展员工培训

西门子（西门子公司）秉承视员工为"企业内部的企业家"的领导理念，开发员工的潜质。在这个过程中，经理人员充当教练角色，为自己部门的员工进行合理的目标定位，实施引导，同时给予足够的施展空间，及时鼓励。

西门子在如下理念的指引下开发人力资源：员工是个人发展的推动者；人力资源开发的基础是员工的业绩和潜能；企业内每个人都有公平的自我发展机会和空间；员工、经理间的交流应是平等和坦诚的；双赢战略把员工的利益和公司的利益结合在一起。

日常开发流程如下。

西门子的上述"管理培训"得以成功实施离不开其惯常推行的交流沟通方式，西门子将其称为 CPD（Comprehensive Personnel Development，人员综合开发），一个全年不断持续的交流过程。

CPD 流程由 CPD 圆桌会议和 CPD 员工对话两部分组成。

CPD 圆桌会议每年举行一次，参加人员是公司管理人员：中高级经理和人力资源管理顾问。在 CPD 圆桌会议上，参与者对公司团队和重点员工的潜能进行预测，回顾过去一年的业绩，提出改进后的与业绩挂钩的薪酬体系，制定具体的本地化和全球化有效融合的管理措施等。

西门子结合 CPD 圆桌会议为员工提供发展渠道：充分预测潜能的培育计划。培育计划包含青年管理项目、技术培训、管理培训以及与之相协调的工作轮调、项目任命、薪酬调整等。

在制定员工最关心的新的薪酬体系时，严格根据业绩表现"按劳取酬"：进行薪酬福利调查，观察市场变化，使新的薪酬体系具有市场竞争力；对各个岗位进行科学评估，保持岗位之间的公平性即内部薪酬体系的一致性；进行充分而必要的沟通，通过简捷的程序让所有的员工对新的薪酬体系有统一的认识。

西门子 CPD 流程中的另外一项重要内容是 CPD 员工对话。员工对话在一年中随时进行，由经理人员和员工直接开展，并在年终填写"CPD 员工对话表格"。这些表格经过汇总成为 CPD 圆桌会议的重要参考资料。

CPD 员工对话的内容涉及：员工职能及责任范围；业绩回顾及未达到预期结果的原因分析；潜能预测；未来任务及目标设定；员工完成目前职能的要求及未来任务的能力评估；员工本人对职业发展的看法；双方共同商定的发展措施。

这些需要高层支持、经理承诺、员工主动、人力管理部门及时到位。

当然，西门子的员工偶尔也会抱怨：到夜晚一点钟还在用电子邮件讨论问题。但是，如果谁不主动利用这种在职训练的机会，就不可能成为企业的闪耀新星。

(资料来源：佚名．西门子是如何开展员工培训管理案例分析 [EB/OL]．https://www.xzbu.com/3/view-5925121.htm．)

思考：
1. 该案例反映出人才竞争在企业市场竞争中处于什么地位？
2. 西门子公司通过什么方式开展员工培训？

5.1 认知员工培训与开发

5.1.1 任务目标

通过本任务的学习应掌握以下职业能力。
① 了解员工培训与开发的概念、类型及作用。
② 了解员工培训与开发中常见的问题。
③ 掌握员工培训流程。

5.1.2 任务描述

员工培训与开发是组织人力资源管理的核心环节。没有合理、有效的员工培训和开发分析，人力资源管理的科学性就无从谈起。通过本任务的学习，初步了解员工培训和开发的目的、相关概念、常见问题，掌握员工培训与开发的工作流程及需求计划拟定的流程和方法。

5.1.3 知识学习

1. 员工培训与开发概述

（1）培训、开发与学习型组织建设。

培训是指一个组织出于自身发展的需要，为方便组织成员学习和掌握与工作有关的知识和技能，促使他们形成良好的工作态度或习惯而采取的一种有计划的培养和训练活动。培训的基本目的在于让组织成员掌握培训计划所强调的知识、技能和行为，并且将这些知识、技能和行为应用到日常工作活动之中。

与培训密切相关的另一个概念是开发，也称员工开发或员工发展。严格来说，培训和开发这两个概念是有区别的。主要的区别在于：培训的主要目的是帮助员工更好地完成当前正在从事的工作，关注当前的工作需要，即通常所说的"缺什么就培训什么"；而开发的着眼点则是帮助员工做好满足未来工作需要的准备，它更多地关注组织和员工的未来发展需要，是为了满足组织的未来发展需要而提前储备的知识或技能，或者为了满足员工未来的发展需要而提前开展的培训活动。

在现实中，大部分组织往往不会刻意区分培训和开发，很多企业都是在广义上使用培训的概念，即在讨论培训问题时，把开发的内容也涵盖进去。事实上，培训和开发这两个概念无论是在形式上还是在内容和手段上，确实存在一定的交叉和重叠，毕竟它们的共同目的都在于通过帮助员工达成良好的工作绩效来持续地为组织做出积极的贡献。

培训的类型有很多，仅从培训对象来区分，培训就可以划分为许多类型，如新员工培训就是专门针对刚刚入职的新进员工所进行的培训。再比如，组织可以分别举行面向管理人员、专业技术人员以及操作人员的培训；其中面向管理人员的培训有时称为管理技能开发，又可以细分为高层管理人员培训、中层管理人员培训、基层主管人员培训等。另外，根据受训员工在接受培训期间是否脱离工作岗位，可以将培训划分为在职培训和脱产培训。此外，还可以根据培训的内容，将培训划分为知识培训、技能培训以及文化价值观培训。至于各种不同内容的主题培训，比如多元化培训、冲突管理培训、商务谈判培训、时间管理培训、会计准则培训、劳动合同法培训等，更是数不胜数，不胜枚举。

从传统情况来看，培训所关注的内容大部分是员工的基本技能，即完成本职工作所需要的技能。然而，随着知识经济时代的来临，越来越多的工作要求员工具备一定的知识综合运用能力，这就要求员工必须能够分享知识，创造性地运用知识来改进产品或向客户提供服务，同时更好地理解服务或产品的开发系统。在这种情况下，组织要想通过培训赢得竞争优势，就必须将培训视为创造智力资本的一种途径，将其作为不断提高员工的基本技能、高级技能，加深他们对客户或生产系统的理解，激发他们的创造性的一种战略性活动。正因为如此，近年来，培训所关注的重点正在从教会员工掌握某项具体的技能转向一种更广泛的目标，即知识的创造和分享。这种视野更为开阔的培训称为"高阶培训"。高阶培训是一种将培训与组织的战略性经营目标联系在一起的培训管理实践，它能够得到组织高层管理人员的支持，依靠一个具有差异性的设计模型来进行培训设计，并且将本组织的培训方案与其他组织进行比较。

高阶培训有助于营造持续学习的工作环境，有利于推动员工了解所处的整个工作系统，包括目前所从事的工作、所在部门内部的关系以及公司的各种内部关系。这种培训显然有助于组织最终发展成学习型组织。学习型组织是指组织成员总是在努力不断地学习新东西，并且将所学到的新东西持续不断地运用于组织所提供的产品或服务质量的改善上的组织。学习型组织是一种在学习能力、适应能力以及变革能力等方面不断强化的组织。在这种组织中，培训的每一个过程都是经过深思熟虑并且与组织目标紧密联系在一起的，培训被视为帮助组织创造智力资本而设计的整个系统中的重要组成部分。学习型组织强调学习不仅发生在员工个人层面，还发生在某一员工群体以及整个组织层面，这样，组织就能够将学到的东西保留下来，即使组织成员（甚至部门）已经不复存在，他们的知识也仍然能够留在组织之中。

（2）培训对组织的作用。

在现代市场环境中，培训活动对于企业赢得竞争优势和保持长期可持续发展都有至关重要的作用，这些作用主要表现在三个方面。

①培训有助于改善组织绩效，帮助组织赢得竞争优势。进入21世纪以来，知识经济迅猛发展，全球竞争愈演愈烈，企业所面临的经营环境日益复杂，各种新知识、新技术、新观点层出不穷，与客户、产品以及技术有关的信息量也越来越大。任何一个组织在未来得以维持竞争优势的一个重要条件是必须比竞争对手学习得更快，因为只有这样，才能快速掌握新的知识和技术，并将这些知识和技术运用到客户服务过程之中，从而不断提高整个组织的劳动生产率，确保持续为客户提供质量优良的产品和服务。在这种情况下，对于与生产率、客户服务、创新等有关的组织目标实现来说，培训就具有战略意义。

有效的培训一方面能够帮助员工迅速学习工作所需要的各种新技术和新方法，另一方面有助于加深员工对组织战略、经营目标以及工作标准的理解，有利于帮助员工更新现有的知识、技能、观念和工作态度，提升员工个人的工作绩效，从而进一步改善组织绩效。在开展全球化经营的企业中，培训还有助于增强员工对外国竞争对手及其文化的了解，从而为组织在国外市场上取得成功起到重要作用。

②培训有助于塑造良好的组织文化。良好的组织文化对员工会产生强大的凝聚以及规范、引导、激励作用，因而对于组织的发展来说至关重要。组织文化的建设一方面有赖于组织的正式制度，尤其是组织的人力资源管理体系，另一方面也需要借助培训活动向员工不断传递和强化组织的价值观和文化。组织可以通过培训来宣传组织的伦理道德标准和对待利益相关者的基本准则，使员工更全面、深刻地理解组织的使命和愿景，认同组织的文化和价值观，不断更新观念，自觉与组织的要求保持一致。

培训对组织文化建设的作用可以体现在很多方面。首先，对于新员工来说，培训是其尽快了解、认识并积极融入组织的一种重要手段。在新员工进入组织初期就让他们全面接纳和深入了解组织文化,对于他们在未来工作中的态度、行为以及绩效都有至关重要的影响。其次,培训可以确保员工掌握运用新技术完成工作所必需的基本技能,同时增强组织及员工个人适应新市场、新技术、新工作的能力,形成良好的应变能力。这样就有助于员工具备为组织做出贡献的多种能力,而且有助于培养能够帮助组织形成竞争优势的团队文化。组织对培训高度重视这一做法本身就可以向员工传递这样一种信息,即组织重视创新、创造和学习,这是形成学习型组织的重要条件。

③培训是吸引、留住和激励员工的一种重要手段。进入21世纪以来,全球市场的人才争夺战日趋激烈,每一个组织都在想尽一切办法吸引和留住优秀人才,培训机会已经成为组织所提供的全面报酬体系中的一个重要组成部分。员工已经意识到,培训对于自己在未来劳动力市场上的竞争至关重要,尤其是对于知识型员工来说,传统的吸引、保留和激励员工的手段已经远远不够,因为他们对自身能力的提升以及长期的职业生涯发展给予了更大的关注。在这种情况下,员工会根据组织是否为自己提供学习和进步的机会来选择到哪个组织工作,那些不提供培训机会的组织将无法吸引到高素质的员工。除了有利于吸引优秀人才加盟,充分的员工培训还有助于提高员工的职业安全感以及工作满意度,使他们感受到组织对自己的重视和关心,从而增强对企业的认同感和归属感,提高组织承诺度或忠诚感,降低优秀员工的离职率,并且促使他们更加投入地完成工作,达到更高的生产率,创造更高的绩效。

正是由于培训工作具有重要价值和意义,中国企业对培训工作的重视程度越来越高,资金和人力投入也逐年增加,不仅培训管理工作的专业化水平日益提高,很多企业甚至建立了自己的企业大学。1993年,摩托罗拉公司在中国区成立大学,成为中国境内的首所企业大学。1998年5月,中国第一家企业大学春兰学院成立。随后,海尔大学、中国移动学院、华为大学、中粮集团忠良书院等企业大学相继成立,这些企业大学通过面授、认证考试、网上学习甚至基于手机等移动设备的移动学习方式,提供种类繁多的培训课程。

2. 搭建培训体系

员工培训与开发是一项系统工程,精心设计和有效的员工培训与开发系统十分重要。

企业培训是企业人力资源开发的手段,是从组织目标出发,基于岗位分析和企业人力资源现状分析,根据人力资源规划的部署,辅之以绩效管理、薪酬奖励、个人职业发展等手段而设计的一个旨在综合提升公司竞争力的体系。很多企业花了钱,培训效果却不尽如人意,其中一个很重要的原因是企业尽管重视培训,但对培训工作缺乏总体的战略规划,对培训管理的各个环节缺乏规范性,没有把培训与企业发展结合起来。也就是说,企业培训必须融入企业的整个经营管理活动,保持与企业经营管理活动的一致性,同时又自成体系,具有一定的规范性和系统性。

企业培训的系统性主要体现在三个方面。

(1) 培训必须以企业战略为导向。

企业战略决定了企业核心竞争力的基本框架,从而明确了各个岗位的职能及其对任职者的能力素质要求。企业可以依此对人才素质现状进行诊断,预测对人力资源的需求,有针对性地进行人力资源的储备和开发。同时企业必须了解当期工作的重点,对培训需求进行认真分析,对员工培训的内容、方法、师资、课程、经费、时间等有一个系统、科学的规划和安排,从而使培训方案既符合企业整体发展的需要,又满足企业目前的工作需要。

成功的企业培训不能只看眼前的成本支出,还要重视远期的收益。企业培训必须与企业总体战略、经济目标、企业文化保持一致,要有计划、有步骤地进行,既要有长期战略,又要有近期目标,并制定切实可行的方针、制度,着力把人才培训当作长期的系统工作来抓,做到用培训去促进企业发展,用培训去引导企业发展。

(2) 培训工作需要企业各方面的配合和支持。

培训工作是企业整个经营管理活动的一部分,需要上至高层领导、下到普通员工以及各个部门的配合和支持。

企业内部各部门都有自己的工作计划和工作任务,经常需要彼此配合和支持,培训部门的工作更是如此。培训计划的设计来自各部门对培训的需求,如果各部门无法提供准确的培训需求信息,培训计划就缺乏针对性。在培训实施过程中,往往需要参加培训的员工特别是脱产培训的员工,暂时停止正在从事的工作,如果完全按照培训部门的计划进行,可能会影响到某部门工作的进度;而按照某部门的意见参加培训,可能又与其他部门的工作相冲突。因此,培训的实施事先要与各部门做好沟通和协调,既不影响各部门的重点工作,又能保证整个企业培训计划有序地进行。在培训结束后,受训学员回到各自的工作岗位。培训成果更需要各部门主管为受训学员提供适当的机会,并进行督促和提供帮助,这样才能转化为实际的绩效。

因此,企业培训工作必须与企业经营管理的工作重点相一致,与企业各个部门做好沟通和协调,做到系统规划、统筹安排、集中管理。当然,良好的员工培训体系能得到贯彻落实,还依赖于企业健全的培训政策和完备的制度,特别是需要企业高层领导者的倡导和支持,需要培训师的艰苦努力,需要员工积极的配合和长期的系统训练。

(3) 培训管理活动本身自成体系。

企业培训管理除了要与整个企业的经营管理相结合,还要充分考虑培训工作本身的特点和要求,以构建完整的培训管理体系。一般来讲,企业培训体系包括六部分。

①企业培训组织机构和人员的设置。多数企业的培训管理工作是由人力资源部门负责的,但随着企业的不断发展和壮大,企业的组织架构变得越来越复杂,这就需要对培训组织机构和人员进行重新设计和调整。大型企业可以考虑设立由公司高层管理人员和相关部门负责人组成的培训管理委员会,主要负责制定与公司发展相适应的人力资源开发战略和相关的培训政策和制度;由独立的培训部或培训中心负责具体的培训工作,制订具体的培训计划,开展培训运营和管理。

②培训管理制度建设。企业的培训战略和培训政策为企业培训指明了方向,但还需要通过具体的培训管理制度与措施使培训战略和培训政策具体化。培训管理制度就是把培训政策分解并形成制度化的条款,使培训管理工作内容和工作流程更加稳定和规范,从而保证培训的质量。企业培训制度一般包括岗前培训制度、培训考评制度、培训服务制度、培训奖惩制

度等基本内容。

③培训流程体系建设。一项完整的培训是由一系列工作组成的,包括培训需求的分析、培训计划的制订、培训方案的实施和培训效果的评估,四个部分互相制约和影响,构成培训工作的流程体系。

④培训课程体系的建立。培训内容是根据公司长期发展战略和当前的工作重点进行设计和开发的,这些培训内容可以按照不同的业务内容、不同的管理层次、不同的培训对象等标准分成许多类别,形成培训课程体系,只有完善的培训课程体系才能满足企业和员工个人多层次、全方位的培训需求。

⑤培训师资体系建设。培训师的水平直接关系到培训质量,培训师可以从企业外部聘用,也可以从内部培养。目前,企业内部培训师的培养越来越受到重视。培训师资体系建设包括培训师的选拔、聘用、培养、考核和评估等内容。

⑥培训设施与设备的管理。企业培训的开展需要借助一定的物资,对有关培训设施与设备进行管理和维护,这也是培训工作的一项内容。

建立和完善有效的培训体系,是当前许多企业培训工作的核心任务,也是培训系统性的必然要求。

很多中小企业的培训管理工作一般由人力资源管理部门负责;还有一些企业由人力资源部门成立培训管理部门,专门负责企业员工的培训;而培训发展程度较好的企业,甚至成立了企业大学,成为企业发展的"黄埔军校",为企业的战略发展提供人才支撑。对大多数中小企业而言,要确保培训工作发挥效果,有专门负责培训的培训管理部门即可。在培训组织与实施的各个流程和环节中,培训管理团队合理分工,共同负责企业人才培训、培养工作的开展。

5.1.4 工作示例

某森林公园是所在省份林业局的直属林场,属于国家 AAAA 级景区,是所在省份的十大公园之一。该公园东西长约 1.8 千米,南北长 1 300 米,占地面积约 150 公顷①,其中,水域面积近 60 公顷,建成绿地面积约 75 公顷,绿化覆盖率在 95% 以上。公园内资源丰富,环境优美,人文、自然资源丰富,文化底蕴厚实,于 2002 年被批准为国家级森林公园,是一处旅游、休闲、会议研讨与科学实验的理想场所。

经济的快速发展带来的人民群众需求的变化,环境和生态问题的涌现,要求必须采用适当的经营方法,使用合格的管理人员,具有经营能力,而这一切的关键在于公园工作人员的综合素质。

基于对该公园实际管理情况的深入了解,针对其员工培训体系所存在的问题,提出解决方案,帮助公园完善员工培训体系。

(1) 基于公园发展战略,制定员工培训规划。

---

① 1 公顷=10 000 平方米。

基于对公园的长远发展战略和短期要实现的发展目标，公园制定了员工培训的长远规划，以逐步提升员工的工作技能，加强职业意识，促进优秀人才队伍的建设，从而支撑公园的进一步发展。

（2）对岗位进行分层分类，实施有针对性的培训。

不同层级、不同类别的岗位，其工作职责有着较大的差异，岗位所需的能力素质要求也存在差别。基于工作分析及人员测评等基础工作，公园搭建了分层分类的培训体系，以进一步提升培训体系的针对性。同时，结合岗位需求和人员特点，约定了不同阶段的培训内容、培训重点及适合的培训方式，明确培训要求，鼓励培训方式的多样性，加大培训过程中的考核力度和考核频次，进一步提升培训的有效性。

（3）引入培训积分制，促进培训效果的转化。

将培训与考核、薪酬、员工晋升等挂钩，并建立相关的配套激励及处罚机制，尽量提升员工的培训积极性，引导员工将培训所学到的东西应用到工作实践中，促使培训效果的转化。

培训是一种有的放矢的间接投资。现代园林工程行业企业处于迅速发展阶段，急需各种人才，需要进行长时间细致而全面的员工培训。员工培训的内容要切合公园经营管理实践的需要，以提高员工的工作技能、工作效率为着眼点，以提高员工素质和凝聚力为宗旨，摒弃形式主义，使培训效益最大化。

5.1.5 案例实践

材料1：腾讯的人才培养理念与体系

腾讯（腾讯公司）向来视人才为第一财富，高度重视对人的培养。人才培养本着为公司战略、企业文化建设服务的理念，通过帮助员工提升工作绩效和个人能力，推动员工与公司的共同成长。2007年8月成立的腾讯学院，围绕为公司培养更多更好人才的核心目标，致力于构建一个有腾讯特色的学习型组织。学院的使命是通过提供多样的学习与发展方式，成为员工实施"3A"（Anytime，Anywhere，Anyway）学习的"知识银行"、经理人培养的"黄埔军校"以及公司知识管理的最佳平台。腾讯学院拥有超过百人的内部兼职讲师队伍、超过百门的自主研发课程以及上千门的网络课程。学院还与哈佛大学、中欧国际工商学院、长江商学院以及惠普商学院等建立了合作关系，员工可接触到外部顶尖的专家讲师和顾问。腾讯还引进了全球范围内领导行业标准的培训管理与在线学习系统。

腾讯的人才培养体系主要包括三个部分。

一是新人培训。腾讯根据入职新人的不同特点，安排了不同系列的新人培训。（1）校园招聘新人培养：新人进入岗位前首先进行为期10天的封闭培训。进入工作岗位后的60天或90天进行针对岗位量身定做的岗位培训，使新人得到来自公司和伙伴的支持。（2）社会招聘新人培训：每位通过社会招聘进入公司的新员工都有机会参加为期3天半的入职集训，以迅速了解腾讯，获得工作必需的知识，并建立起公司的第一笔人脉资源。（3）导师制：每一位新入职的员工都有一位资深员工担任导师。

二是双通道员工职业发展体系。腾讯员工可以根据自己的特长和兴趣，选择走管理发展通道，还是技术、设计、产品、市场等专业发展通道，在专业通道上发展可以获得和管理通道发展相同的认可和回报。公司针对不同专业类别员工，在不同职业发展等级上，设计有配套的能力要素，使员工清楚地知道自己应该努力和发展的方向；同时公司还根据能力要素标准设计了一系列职业培训，帮助员工尽快达到能力要求，实现发展目标。

三是全面多样的经理人领导力发展培养体系。腾讯结合公司领导力模型打造全面的领导力发展培养体系。无论是后备干部、新任干部还是成熟干部，无论是基层、中层还是高层干部，都可以在这套领导力发展培养体系中找到对应的培训方案。

（资料来源：http://www.tencentcom/zh-cn/cc/culture.html.）

思考：

腾讯员工培训的方式有哪些？

材料2：京东的培训体系

200%的年均增长速度，几乎创造了国内电商行业的纪录。可是如此惊人的成绩并不能使京东满意，因为京东要做"世界的京东"。对京东而言，踏上国际征程的途中，最重要的是以京东的发展速度培养、成就具有"京东范儿"的"京东人"。

京东人——京东制胜的"法宝"

"社会上符合京东价值观的人可能只有10%，而我们需要从这10%的人中再挑选出10%的精英，邀请他们加入。"原京东首席人力资源官兼法律总顾问隆雨强调说，尽管应聘者非常优秀，但只要他曾经有过与京东价值观相悖的行为，京东绝不会为他打开希望之门。这是京东坚守的原则，同时也是京东之所以能在纷繁复杂、群雄并起的电商角逐中脱颖而出、独具一格的原因——拥有共同价值观的京东人。

JDStyle——"寻觅京东范儿"。京东的每位员工都可以有范儿。

JDStage——"京东大舞台"。所谓大舞台，是指随着员工能力的提升，京东提供给员工的平台会越来越大。

JDSpeed——"京东式成长速度"。随着舞台的不断变换，员工的"功力"必然需要增强，所以京东会为员工匹配相应的培训项目，以强化员工工作中的薄弱环节。

JDSuccess——"在京东获得成功"。Success是员工在京东收获的最后一个S，即他可能做着平凡的工作，但在京东却能收获成功的事业，或者不一样的人生。

培训体系的三大支柱

京东的人员结构是二元结构，近70%的员工是仓储、配送、客服等一线蓝领员工，另外30%是具有互联网属性的电子商务白领。两类群体特点各异，前者更注重执行力。结合员工特性和业务发展需求，京东从领导力、专业力和通用力三方面搭建培训体系。

1. 让领导力迅速跟上领导

京东的发展速度是惊人的，而留给员工成长的时间却是有限的。为了让人岗匹配率跟上京东的发展速度，京东尝试过用各种方法及时弥补岗位空缺，却发现"人在其位，未能谋其政"——管理者不具备其岗位应有的管理技能。领导力项目就是为快速满足业务发展需要、迅速把在岗管理者培养成为合格的管理者而设计的,采用铺布的方式,从上往下逐层推进。

2. 通用力培训新思路:或考核高管授课

在市场变幻莫测、行业发展日新月异的时代,无论是对管理者还是对基层员工而言,学习都是其职业生涯中必不可少的内容。不仅专业知识的积累对员工自身发展至关重要,而且管理课程、心理课程等的学习也会影响员工的职场表现。所以京东一直关注通用力的建设,目前已经形成一个相对完善的课程体系,通过"商务礼仪""走进音乐的世界"等课程,提升员工的职业素养。

3. 专业力课程:自主开发

电商是新兴行业,即使在高校开设的专业课程也寥寥无几,而京东的10年电商之路,为课程的研发积累了大量宝贵的资源。因此,京东的专业力课程基本都是内部挖潜,即由业务部门主攻课程的开发和讲授,京东大学负责组织课程开发研讨会,并设计培训流程和讲课技巧。

创新学习平台:京东培训新革命

"全国经理轮训班一场才30人,如果3万多人的公司只用线下培训手段,是非常低效的。"京东大学执行校长马成功指出,线上培训能够更好地调动资源。2013年年初,京东大学搭建了基于KM的"E"化学习平台,这个知识管理平台包括了e-learning、京东TV、knowhow、京东talk等多种丰富的学习创新技术。

京东TV:碎片化的创意

如何将刘强东的演讲内容丝毫不差地传递给每位员工,仅靠传送演讲视频并不能保证每位员工都听完,可是把视频剪辑成9段10分钟的小视频,并配上一个吸引人的标题,效果截然不同。这就是京东TV诞生的初衷,然而,京东TV不过是这次培训革命的起点。

用手机拍视频:全员秀起来

京东鼓励全体员工用手机拍摄自己或他人的工作技巧视频并上传到京东TV上,供大家学习、参考,比如华南区一位配送员用手机拍让货物不丢的方法的视频,还有箱子打包法的视频等。"这种方法能让不同岗位的人了解其他岗位的人是怎么做的。"马成功说,这对于员工既是一种学习,也是一种激励。

京东talk:京东版TED演讲

京东talk是线下线上相结合的项目。线下邀请公司内外各路优秀人员与京东人分享行业知识与经验,在"认知·创新·变革"的知识共享文化下,形成了每月一期的京东分享大本营。

(资料来源:佚名. 成功案例:京东培训体系大揭秘 [EB/OL]. http://www.360doc.com/content/14/0418/08/6772399_ 369944648. shtml.)

思考:

1. 京东的培训体系包括哪些内容?
2. 京东的培训体系有哪些显著特点?

5.2 员工培训与开发需求

5.2.1 任务目标

通过本任务的学习，应掌握以下职业能力。
①了解培训与开发岗位需求分析阶段的工作任务。
②能够掌握培训与开发需求调研的内容和方法。
③能够掌握培训与开发需求分析流程。

5.2.2 任务描述

作为培训计划拟定和培训方式选择的计划实施阶段，其具体任务是企业根据战略规划，结合员工实际情况，为了更好地落实培训活动，保证培训效果，在进行全面、科学的培训需求调研的基础上，拟定关于培训时间、培训地点、培训组织者、培训所需设施设备、培训学员、培训模式和培训内容等因素的计划。

5.2.3 知识学习

1. 制定员工培训与开发需求分析

培训管理的第一个步骤就是确定培训的需求，然后为这些培训需求确定所要达到的具体目标，设计和制订详细的培训计划。培训需求分析实际上是一个组织确定是否有必要进行培训以及需要什么样的培训的过程。

首先，从培训的必要性来看，组织中可能会存在很多导致培训需求产生的"压力点"，比如组织绩效不佳、新技术出现、职位重新设计、新的法律法规出台、客户的偏好和要求发生变化、新产品出现以及员工缺乏基本的工作技能等，这些压力点都有可能表明培训是必要的。但是，培训并非解决任何问题的灵药，很多问题不是培训所能够解决的。在有些情况下，培训对解决问题甚至起不到任何作用。鉴于此，任何一个组织都必须对培训的功能和所能够起到的作用有一个清醒的认识，尤其是要理解培训和整个人力资源管理体系之间的相互依赖关系，搞清楚哪些问题可以依靠培训解决，哪些问题需要组织从人力资源管理的其他方面（招募甄选、绩效管理、薪酬管理等）来寻找解决问题的途径。

其次，即使经过评估和分析可以确定培训确实是有必要的，也仍然存在如何选择合适的培训内容、培训方法、培训地点、培训教师等诸多问题。此外，在需要进行培训的情况下，组织还可以在这样两种做法之间做出选择：一种做法是组织自行设计和实施培训活动，另一种做法是将培训外包给专业的培训公司来安排。因此，组织必须对培训的具体问题进行深入研究，并制订详细的培训计划，只有这样才能确保培训具有针对性。比如，对于工作非常忙碌且无法找到足够的时间聚集在一起的销售人员来说，把组织开发的新产品的情况刻录成光盘发放，让他们在旅途中或会见客户的空余时间里学习，也许是一种更为便利有效的培训方法。

综上所述，对于任何一个组织来说，在开展培训之前，都必须认真进行培训需求评估，一方面，确定是否有必要进行培训，另一方面，在需要进行培训的情况下，进一步明确到底需要怎样的培训。

2. 制订员工培训与开发需求计划

为了完成培训需求评估，组织就需要通过观察、倾听、询问以及研究等方法发现在工作中出现的各种问题。具体来说，可以采取的方法包括对员工的工作活动进行观察（观察法）；查阅各种技术手册以及相关文献（文件审查法）；采访某方面的专家或与员工进行面谈（面谈法）；对相关主题的专家进行调查问卷，在问卷中指明各种工作任务所需知识、技能、能力以及其他方面的特点（问卷调查法）等。在培训需求评估过程中通常需要分别分析组织的需要（组织分析）；员工个人或任职者的需要（人员分析）；完成特定的工作任务对于相关知识、技能与能力的需要（任务分析）三方面的情况。

（1）组织分析。

当选择将培训作为应对各种压力的对策时，组织的领导者和管理者需要考虑三个方面的因素，即组织的战略、可用的培训资源以及受训者的上级和同事对他们参与培训活动的支持程度。首先，想要确定组织的培训需求，就必须考察组织的战略及其在长期和中短期所要达到的目标。通过确认组织战略，确保在培训活动上分配足够的预算，保证员工在相关内容和主题上得到足够的培训，从而为组织战略的实现打下良好的基础。因此，培训计划的设计必须以组织战略为重要基础。战略决定了一个组织会将资源优先用于解决哪一个或哪几个培训压力点。很明确的一点是，一个组织的战略与其所需要的培训类型以及培训数量存在一定的相关关系。比如，当一家公司当前采取的主要战略为收缩战略时，公司就需要为员工提供重新谋职方面的培训，并且对留下的员工进行跨职能工作以及其他新工作技能方面的培训，这是因为由于人员精简，留下的员工不得不额外承担一部分原来由其他人承担的职责。

其次，从组织的角度来说，明确是否有充足的预算、时间和专业人士进行培训是非常重要的。资源充足的组织可以利用内部的培训管理者和专职或兼职的培训师来进行培训；那些缺乏必要的培训设计、管理能力以及相关师资资源的组织，可以选择从各种培训公司或咨询公司购买培训服务。此外，有些组织即使完全有能力自己完成培训工作，为了保持人力资源部门的精简，也会外购一些培训服务；考虑到内部人工成本的节省及外部培训机构的专业化所带来的更高效率，外购培训服务的成本可能比自己举办培训要低一些。但是，即使外购培训服务，组织也必须有能力鉴别、挑选外部承包商，并对它们的服务水平进行评估。目前，有些专业培训公司不仅能够提供一般性的培训课程，同时还能够根据组织的实际情况，通过实地调研的方式来定制更有针对性的培训服务。

最后，组织内部是否存在对受训者的支持环境也至关重要，其中最主要的是受训者的上级及同事的支持力度。受训者的上级和同事对受训者参加培训活动持支持态度之所以非常关键，原因在于它一方面能够确保员工得到培训的机会，另一方面有助于员工将在培训中所学到的知识、技能等有效运用到工作实践中。如果受训者的上级和同事担心工作负担加重，或者害怕受训者在培训以后会得到更多的晋升和加薪机会，对自己产生威胁，那么，受训员工即使获得了培训，可能也无法将培训内容有效地应用到工作中。

(2) 人员分析。

组织产生对员工进行培训的需求时，一个主要的压力点就是员工的绩效不佳或未能达到绩效标准。然而，需要注意的是，当一位员工的绩效不佳时，企业不能想当然地认为员工的工作能力不够，或在工作知识方面存在缺陷，从而不假思索地将让员工参加培训作为解决问题的对策。实际情况很可能是，这位员工的知识、能力水平足够胜任工作，只是与领导不和或得不到其他员工或部门的充分配合和支持，才导致绩效不佳。更有甚者，这种所谓的"绩效不佳"有时只不过是一种假象，它恰恰是员工的上级主管在绩效考核过程中所掌握的信息不够全面，甚至不够客观公正造成的。在这种情况下，对员工本人进行培训显然是无法解决绩效问题的。因此，人员分析的主要任务之一就是判断员工的绩效不佳到底是因为知识、技能或能力不足，还是由于工作动力不够，或职位设计本身，或其他方面的问题。

人员分析还有另外两项重要内容，即确认哪些员工需要得到培训，以及这些员工是否已经做好了接受培训的准备。如果员工确实需要接受培训，但是缺乏学会培训内容的基本能力或者参加培训的主观动机，那么，培训也不能起到促进员工绩效改善的作用。为此，管理人员在进行人员分析时，首先，必须确保员工具备参加培训所需要的一些基本技能，其中最主要的是语言理解能力、数字能力和逻辑推理能力等基本的认知能力以及必要的阅读和书写能力等，只有这样，员工才会对掌握培训内容有充分的自信。其次，管理人员还必须努力通过绩效反馈等方式与员工进行沟通，使他们意识到自己在哪些方面有培训的需要，了解参加培训的收益，明白培训对他们个人的职业发展具有积极的作用，同时阐明组织对他们参与培训的重视以及所提供的各种支持。这些努力都会有助于强化员工积极参与培训活动的动机，从而为培训最终产生有效的结果打下良好的基础。

(3) 任务分析。

任务分析的主要目的是明确员工需要完成哪些方面的重要工作任务，然后确定为了帮助员工完成这些工作任务，应当在培训过程中注重强化哪些方面的知识、技能以及行为。在任务分析中，首先需要明确的是员工执行工作任务时的背景，包括员工履行工作任务时所使用的工具以及所处的工作环境、完成工作的时间约束、工作中的安全因素或者工作绩效标准等。通过任务分析得到的结果是对员工的工作活动所做的描述，其中包括成功完成这些工作任务所需具备的各种知识、技能和能力。任务分析可以采取四个步骤：第一，选择需要分析的职位；第二，观察和访谈有相关工作经验的员工、他们的直接上级以及专业人士，列出一份初步的工作任务清单；第三，与主题专家讨论与工作任务有关的问题，验证这份初步列出的工作任务清单；第四，通过访谈和问卷调查，确定成功执行每一项工作任务所需要的知识、技能或能力。

值得一提的是，在实践中，许多企业会借助胜任特征模型来进行培训需求分析。由于胜任特征模型是根据组织的战略和文化导向、员工实际承担的工作任务的要求等制定的，并且是有助于确保员工绩效优秀的一系列知识、技能、工作动机、价值观等因素的集合，所以通过对照员工本人的实际胜任素质水平和理想中的胜任素质要求，可以帮助组织确定员工个人需要接受哪些方面的培训。

3. 选择员工培训与开发方式

为了帮助员工获取新的知识、技能以及行为，企业既可以采用经典的传授培训法，如课堂讲授法、案例分析法、角色扮演法、师徒培训法等，也可以出于团队工作的需要采用以团队建设为目的的培训方法。近年来，基于信息技术的发展，涌现出很多新型的培训方法。在计算机和互联网发展起来之后，首先是出现了电子化学习（E-learning）或数字化学习（Digital Learning），即通过互联网和个人电脑实现在线学习或联网下载后再离线学习的学习方式。随着无线互联网技术的普及，平板电脑以及个人手机等移动设备逐渐成为新的培训和学习工具，学习者可以在任何时间、任何地点开展学习活动，这样便有了移动学习（Mobile Learning）的概念。当然，电子化或数字化学习以及移动学习都不能完全取代教师与学习者之间面对面的双向交流，因此，把线上学习和线下学习结合起来，将教师引导、启发和监控教学过程的主导作用与学生的主动性、积极性和创造性结合起来，就成为有效学习的一种必然选择，这种综合性的学习方式被称为混合学习（Blending Leaning）。尽管培训方法很多，但在选择培训方法时，企业应当注意，培训技术的高级化或时髦化不应成为主要决定因素，企业应当根据培训的目的、便利性、经济性以及有效性等因素选择具体的培训方法。

下面，将培训的方法大体划分为传授培训法和团队建设培训法两大类来加以描述。

（1）传授培训法。

传授培训法几乎可以涵盖常见的培训方法，这些培训方法既可以让受训者作为被动信息接收者，通过听取讲解的方式来获得新事物、新信息、新理念以及各种解决问题的方法和程序，也可以要求受训者积极参与，来帮助受训者开发某种特定的技能，使他们理解应当怎样将技能和行为应用到实际工作中。

①课堂讲授法。课堂讲授法一般是指由培训师面向一批受训者所进行的面对面的课堂授课培训方法。在课堂讲授的过程中，培训师常常会穿插提问、讨论或案例研究等其他培训形式。尽管各种新型的培训方式和培训技术层出不穷，但是传统的课堂讲授法仍然是常用的培训方法。这是因为这种培训方法能够以相对较低的成本，一次性地面向一定规模的受训人群来提供相关培训。如果培训师在相关领域中有较为丰富的知识和经验，掌握了良好的授课技巧，同时在授课的过程中能够较多地引用与受训者的工作相关的例子，适当穿插一些练习，受训者参与的积极性就会更高，掌握培训内容并且在工作中较好地应用培训中所学到的东西的可能性也会更大。

这种培训方法的不足之处在于，它要求培训师和受训者必须在同一时间内出现在同一地点。对于那些所属机构分布在各个不同地区（尤其是相互之间的地理距离比较远）的组织来说，这种培训方式可能会产生较高的交通成本和住宿成本。

②在职培训法。所谓在职培训法，实际上就是一种通过在工作中边干边学来进行培训的方法。它的一个基本理念就是：员工进行学习的过程实际上是一个首先观察自己的同事或上级如何完成工作，然后对他们的行为进行模仿的过程。在有些情况下，在职培训法的作用是非常显著的，如在对新员工进行培训时，引进新技术需要提高原有员工的技能水平时，对同

一部门或单位内部的员工进行跨职能工作培训时，需要使刚刚调动工作或者得到晋升的员工快速适应新的工作岗位时。

在职培训法可以采取自我指导学习和学徒制计划两种形式。自我指导学习要求员工自己承担学习的各方面责任，自己决定什么时候学习以及让谁来帮助自己学习等。它的优点很明显，从个人方面来说，这种方法使受训者可以按照自己的节奏学习，并且能够得到关于学习绩效的反馈。从组织方面来说，自我指导学习不需要组织提供太多的培训者，能够降低因旅行、租用会议室等产生的费用，而且使在多种不同的场合进行培训变得更为现实。但是，自我指导学习的最大缺点在于：受训者必须是愿意学习并且适应自学的人。此外，对组织来说，自我指导学习会产生较高的开发成本，它比其他类型的培训项目所需的开发时间要长。但是，随着组织希望尽可能利用各种技术的优势以一种越来越灵活的方式来培训员工，同时鼓励员工积极主动地去学习，自我指导学习在将来很可能会越来越普遍。

学徒制计划也是一种边干边学的培训方法，它同时运用了在职培训法和课堂培训法两种方法。学徒制计划在欧洲国家（比如德国和丹麦）的运用非常广泛，学徒制计划与就业、教育和培训系统紧密联系在一起，是一套向年轻人提供在技术行业中找到工作所必需的技能的正规学校教育培训系统。学徒制计划最大的优点在于，学习者在学习的同时还可以获得劳动报酬，随着受训者技能的提升，报酬还会随之提高。学徒制计划在西方遇到的问题之一在于，女性在进入这些计划时往往受到一定的限制，因为工会和雇主往往选择男性劳动者来从事这些初级的工作。学徒制计划的另一个缺点是，它无法保证参加培训的人在培训项目结束之后都能找到工作。

③商业游戏和案例研讨法。在管理技能开发类培训中，组织者常常会设计出一些让受训者进行分析和讨论的场景（案例研究）或者玩一些商业游戏，这时，受训者往往需要收集信息，对信息进行分析，然后再做出决定。由于商业游戏的参加者能够积极参与，并且游戏能够模拟商战的竞争性质，因此它可以激发受训者的学习动力。游戏参加者在参与的过程中需要做出的决策类型往往包括管理实践中可能涉及的各方面问题，如人力资源管理（如绩效、薪决策）、市场营销（如新产品的定价）以及财务管理（如企业并购所需资金的筹集）等。游戏能够帮助团队成员迅速构建信息框架并培育一个凝聚力很强的群体。对于像高级管理人员这样的受训者群体来说，商业游戏比课堂讲解显得更有意义，这是因为游戏更真实。

对于开发管理人员及其他一些专业人员必备的高层次脑力技能（比如分析问题的能力和解决问题的能力等），案例讨论式的培训可能更适合。在这种培训中，培训指导者会要求受训者研习案例材料，找出存在的问题，分析问题的重要性和难点，寻找各种可能的解决方案。这种学习过程更多地发生在受训者与培训指导者进行的各种交互式活动之中。在这个过程中，培训者应当起到激励和促进作用，让每一位受训者都能参与到解决问题的过程中。至于在案例研讨中所使用的案例，既可以是现成的案例，也可以是根据组织中实际发生的情况自行编写的案例，这些案例必须能够反映在本组织或其他组织的决策中。如果准备使用的是别人编写的现成案例，培训指导者必须对案例进行审查，以确定它们对于受训者是有意义的。

案例研讨法的运用十分广泛。例如，在研究商业对策时，使用案例研讨法比其他僵硬的结构化培训方法更有成效。在拥有优秀的培训者和很好的案例的情况下,案例研讨法对于提高管理者的决策能力十分有效。不过,在使用案例研讨法时,培训者应当注意避免一些情况的发生,如培训者支配整个讨论过程、允许一部分人支配讨论过程、引导讨论朝着培训者事先预想的解决方案转移等。作为一个推动者,培训者应该鼓励受训者提出各种不同的见解,引导他们发现可能遗漏的问题,并在事前做好充分的准备。

④角色扮演法。角色扮演法是一种综合运用案例研讨法和情景模拟法的培训方式。在这种培训方法中,每位参与者都要扮演在某种情形下的一个角色,并根据其他角色扮演者的行为来做出适当的反应。某个角色的扮演者在扮演某个核心角色的时候,应当按照这个人应有的反应来行事。通常情况下,参与者会得到一份简要的剧本,了解事情的发生背景、各个人物的背景及关系。有时,角色扮演的过程还会被录下来,以便在扮演过程结束之后分析,这种事后的再分析活动实际上是整个培训过程的一个重要组成部分。角色扮演法通常会在成员人数较少的团队中运用。这种方式能否取得成功,主要取决于扮演者是否有能力逼真地扮演分配给自己的角色。在对管理人员进行训练时,如果整个过程完成得好,角色扮演法能够帮助管理人员在面对他人时更加敏锐,更善于了解他人的感受。

⑤情景模拟法。情景模拟法是一种让受训者在模仿现实的场景或环境中进行决策的培训方法。受训者在这种情景中做出的决定,能够真实地反映出受训者在实际工作中做出同类决策时可能产生的后果。这种培训方法能够使受训者看到,他们所做出的决策在一种人工的、无风险的环境中可能会产生怎样的影响。模拟情景既可以是对员工在工作中所使用的物理设备的复制,也可以是一种模拟现实的管理决策场景,因而可以向受训者传授生产操作方面的技能或各种相关的管理技能。比如,在训练飞行员时,利用模拟飞行器来模仿真实飞行时的情况,就是一种情景模拟技术。情景模拟领域的最新进展是虚拟现实技术的应用。虚拟现实技术是一种能够为受训者提供三维空间学习体验的计算机技术。此时,受训者可以在一个能够对他们的行为和反应做出对称反应的虚拟环境中进行各种操作。

不过,要使情景模拟真实有效,就必须确保模拟环境与实际工作环境有相同的构成要素;同时,模拟环境还必须能够像在实际工作中的特定条件下一样,对受训者发出的指示做出反应。正因为如此,开发模拟环境的成本很高,并且获得了工作环境方面的新信息后,还需要对这种模拟环境不断进行改进。

⑥视听技术。通过视听手段讲授培训内容的做法包括放映投影、幻灯和教学录像等。这种方法广泛运用于为提高员工的沟通、面谈、客户服务等技能而举办的培训之中,也经常运用于向受训者描绘如何完成像焊接这样的工作流程。利用视听技术进行培训有许多优点。第一,培训者可以根据受训者的经验水平,通过重放、慢放或快放等方式灵活调整课程的进度。第二,可以让受训者直接观看或感知到非常贴近现实的真实困境,如设备故障、顾客不满以及一些紧急事件等,能够向受训者展示现实生活中的经验或者实例,激发受训者学习的积极性。第三,受训者会得到具有一致性的指导,培训项目的内容不会受到某位特定培训者的个人兴趣和目标的影响。第四,通过将受训者的反应录制下来,可以让受训者观看自己的现场表现录像,这样受训者就无法将绩效表现不佳归咎于外部评价者的个人偏见了。

视听技术很少作为单独的培训工具使用，常常与课堂讲授法结合使用。行为塑造法是传授人际关系技能的最有效方法之一。在这种培训中往往会使用录像视频。这种培训通常以4小时为一节，每小节都集中传授一种人际关系技能（如充当教练或者与他人进行意见沟通）。每小节的培训都包括以下几项内容：首先说明隐藏在每种关键行为背后的理由，然后播放每种关键行为的样板录像带，接着为受训者提供用角色进行练习。在练习阶段，受训者会得到其他人的反馈，以了解自己的行为与录像带中的样板行为之间到底有多大程度的一致性。受训者所扮演的角色以及样板化的行为规范，都是根据受训者所处的真实工作环境中可能发生的各种事件编排的。

这种视听技术的最新发展是交互式视频技术。交互式视频技术把录像培训和计算机培训的优点结合在了一起。培训的内容可以存储在影碟或可读式光碟上，甚至可以直接放到服务器上，受训者可以通过一个与键盘相连接的监视器，以一对一的方式接受培训的内容。在培训中，受训者可以通过敲击键盘或者触摸监视器屏幕的方式，与培训程序进行互动。交互式视频技术存在的主要问题是，开发交互式视频程序和购买设备的成本很高。不过，与将员工集中到同一地点进行培训所产生的培训成本相比，这种培训方法的开发成本可能就没有那么高了。

⑦远程学习。远程学习实际上是一种利用现代通信技术或计算机技术，向受训者提供远距离培训的做法。远程学习的方式包括电话会议、电视会议以及能够使受训者通过计算机在同一份共享文件中进行合作的文件会议。此外，组织还可以通过卫星网络系统与某些行业专用课程或教育课程建立联系，使员工可以通过该网络获得大学学位证书以及工作资格证书。当然，远程学习也可以利用独立的个人电脑来完成。在远程学习中，培训课程的材料以及相关讲解可以通过互联网传送给受训者，也可以通过刻录成可读光盘的方式分发给受训者。在接受这种培训时，身处不同地点的受训者和培训者可以利用电子邮件、电子留言板或电子会议系统等方式，进行交互式联系和双向沟通，讨论某个问题，或者对培训内容发表自己的看法。

远程学习有助于减少课堂讲授法可能面临的差旅成本，还为分散在不同地点的员工获得专家培训提供了机会，因为如果不借助这种培训方式，这些专家一般是不可能到每个地方去做巡回讲授的。因此，这种培训方法经常被那些在地域上较为分散的组织使用。它们经常利用这种方法向员工提供关于新产品、公司政策或工作程序等方面的信息，进行技能培训，以及举办专家讲座。远程学习的缺点也是很明显的，它可能导致培训者与受训者缺乏互动。为此，在进行远程学习时，还需要有现场的指导者或协调者来回答相关问题，或者做一些必要的协调工作。

（2）团队建设培训法。

团队建设培训法的主要目的在于促使一群受训者共同分享各自的观点和经验，树立对集体或团队的认同感，理解人际关系的动态属性，了解自己以及同事的优点和缺点。很多技术可以用于改善员工群体或者团队的工作绩效，建立新的团队，改善不同团队之间的互动性等。这些方法通常包括以下几个方面：首先，考察使团队功能得以正常发挥的各种人员的感受、知觉以及信念等；其次，就此展开讨论；最后，制订计划，将在培训中学到的团队技能应用到实际的团队绩效改善过程之中。团队建设培训法主要包括拓展训练法、团队培训法以及行动学习法三种。

①拓展训练法。拓展训练法的全称为户外拓展训练，有时也称探险学习法。它是一种运用结构性的室外活动来开发受训者的协作能力和领导能力的培训方法。拓展训练最适合开发与群体有效性有关的能力，如自我知觉能力、解决问题的能力、冲突管理能力以及风险承担能力等。在拓展训练中通常需要耗费大量体力，同时也会安排具有挑战性的活动，如狗拉爬犁、爬山等，还可以利用结构性的群体户外活动来进行，如爬墙、过绳索、信任跳（每一位受训者都要分别站到桌子上，然后仰面倒下，倒在团队同伴的手臂中）、爬梯子以及利用连接两座塔的绳索从一座高塔移到另一座高塔等。为了使拓展训练取得成功，练习中包含的内容必须与希望受训者开发的技能相结合。此外，在练习项目完成之后，还要由一位经验丰富的指导者组织大家讨论在练习中发生的事情，大家都学到了哪些东西，在练习中发生的事情与实际工作场景存在怎样的联系，以及为了将练习中所学到的内容应用到实际工作中应当如何制定目标，等等。拓展训练计划要求全体成员共同参与，因而能够在练习中发现有碍群体有效性的一些群体动态属性，然后再通过讨论使大家认识到这些不利因素，进而帮助大家在以后的实际工作中注意避免出现这些现象。虽然这种训练的参加者通常都认为他们通过参加这种活动，对自己与同事之间的交往方式有了更为深刻的理解，但是拓展训练对员工的生产率和工作绩效的影响程度到目前为止还未得到严格的评价。

②团队培训法。团队培训是一个使组织成员在团队的环境中更加高效或更加有效地工作的过程。该技术用于提高团队成员个人解决问题的能力、沟通的技巧以及对他人的敏感度，其主要目的是帮助组织协调为达成共同目标而努力的不同个人之间的绩效。在员工之间必须分享信息，而且个人行为将会影响群体绩效的情况下，这种培训是非常重要的。团队培训主要包括交叉培训和协调培训两种。交叉培训的目的是让团队成员理解和通过练习掌握其他团队成员所具备的技能，从而在某位团队成员暂时或永久地离开团队时，其他成员能够做好接替其工作的准备。协调培训则是一种强调如何促使团队成员分享信息、分担决策责任，从而使团队绩效达到最大化的培训方式。此外，在团队培训中还有一种专门针对团队管理者或辅导者的培训，即团队领导培训，其内容包括如何解决团队内部的冲突、如何帮助团队协调自己的活动、如何培养其他团队技能等。在团队培训中通常会使用多种培训方法。例如，可以利用课堂讲授或者观看录像的方式向受训者传播关于沟通技巧的知识，然后利用角色扮演法或情景模拟法为受训者提供练习的机会，从而有利于将在课堂上讲授的沟通技巧通过实地练习来加以体会。

③行动学习法。行动学习法是指给一个团队或一个工作小组布置一个在组织中实际存在的难题，要求他们想办法解决这一问题。小组成员不仅需要制订行动计划，而且需要负责计划的实施。参加行动学习的员工人数一般为6~30人，小组成员往往来自多个不同职能领域，他们都与该小组所要解决的问题有关。有时，在这些团队成员中还有可能包括客户和销售商。每一位小组成员在项目小组中所从事的工作依然集中于与原有职能有关的问题，能够

共同为解决问题做出贡献。行动学习法最早起源于英国，后来在欧洲普遍使用，美国通用电气公司等一大批著名企业都利用这种方法对管理人员进行培训。

行动学习法的着眼点主要有两个，一是培养组织中的各级和各类管理者；二是解决组织自身遇到的战略或运营问题。在大规模应用的情况下，它还能够重塑整个组织的经营方式和组织文化，促使组织变革得以实现。尽管对于行动学习法尚未有正式的评价，但是它将学习和培训成果转化为现实的能力确实是最强的，这是因为它所提出的问题本来就是组织或员工实际面临的问题，真正实现了"学"与"做"的紧密结合。

（3）培训的实施要点：学习理论的启示。

培训是一种教育形式，而学习理论对培训、活动的开展有一定的启示。综合现有的各种学习理论，可以总结出企业培训适用的一些基本原理或指南。

①必须确保受训者有学习的动机和能力。在培训中，受训者的动机会直接影响他们接受培训的热情、在培训活动中的精力集中程度以及是否会努力强化在培训中所学到的知识和技能等，从而直接影响培训效果。因此，为了使培训效果最大化，组织首先就要确保受训者有比较强烈的学习愿望。只有当受训者能够理解并认同培训的目标时，他们才有可能产生较强的接受培训的动机。此外，组织还必须确保受训者有学习的能力。受训者不仅需要具备一定的认知和阅读等基本能力，在一些特定的培训项目中可能还需要更多的能力要求。显然，受训者的学习能力如何，一方面在很大程度上决定了他们在培训过程中能够领会和掌握多少培训内容，并将其运用到自己的工作中；另一方面还会影响受训者接受培训的动机，当不具备接受培训的基本能力时，他们的学习动机也会削弱。

②必须为受训者提供有意义的培训内容、材料以及多样化的培训方法。组织应当为受训者提供与员工的工作经历以及所要完成的任务等联系比较紧密的培训内容，用他们熟悉的概念、词汇以及例子等将培训内容传递给受训者，同时，还应当尽量使受训环境与实际的工作环境有一定的相似性。这样做不仅有利于强化员工参加培训的意愿，而且能够确保培训的内容有效地运用于工作实践。为了有效传递培训内容，组织应注意向受训者提供各种适当的、有一定顺序的学习资料，其中包括案例、复习题、小组讨论题、阅读材料等。培训主持者应当采用统一的方式并有足够的时间与受训者就培训材料进行有效的沟通，以使他们接受相关的学习内容。还应当确保这些培训材料的内容能够运用于工作实践，这样，当受训者重返工作岗位时，他们所接受的培训内容就能够立即得到运用。此外，还应当考虑采用多样化的培训方法，避免培训方法的单一性。很多时候，人们之所以厌倦学习，主要是因为学习太枯燥，而不是他们不喜欢学习。任何一种学习方法，无论是传统的课堂讲授法，还是具有挑战性的商业游戏，只要使用过了度，都可能会让受训者感到厌烦。

③必须使受训者在培训过程中得到练习的机会。社会学习理论认为，人们是通过观察和模仿某些他们认为值得自己信赖的榜样人物的行为来进行学习的。因此，如果首先对理想的行为或技能加以清晰界定，然后让受训者对示范者的技能或行为进行观察，最后让受训者有机会模仿示范者所演示的那些技能或行为，那么受训者掌握技能或行为的速度就会比较快。事实上，在有些培训中，尤其是在训练和改变员工的技能或行为的培训中，仅仅告诉受训者

应当怎样去做，然后就让他们去做，是不能保证学习过程会自然而然地发生的。必须为受训者提供练习和多次重复练习的机会，从而帮助他们接受、消化、吸收以及信任所学到的东西。很多时候，尽管受训者已经反复通过练习达到培训要求，仍然需要持续不断地练习。这种做法有助于受训者更为自如地运用新的知识和技能，并且延长他们保持这种知识、技能或行为的时间。此外，在指导受训者进行练习的时候，培训者必须非常清楚，受训者在练习中应当做些什么，需要达到怎样的目标和标准，在什么样的条件下可以完成练习。最后，培训者还应当考虑受训者在多大程度上达到了培训的绩效标准要求。

④必须使受训者在学习中得到反馈和强化的机会。强化理论认为，人们之所以会实施或避免某些行为，一个重要的原因在于，他们过去实施或避免这些行为带来了积极的后果。同时，社会学习理论也认为，那些得到强化或鼓励的行为会再次发生，人们会不断学习那些被奖励的示范行为或技能。总之，这些理论对于培训活动的启示便是，在受训者的某种学习行为得到及时强化的情况下，学习的效果是最好的。这就要求在培训过程中，培训者必须不断提供及时反馈，这种反馈能够反映出受训者在多大程度上达到了培训要求。为了确保反馈的有效性，一方面反馈应当集中在具体行为上；另一方面要在受训者产生某种行为之后立即提供，尤其是对于受训者的积极行为，应及时提出口头表扬或以其他方式加以强化。

5.2.4 工作示例

培训需求调研内容如表 5-1 所示。

表 5-1 培训需求调研内容

项目	具体内容
组织环境	企业发展战略对人员培训、能力培养的要求，组织发展目标与人员绩效和素质的差距，部门的现状，企业文化和组织层级特点
培训内容	产生问题的具体原因有哪些，哪些问题通过培训可以解决，哪些不能通过培训解决，各层次、各岗位需要何种培训内容
培训形式	学员喜欢什么样的培训形式，不同的培训内容搭配何种培训形式更为有效
培训学员	学员的基本资料、学员的动机和态度、学员的学习经验
培训资源	目前企业具备哪些培训资源，当前资源状况能否满足培训需求，还需要加强哪些方面的培训

5.2.5 案例实践

海尔的多种培训形式

1. 岗前培训

对所有的新人进行业务知识、企业文化、经管哲学、组织目标、价值观的培训。不确定岗位先轮流工作一定时间，再定岗建立员工组织归属感、集体主义、合作精神，为以后的高效管理确定基础。此项工作由集团中心做。

2. 岗位培训半年到一年之后，岗位培训主要是业务能力培训

对工作中容易出现的问题、解决方法及应尽的责任进行培训。此项工作由事业部做。

3. 个人职业生涯规划培训

海尔所有的管理干部都有责任为下一级干部及员工设计个性化的职业生涯规划培训。不同岗位的人员根据自己的情况定出一个升迁、发展的个人规划，要有目标地工作。

4. 转岗培训

为培养复合型人才，海尔采用转岗培训使员工适应新的工作需要。

5. 半脱产培训

对于骨干员工和管理人员，有计划地安排人才以半脱产的方式，参加各种培训班，包括MBA培训班、高档进修、参加委培、学历教育等形式。

6. 出国考察培训

为了掌握国际高科技发展的新动向，利用各种机会，派出有关人员到国外参加各种专业研讨会、学术会议、科技博览会等，出国进修。

（资料来源：佚名. 海尔的多种培训形式［EB/OL］. http：//www.chinaCpX-COm/ZiXun/7609.html. 节选.）

思考：

海尔培训的成功之处在哪里？

分析提示：从案例中可以看出，海尔培训的成功之处在于充分运用各种培训方式最大限度地开发利用人力资源，使每个员工的能力在企业得到最大限度的发挥。

5.3 培训组织实施的流程与方法

5.3.1 任务目标

通过本任务的学习应掌握以下职业能力。
①了解培训的组织流程及组织分工。
②能够拟定培训实施计划。
③了解培训组织实施现场的监控过程。
④了解培训结束后组织工作的开展。

5.3.2 任务描述

培训实施是组织培训工作的主要阶段，主要任务是对培训与开发计划实施与控制，要根据目标和计划对培训过程中出现的问题及时做出调整，确保整个培训过程的顺利进行。

5.3.3 知识学习

员工培训与开发项目是根据企业的人才培养规划，针对某一特定的目标，在培训需求调

查的基础上，制定的员工培训与开发活动方案。

一些培训与开发项目可能只是一次培训课程的实施，还有些培训与开发项目则是由一系列培训课程和相关活动组成的，有时还需要跨年度甚至持续几年时间才能完成。有效的员工培训与开发项目的设计与实施需要以企业整个人力资源的战略规划为基础，是企业长期人才培养战略的具体化。因此，员工培训与开发项目的设计必须以企业培训需求调查为依据，既要结合企业中长期的人才培养规划，与企业其他人力资源管理政策相配套，又要关注企业当前的工作重心，同时还要考虑企业现有资源的支持程度，员工培训与开发项目的实施需要企业内部各部门的支持和配合。可以说，员工培训与开发项目的设计与实施过程是一个沟通和协调的过程。

不同的培训项目由于目标和内容不同，在程序设计方面可能会有所差异，但总体上来讲，大致需要经过四个基本阶段：确认培训需求、确定培训目标、制订培训计划并组织实施、培训效果评估，如图5-1所示。

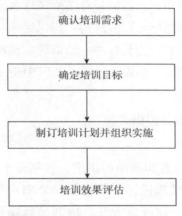

图 5-1　培训的四个基本阶段

1. 第一阶段：确认培训需求

开展培训的第一个步骤就是要明确是否需要培训以及需要培训什么。培训需求分析是整个培训与开发工作的出发点，其准确与否直接决定整个培训工作有效性的大小。培训需求分析包括组织分析、任务分析和工作绩效分析三方面。

组织分析是分析确定培训在整个企业范围内的需求情况以及企业对培训活动的支持程度，为培训提供可利用的资源及管理的可能。任务分析是分析与绩效问题相关的工作的详细内容、标准和达成工作所应具备的知识和技能。任务分析的最终结果是有关工作活动的详细描述，包括对员工执行任务和完成任务所需要的知识、技术和能力的描述。工作绩效分析则分析员工个体现有绩效水平与应有绩效水平之间的差距，确定谁需要接受培训以及培训的内容。

任务分析和工作绩效分析是确定培训需求的两个主要技术。任务分析是对工作做详细研究以确定必要的技能，以便实施适当的培训计划，通常对新员工培训采用这种方法。对于在职员工来说，用工作绩效分析确定培训需求比较合适。工作绩效分析指检验当前工作绩效与要求的工作绩效之间的差距，并确定是应当通过培训来纠正这种差距还是通过其他途径来缩小这种差距。

2. 第二阶段：确定培训目标

一旦确认了培训需求，就应据此确定具体的培训目标。培训目标应清楚地说明受训者通过培训所需掌握的知识、技能以及所应改变的态度和行为。良好的培训目标应能向受训者清楚地说明他们在培训结束后应完成的任务或达到的标准。培训目标为培训计划的制订提供了明确的方向和依据。有了培训目标，才能确定培训对象、培训内容、培训时间和培训方法等具体内容，从而对培训效果进行评价。

培训目标应具有确切性、可检验性和均衡性。对培训目标的陈述方式主要有三种。

①知识目标——培训后受训者将知道什么。

②行为目标——培训后受训者将在工作中做什么。

③结果目标——通过培训组织要获得的最终结果是什么。

例如，一个安全培训项目的目标可以表述为：知识目标——培训后使受训者能够精确地描述把重物吊离地面的正确程序；行为目标——培训后，观察到的受训者违反安全要求情况的发生频率应低于每人每年一次；结果目标——工厂中造成时间浪费的事故减少百分之三十。

3. 第三阶段：制订培训计划并组织实施

（1）第一步：编制培训计划。

培训计划是关于培训活动内容和顺序的指南，包括整个项目周期内将要进行的各项活动先后次序以及管理细节。一般来说，一份项目计划书由项目背景、培训对象、培训将解决的问题、培训时间安排、培训评估方案、培训项目预算、培训将达到目标和预期的收益构成。

在培训计划实施之前，尤其需要注意的是，培训管理人员必须确定培训评估的方案，包括培训评估的目的、培训评估的范围、培训评估的层次、培训评估的方法和评估的标准，以保证培训结束后能及时对培训效果做出评价。

（2）第二步：估算项目成本。

一般来说，培训的成本包括直接成本和间接成本，其中直接成本包括课程开发费、讲师费、资料费、场地和设备租赁费、用餐住宿费和交通费、其他杂费等；间接成本包括学员工资福利、培训管理人员工资福利、内部设施使用费用分摊等。

（3）第三步：项目沟通与审批。

培训计划编制完以后，要进行培训项目的申请与审批，即报请培训主管机构或上级主管人员进行审核，决定培训项目是否执行。

（4）第四步：培训师的选择与确认。

①制定培训师的选择标准。

②培训师面谈和考察。

③确定培训师。

④安排培训师做课前调研。

(5) 第五步：培训内容和方法的开发和确认。

①对培训内容进行二次开发。

②对培训内容和方法进行审核。

③与培训师沟通评估要求。

(6) 第六步：编制教学计划。

对整个培训教学的内容和时间安排具体化，确定培训内容和培训方法等。

(7) 第七步：培训行政准备。

培训行政准备主要是对培训前的各项事务性工作的准备和安排，如培训场地和设备的安排、教学资料的准备、培训学员的食宿安排及其他行政准备工作。

(8) 第八步：实施培训项目。

根据培训计划落实培训项目，主要是做好培训过程中的沟通、协调与监控工作，及时处理突发事件，做好培训师与学员之间的桥梁工作，保证培训项目的顺利完成。

4. 第四阶段：培训效果评估

(1) 第一步：收集各阶段主要评估数据，起草总结报告。

在培训的整个过程中，要注意收集相关的信息，并根据培训评估方案，对培训过程和培训结果进行评估，起草培训总结，提出改善建议。

(2) 第二步：归档各类资料。

培训后要对培训资料及时进行收集和归档，包括培训前的各种调研资料、培训课程的开发资料、培训实施过程的管理资料和评估资料等。

(3) 第三步：培训效果沟通与反馈。

在培训评估过程中，人们往往忽视了对培训效果评估的沟通与反馈。其实，这是培训项目操作中的重要一环。一般来说，企业中有四种人必须得到培训效果评估的结果。其中，最重要的就是人力资源管理人员，他们需要根据这些信息来调整或改进培训项目。第二种是管理层，他们当中的决策者需要了解培训是否有价值、价值的大小，从而直接决定培训项目的未来。第三种是受训人员，他们应该知道自己的培训效果，并将自己的业绩表现与其他人的相比较，了解培训对自己工作的影响，这样有助于他们继续努力，也有助于将来参加培训项目学习的人不断努力。第四种是受训人员的直接上级，他们有必要了解下属的培训情况，以便在日后的工作中帮助受训人员实现培训效果的转化和提升。

(4) 第四步：调整培训项目。

对收集到的培训相关信息进行认真分析，培训管理人员可以有针对性地调整培训项目。如果培训项目没有什么效果或是存在问题，培训管理人员就要对该项目进行调整或考虑取消该项目。如果评估结果表明培训项目的某些部分有问题，如内容不适当、授课方式不适当、时间安排欠妥或受训人员本身缺乏积极性等，培训管理人员可有针对性地对这些部分进行重新设计或调整。相反，如果培训评估结果证明该项目各环节均受到好评，则应把成熟项目和工作方法标准化,以便为后期的工作提供指导。

5.3.4 工作示例

培训突发事件处理预案如表5-2所示。

表5-2 培训突发事件处理预案

序号	预期事件	应对措施	负责人
1	学员迟到	及时与学员进行电话沟通,了解情况	
2	投影仪、电脑使用不正常	及时更换备用的投影仪、电脑	
3	突然停电,无法进行培训摄像工作	准备好录像机电池,及时更换,继续录像;如果之前的录像是内录,则应改为外录	
4	话筒效果不好	更换电池或启用备用话筒	
5	讲师迟到	培训负责人及时与讲师联系,培训主持人救急,带领大家进行团队活动	

5.3.5 案例实践

新员工培训流程如表5-3所示。

表5-3 新员工培训流程

实施阶段	工作事项	负责人	完成时间
培训前	获得新员工入职信息		
	编制新员工通用培训计划		
	发布新员工通用培训计划		
	培训前准备(讲师、培训场地、设备、资料等)		
培训中	培训资料发放		
	设备开启及调试		
	培训主持人开场		
	实施课程培训		
	做好讲师及学员服务		
	现场环境、设备等控制		
	发放回收培训评估表		
培训后	设备、物料整理		
	相关档案记录整理、新闻稿件整理		
	总结经验和教训		
	跟踪学员的转化应用		

5.4 员工培训效果评估

5.4.1 任务目标

通过本任务的学习应掌握以下职业能力。
① 了解培训效果评估的含义及几类评估模式。
② 了解培训效果的评估程序。
③ 能够设计培训效果评估方案。
④ 了解培训评估结果应用。

5.4.2 任务描述

员工培训效果评估是组织培训工作必不可少的一个环节。该环节的主要任务是采用有效的培训效果评估模式，制定培训效果评估标准，对培训实施过程中培训前、培训中、培训后的情况和效果进行反馈，决定是以现有形式继续进行还是修改或取消。

5.4.3 知识学习

在实践中，那些采取高阶培训战略的组织一方面将大量的资金投入培训项目的开发和管理中，另一方面也在培训项目评价方面进行了多方面的努力。显然，通过培训效果评估，组织可以弄清这些问题：培训成本支出到底是否值得？其成本有效性如何？培训是否达到了预定的目标？受训者对于培训项目的满意程度如何？培训内容及其组织管理（包括时间安排、住宿、培训者以及材料等）情况如何？受训者是否在实际工作中运用了在培训中所获得的知识和技能？等等。对这些问题的回答，有助于组织知道自己在培训管理的哪些方面还可以有所改进，从而不断提高组织培训活动的有效性，提高进一步增加的培训投入所带来的有效产出。

1. 培训效果的衡量

在实践中，大多数组织都采用比较简单的方法对培训活动的有效性进行评估，即在培训结束时让受训者通过问卷调查来反映自己对培训的满意度。但是，大多数专家却认为，使用多重评价标准对培训的效果进行衡量不仅全面且更为有效。比如，科克帕特里就提出了一种包括多重评价标准的培训效果评估模型。在这个模型中一共包括四个层次的评价标准。一是参与者的反应，即受训者是否喜欢培训计划，他们的满意程度如何。二是学习情况，即受训者接受培训计划中所传授的知识以及演练相关技能的程度如何，主要反映受训者在参加培训计划后是否考试成绩有所提高。三是行为表现，即受训者在工作中的行为表现是否发生了变化。四是绩效结果，即受训者的绩效在受训前后是否有所不同，如员工的离职率、产出水平、销售情况、文字工作的差错率等。其中，前两个层次的评估信息是在受训者结束培训时收集的，后两个层次的信息则是衡量培训成果转化的。

不过，科克帕特里的这一模型仍然存在一些问题，最主要的问题之一是它没有结合培训目的和战略目标来对培训效果进行评估。为此，人们最终形成了一个从五大方面对培训的效果进行评估的体系，即将培训可能产生的效果划分为认知性结果、技能性结果、情感性结果、组织成果以及投资回报率这五个方面。

（1）认知性结果。

认知性结果所要衡量的是受训者在多大程度上掌握了培训项目力图传授的原则、事实、技术、程序或流程。换言之，认知性结果所要衡量的是受训者在培训项目中学到了哪些知识。一般情况下，对认知性结果进行评估的主要方式是书面测验。

（2）技能性结果。

技能性结果是主要用来评价受训者的技术能力（或运动能力）以及行为是否发生改变的一种培训效果指标。技能性结果包括技能的获得（技能的学习情况）以及技能的应用（实际运用）两个方面的内容。对受训者的技能学习情况进行评价时，主要可以通过考察受训者在工作样本中的绩效表现来实现。要对受训者在实际工作中的技能转化情况进行评价，可以让受训者的同事以及上级首先对受训者在工作中的行为表现进行考察，然后再进行评价。比如，通过让专家或其他资深教师观察一位受训教师在模拟或实际课堂中的教学情况，就可以对这位教师的教学技能做出评估。

（3）情感性结果。

情感性结果主要包括受训者的态度和动机两个方面的内容。在培训效果评估方面，情感性结果的类型之一是受训者对培训项目所做出的反应或评价。它反映了受训者对于培训项目中的培训设施、培训者以及培训内容等的感知情况。情感性结果信息通常是在培训结束时以调查问卷的形式收集的。问卷中经常包括的问题有：你对本培训项目的满意度如何？此次培训达到你的预期效果了吗？你认为本次培训的地点和设施如何？等等。这些情感性结果信息对于确定受训者认为哪些因素有利于学习、哪些因素不利于学习是非常有用的，但是这种结果和培训成果转化之间的关系常常比较微弱。

（4）组织成果。

组织成果反映的是培训项目给组织带来的各种回报。比如，培训使员工的流动率下降或使生产事故减少，从而节约成本、增加产出量、改善产品或客户服务质量等。例如，某物流公司有一项专门针对货车驾驶员的安全驾驶培训项目。为了评价这一培训项目所产生的成效，该公司在培训结束之后的90天内，对受训司机所发生的事故和伤残情况进行了跟踪记录，以判断培训项目所产生的效果。

（5）投资回报率。

投资回报率是一种运用会计学的方法从经济收益的角度对培训效果所做的评估，它关注的是培训所带来的货币收益和培训所产生的货币成本之间的数量关系。培训成本包括直接成本和间接成本。直接成本是各项与举办培训项目直接有关的成本开支，主要包括培训项目的设计、开发费用，从组织外部聘请师资的费用，内部讲师的授课补贴费用，在培训项目中使用的各种原材料、设备、教室的租赁费或购置费，参训员工的差旅食宿费用，等等。间接成本则是不直接反映在培训项目的设计、开发或实施过管中的一些费用，包括受训人员的薪酬福利费用，培训部门工作人员及其他培训支持人员的薪酬福利费用，等等。收益则是指组织从某个培训项目中获得的经济利益总量，如成本的节约情况或者收入的增长情况等。

当然，组织在对培训的效果进行评估时，未必需要同时对这五方面的效果都进行评估。到底使用哪一种或哪几种培训效果评估内容，关键还是要看设计培训项目时准备达到的目标。不过，由于情感性结果和认知性结果都是在培训刚刚结束时收集的信息，能反映培训成果的实际转化或运用情况，因此，组织应当更多地关注培训导致受训者在实际工作中的行为、技能或态度出现了哪些有利的变化，同时更要关注培训在组织层面到底带来了哪些积极效果。

2. 培训效果的评估方案设计

为了对培训效果进行评估，可以采用四种评价方案。

（1）事后评估。

在这种效果评估方案中，评估者只需要在培训完成之后收集培训效果方面的信息，在培训之前并不进行相关的评估。这种评估方式简单易行，但是存在的缺点也是非常明显的：它无法判断培训到底对员工的知识、技能、行为以及组织层面的绩效产生了多大的影响，无法反映相关绩效的改进程度。当然，如果能再加上一些与受训者高度相似但是没有参加培训的员工作为对照组或控制组，就能够通过对比受训员工和未受训员工的行为、技能或绩效对培训的效果做出判断。

（2）事前—事后评估（有对照组）。

这种方法的做法是，对一组受训员工与另外一组没有接受培训的员工（即对照组）进行绩效对比。为了收集培训效果方面的信息，就需要在培训之前和培训之后分别对这两个小组进行测试。如果评估结果表明，受训小组中的成员在绩效改进方面所取得的进步明显大于对照小组中的成员，则说明培训确实使受训者绩效得到了改进。

（3）事前—事后评估（无对照组）。

这种评估方案的设计与第一种方法类似，但是存在一个重要的区别，就是它没有使用对照组。这种不使用对照组的做法会导致评估者很难排除外部经营条件或其他非培训因素对受训者的绩效所产生的影响。当一个组织想对某一培训项目进行评价，但是又不愿意让一部分员工被排除在培训项目之外时，往往采用这种培训评价方案。这是因为，如果要设置一个对照组，就必须使一部分员工不参加培训。此外，当组织仅仅需要对一小部分员工进行培训时，也可能会使用这种简单的培训效果评价方式。

（4）时间序列法。

在时间序列法中，评价者要在培训之前以及培训之后的一段时间里，按照一个既定的时间间隔来收集培训效果方面的信息。在进行时间序列评价的时候，同样可以使用对照组。这种培训效果评估方案的优点之一是使得评估者能够分析培训结果在一段时间内的稳定性。在评估会随着时间延续而发生变化的一些可观察性结果（如事故率、生产率以及缺勤率）时，经常会用到这种类型的培训评价方案。

5.4.4 工作示例

员工培训跟踪表如表5-4所示。

表5-4 员工培训跟踪表

姓名		职务	
培训课题		培训时间	
1. 您认为自己能否将培训中所学的内容运用到工作中？此次培训对您目前的工作产生了哪些影响			
2. 如果您将培训所学的内容应用到工作中去，会存在哪些困难？解决这些困难，您希望得到哪些帮助			
3. 在您参加培训后，自己的工作技能是否得到了提升？如果有，体现在哪些方面，举例说明			
4. 公司是否为您的工作技能提升提供了必要的帮助？哪些方面做得比较成功，哪些方面需要进一步改进？举例说明			

5.4.5 案例实践

麦当劳员工培训的四个层次的评估

第一是"反应"。在课堂结束后，大家对课程的反应是什么。填写评估表就是收集反应的一种评估方法，可以借助大家的反应加以调整，以便培训更符合学员的现实需求。

第二是"知识"。在知识方面，麦当劳汉堡大学也有考试，上课前会有入学考试，课程进行中也有考试，这些考试主要是想测试大家究竟掌握了多少知识，从而了解训练的内容是否符合组织的初衷。除此之外，麦当劳汉堡大学非常重视学生的参与度，会把学生的参与度量化为一个评估指标，当学员提出问题，或者和大家互动时就可以知道他的知识程度，并且在每天的课程中都可以知道他获取知识的程度，从而做出调整，以符合学生的学习需求。

第三是"行为"。在课程中学到的东西，学生能否在回到工作岗位以后改变自己的行为，达到更好的绩效呢？麦当劳有一个双向调查，先针对学生的职能做一些评估，直属主管做一个评估，经过三个月的训练之后，再做一次评估，因为学生必须回去应用他所学的知识或技能，麦当劳会把职能行为前后的改变做比较，衡量训练的成果。

第四是"绩效"。课后行动计划的执行成果和绩效有相当的关系，每次上完课学生都必须设定行动计划，回去之后认真执行，再由主管来做鉴定，以确保训练与绩效的有机结合。

思考：

麦当劳培训效果评估的作用体现在哪些方面？

5.5 职业生涯管理

5.5.1 任务目标

通过本任务的学习应掌握以下职业能力。

① 了解职业生涯管理的内容。
② 掌握职业倾向测评的方法。
③ 了解个人职业生涯规划。
④ 了解组织职业生涯规划。

5.5.2 任务描述

职业生涯规划是对职业生涯进行持续系统计划的过程。主要任务是在掌握职业生涯、职业规划内涵的基础上，分析影响职业选择因素，学习个人职业计划的制订方法；掌握组织职业计划的构成因素以及不同职业生涯阶段职业管理的特点及内容。

5.5.3 知识学习

1. 认知职业生涯管理

现代组织的员工开发越来越多地与员工个人的职业发展问题联系在一起。在一般意义上，职业被认为是人们为获取主要生活来源而从事的社会性工作所属的类别。比如，通常所说的教师、警察、律师、公务员等都属于职业的范畴。职业通常具有目的性、社会性、稳定性、规范性、群体性等特征。职业分类则是指以工作性质的同一性为基础对社会上的各种职业所进行的系统划分与归类，它通过职业代码、职业名称、职业定义、职业所涉及的主要工作内容等，描述每一个职业类别的内涵与外延。所谓职业生涯，通常可以从组织的角度和员工个人的角度分别加以解释。

从组织的角度来说，职业生涯是指一位员工在进入组织到退出组织的整个工作周期中所经历的一系列职位的集合。比如，一位工程师在一家企业内的职业发展过程可能是从技术员做起，后来随着技能和绩效的提高，逐渐成为助理工程师、工程师、高级工程师，最后成为主管工程施工的副总裁。在这种情况下，职业生涯实际上关注的是一位员工在一个组织内部的职业成长和发展状况，反映的是一种组织功能。

另外，职业生涯还可以从员工个人的角度来定义。在这种情况下，职业生涯可以描述为某人在其一生的工作中所经历的各种不同的工作、职位以及所获得的工作经验等。这种观点认为，每一个人实际上都在努力追求一种独特的职业生涯，以实现个人的独特理想和目标。很多管理学者都从这个角度对一个人在一生中的职业生涯发展阶段进行了划分，比如，杰弗里·格林豪斯将职业生涯划分为选择职业阶段（0~18岁）、进入职场阶段（18~25岁）、职业生涯早期阶段（25~40岁）、职业生涯中期阶段（40~55岁）以及职业生涯晚期阶段（55岁以上）。职业生涯发展研究领域权威人物薛珀将人生职业生涯发展划分为五个阶段，即成长阶段（0~14岁）、探索阶段（15~24岁）、创业阶段（25~44岁）、维持阶段（45~64岁）和衰退阶段（65岁以上）。

在现代社会中，员工的职业生涯发展要求和传统的职业发展要求出现了很大的不同。传统的职业发展往往是建立在组织和员工之间的心理契约基础之上的：只要员工一直在本组织中工作，并且能够持续保持较高的工作绩效水平，那么组织就应当为员工提供获得持续就业以及晋升的机会，同时员工的薪资增长以及地位都与他们在组织内部的垂直晋升直接联系在一起。在现代社会中，很多员工所追求的并不是这种单一的工作成就，相反，他们追求的是通过达到包括工作成就在内的综合性个人生活目标而获得的自豪感和成就感。在这种情况下，他们的职业选择会随着个人的兴趣、能力、价值观的变化以及工作环境的变化而经常变化。在传统的专家型职业发展模式（即对某一领域或专业的终身承诺）继续存在的同时，跨专业和跨学科流动的新型职业发展模式也越来越普遍。

鉴于上述情况，现代组织必须首先让员工明确自己的兴趣以及技能优势和劣势，然后在这些信息的基础上帮助他们制订并实施合适的开发计划，以满足他们的各种职业发展愿望和目标。这种为了留住和激励员工而建立的一整套发现员工的开发需要并满足这种需要的系统，就是组织的职业管理或职业发展规划系统。在知识经济的大背景下，对于留住那些高绩效的员工和具有良好的管理潜力的员工来说，这种系统的重要性尤为突出。

2. 职业倾向测评

在职场中，对自己性格进行测评的方式有多种，如职业兴趣测评、职业能力测评等。其中一种测评工具叫职业倾向测评，它可以帮助测试者更清晰地了解自己的个性特征和适合从事的职业方向，从而达到正确择业的目的。以下是对职业倾向测评的介绍。

职业倾向测评对一个人适合从事什么职业、对一个人在职业生涯中的合理定位起到决策作用。职业倾向测评是对职业兴趣、个性及能力方面的特点进行的测试与评价，是组织或者个人在进行工作匹配、职业生涯规划时应该考虑的重要因素。

每个人在面对就业、择业的时候，在职业兴趣和适合的工作领域等方面，一般表现出一定的倾向性。然而大多数人并不了解（或不是真正清楚）自己最感兴趣和最适合的工作领域。同时，在现代社会中，行业和职业有成百上千种，人们往往很难在数以千计的职业中确定哪种职业最适合自己。因此一个比较可行的方法是，首先将众多庞杂的职业归为数量有限、划分合理的职业群，然后从这几个职业群中去发现自己最感兴趣的职业群，并从中寻找比较适合自己的职业领域。

以下类型是以霍兰德职业倾向测评为基础进行的划分。

（1）研究型（Investigative，简称 I 型）：喜欢智力活动和抽象推理、偏重分析与内省、自主独立、敏感、好奇心强、慎重。

（2）社会型（Social，简称 S 型）：关心自己的工作能对他人和社会做出多大的贡献、重视友谊、乐于助人、善于合作、洞察力强、有强烈的社会责任感。

（3）艺术型（Artistic，简称 A 型）：属于理想主义者、想象力丰富、有独创的思维方式、直觉强烈、感情丰富。

（4）常规型（Conventional，简称 C 型）：追求秩序感、自我抑制、顺从、防卫心理强、追求实际、回避创造性活动。

（5）现实型（Realistic，简称 R 型）：偏重物质、追求实际效果、喜欢动手及操作类的工作、个性平和稳重。

（6）企业型（Enterprising，简称 E 型）：为人乐观、喜欢冒险、行事冲动、充满自信、精力旺盛、好发表意见和见解。

通过职业倾向测试可以更好地了解自己。通过对自己的性格类型、动力特点的深入了解，发现自己的性格特质、适合的岗位特质及心态，从而拓宽自己的思路和择业范围。根据报告提出的优劣势、适合的工作、适合的职业、适合的工作环境、发展建议，可以更清晰地规划自己的职业生涯。

3. 个人职业生涯规划

企业组织中的绝大多数员工，包括受过良好教育的员工，都有从自己现在和未来的工作中得到成长、发展与获得满意成就的强烈愿望和要求。为了实现这种愿望和要求，他们不断地追求理想的职业，根据个人的特点、企业发展的需要和社会发展的需要，制定自己的职业规划，我们把它称为个人职业生涯规划。

个人职业生涯规划是个人对一生职业发展道路的设想和规划，包括选择什么职业、在什么地区和什么单位从事这种职业，以及在这个职业队伍中担负什么职务等内容。一般来说，个人希望从职业生涯的经历中不断得到成长和发展。个人通过职业生涯规划，可以让一生的职业有个方向，从而努力地围绕这个方向充分地发挥潜能，走向成功。

个人职业开发活动也称员工职业计划，即确定职业目标并采取行动实现职业目标的过程。组织内的成员都有从现在和未来的工作中得到成长、发展和获得满意成就的强烈愿望和要求。为了实现这种愿望和要求，需要有一个实现目标的途径，制订自己的成长、发展和满意的计划，这个计划就是个人的职业计划。

制订职业计划的主要责任在于员工个人，只有员工个人才知道自己在职业生涯中真正想得到什么，而这些愿望当然也会因人而异。

开发职业计划需要员工自觉努力，这是一项艰苦的工作。虽然员工可能深信开发一个完好的职业计划将是自己最大的兴趣，但是抽出时间专门开发这样一个计划常常又是另外一回事。组织可以通过提供训练有素的专家去帮助、鼓励和指导员工。

制定职业生涯规划的步骤。

①自我评估。自我评估是对自己进行的全面分析，主要包括对个人需求、能力、兴趣、性格等的分析，以确定什么样的职业比较适合自己和自己具备哪些能力。

②组织与社会环境分析。组织与社会环境分析是对自己所处环境的分析，以确定自己是否适应组织和社会环境的变化，以及怎样来调整自己以适应组织和社会的需要。短期的规划比较注重组织环境的分析，长期的规划更多地注重社会环境的分析。

③职业生涯机会的评估。职业生涯机会的评估包括对长期机会和短期机会的评估。通过对社会环境的分析，结合本人的具体情况，评估有哪些长期发展机会；通过对组织环境的分析，评估组织内有哪些短期发展机会。通过职业生涯机会的评估，可以确定职业和职业发展目标。

④职业生涯目标的确定。职业生涯目标的确定包括人生目标、长期目标、中期目标与短期目标的确定，它们分别与人生规划、长期规划、中期规划和短期规划相对应。一般来说，首先要根据个人的专业、性格、气质和价值观以及社会的发展趋势确定人生目标和长期目

标，然后再把人生目标和长期目标进行分化，根据个人的经历和所处的组织与社会环境制定相应的中期目标和短期目标。

⑤制定行动方案。在确定以上各种类型的职业生涯目标后，就要制定相应的行动方案来实现它们，把目标转化成具体的方案和措施。这一过程中比较重要的行动方案有职业生涯发展路线的选择、职业的选择和相应的教育与培训计划的制订。

⑥评估与反馈。在人生的发展阶段，由于社会环境的变化和一些不确定因素的存在，原来制定的职业生涯目标和规划与现在的有所偏差，这时需要对原来的职业生涯目标与规划进行评估，做出适当的调整，以更好地符合自身和社会发展的需要。职业生涯规划的评估与反馈过程是个人不断认识自我的过程，也是个人对社会不断认识的过程，是使职业生涯规划更加有效的有力手段。

4. 组织职业生涯规划

在广大员工希望不断成长、发展的强烈要求推动下，企业人力资源管理与开发部门为了了解员工的个人特点，了解他们成长和发展的方向及兴趣，不断地增强他们的满意感，并使他们能与企业组织的发展和需要统一协调起来，而制订与组织需求和发展相结合的有关员工个人成长、发展计划，称为组织职业生涯规划。

组织的职业开发活动称为职业管理，即从组织角度对员工从事的职业所进行的一系列计划、组织、领导和控制等管理活动，以实现组织目标和个人发展的有机结合。对这一概念，需要明确以下几点：第一，职业管理的主体是组织；第二，职业管理的客体是组织内的员工及其所从事的职业；第三，职业管理是一个动态的过程；第四，职业管理是将组织目标同员工个人职业抱负与发展融为一体的管理活动，它谋求组织和个人的共同发展，同时也是促使其得以实现的重要方式、手段和路径。

职业管理是组织进行的一种持续、正规化的努力，它的重点集中在根据员工和组织双方的需要开发和丰富组织的人力资源上。组织是一个实体，它对激发和确保职业发展的实施负主要责任。组织的责任是开发并在组织内部向员工通告职业选择权。组织应该慎重地对有关员工实现其职业目标的道路提出建议。一般来说，当新的工作岗位设立、旧的岗位取消时，人力资源部工作人员应有最新的工作信息。通过在工作中与员工和管理者的紧密联系，人力资源部工作人员应该看到准确的信息被传达下去，不同的职业道路之间的相互关系被员工理解。因此，组织的主要责任不是准备个人职业计划，而是改善条件并创造一种便于员工个人职业规划开发的环境。

从组织的观点来看，职业发展能够降低员工流动带来的成本。如果企业帮助员工制订职业计划，这些计划与组织紧密相连，那么员工离开组织的可能性就小。组织热心于员工的职业发展同样能鼓舞员工的士气，提高其生产效率，并帮助组织变得更有效率。从组织的观点来看，职业发展有三个主要作用。

①及时满足组织近期和未来对人力资源的需要。

②更好地让员工了解组织内部潜在的职业道路。

③把选择、安排、开发以及管理个人的职业活动与组织计划结合起来，从而最充分地利

用现有的人力资源。

5.5.4 工作示例

职业测试题目

1. 如果让你选择，你更愿意（   ）。

   A. 同许多人一起工作并亲密接触

   B. 和一些人一起工作

   C. 独自工作

2. 当你为解闷而读书时，你喜欢（   ）。

   A. 读史书、秘闻、传记类图书

   B. 读历史小说、社会问题小说

   C. 读幻想小说、荒诞小说

3. 你对恐怖影片反应如何？（   ）

   A. 不能忍受

   B. 害怕

   C. 很喜欢

4. 以下哪种情况符合你？（   ）

   A. 很少关心他人的事

   B. 关心熟人的生活

   C. 爱听新闻，关心别人的生活细节

5. 去外地时，你会（   ）。

   A. 为亲戚们的平安感到高兴

   B. 陶醉于自然风光

   C. 希望去更多的地方

6. 你看电影时会哭或觉得想哭吗？（   ）

   A. 经常

   B. 有时

   C. 从不

7. 遇到朋友时，你经常（   ）。

   A. 点头问好

   B. 微笑、握手和问候

   C. 拥抱他们

8. 如果在车上有烦人的陌生人要你听他讲自己的经历，你会怎样？（   ）

   A. 显示你颇有同感

   B. 真的很感兴趣

   C. 打断他，做自己的事

9. 你是否想过给报纸的专栏写稿？（　　）

   A. 绝对没想到

   B. 有可能想过

   C. 想过

10. 被问及私人问题，你会怎样？（　　）

    A. 感到不快和气愤，拒绝回答

    B. 平静地说出适当的话

    C. 虽然不快，但还是回答了

11. 在咖啡店里要了杯咖啡，这时发现临座有一位姑娘在哭泣，你会怎样？（　　）

    A. 想说些安慰话，却羞于起口

    B. 问她是否需要帮助

    C. 换个座位远离她

12. 在朋友家聚餐之后，朋友和其爱人激烈地吵了起来，你会怎样？（　　）

    A. 觉得不快，但无能为力

    B. 立即离开

    C. 尽力为他们排解

13. 你会在什么时候送礼物给朋友？（　　）

    A. 仅仅在新年和生日时

    B. 全凭兴趣

    C. 你觉得有愧或有求于他们时

14. 一个刚相识的人对你说了一些恭维的话，你会怎样？（　　）

    A. 感到窘迫

    B. 谨慎地观察对方

    C. 非常喜欢听，并开始喜欢对方

15. 如果你因家事不快，上班时你会（　　）。

    A. 继续不快，并显露出来

    B. 工作起来，把烦恼丢一边

    C. 尽量理智，但仍因压不住火而发脾气

16. 生活中的一个重要关系破裂了，你会（　　）。

    A. 感到伤心，但尽可能正常生活

    B. 至少在短时间内感到心痛

    C. 无可奈何地摆脱忧伤心情

17. 一只迷路的小猫闯进你家，你会（　　）。

    A. 收养并照顾它

    B. 扔出去

    C. 想给它找个主人，找不到就让它安乐死

18. 对于信件或纪念品，你会（　　）。

A. 刚刚收到就无情地扔掉

B. 保存多年

C. 两年清理一次

19. 你是否因内疚或痛苦而后悔？（ ）

A. 是的，一直

B. 偶尔后悔

C. 从不后悔

20. 同一个很羞怯或紧张的人说话时，你会（ ）。

A. 因此感到不安

B. 觉得逗他说话很有趣

C. 有点生气

5.5.5 案例实践

凯西的职业生涯规划

凯西，26 岁，是一家大型通信公司的运营经理，有 15 位负责网络运营的下属，年薪为 5.4 万美元。这的确是一份好工作，权责大、潜力无穷，还有对 26 岁的年轻人来说非常优越的待遇。她是如何胜任的呢？从学校取得学位后，凯西进入一家知名的快递公司，担任初级的管理职位。当薪资与权责的成长明显受限时，她开始探讨其他可能性。很快，凯西了解到，如果想要得到自己真正想要的工作，就必须进一步提高专业能力。凯西开始在当地商贸学校学习会计及经济学的夜间课程。因为雇主不提供学费补助，于是她自付学费。后来，她以优异的成绩得到在职进修企管硕士的机会。因为快递公司的工作时间改变，她无法继续上夜间课程，所以凯西决定辞掉当时年薪 1.8 万美元的工作，并通过助学贷款全心全意展开她的企管硕士进修计划。凯西决定主修市场营销学。在一门课程中，她和两位同学为当地一家电话公司进行密集的市场研究，以便制定出长途电话预付管理的营销方案。在 25 岁获得硕士学位后，凯西却很难找到工作，因为比起其他人，她实在太年轻了。25 岁，比多数学生开始念硕士时还年轻 2 岁。但她坚持不懈，凭着学历与实务经验兼具的优势，终于找到了新雇主———一家大型区域通信公司。

（资料来源：佚名. 职业生涯规划案例分析 [EB/OL]. https：//wenda. so. com/q/1477227800727644. ）

思考：

1. 凯西是如何对职业进行探索的？

2. 凯西是如何实施自己的整个职业生涯规划的？

3. 你认为凯西之所以能够取得现在这个令人羡慕的职位和薪金，最重要的因素是什么？

分析提示：凯西的成功之处在于她清楚认识到了自己的职业发展目标并制定了可行的职业发展路径。

5.6 本章小结

培训和开发是两个既有联系又有区别的概念。培训是一个组织向员工提供其工作所必需的知识、技能的过程；开发则是指根据员工和组织双方的发展需求对员工的潜力进行开发，同时对员工在组织中的职业发展过程进行系统设计和规划的过程。培训的主要目的是帮助员工完成当前的工作，开发是以未来为导向的。随着管理实践的发展，这两个概念之间的差别越来越模糊。

培训有助于改善组织绩效，帮助组织赢得竞争优势，有助于塑造良好的组织文化，同时在吸引和保留员工方面起到重要的作用。培训管理是指组织对于自己的各种培训活动所开展的一种有目的、有计划的管理活动。培训应当包括确认培训需求、确定培训目标、制订培训计划并组织实施、培训效果评估四个步骤。学习理论对于培训管理具有重要的借鉴意义。

开发对于一个组织的重要意义主要体现在两方面，一是能够帮助员工做好适应未来职位、技术、市场变化的准备，从而帮助组织赢得竞争优势；二是在知识型员工时代，能够吸引和留住优秀人才，防止人才的不合理流失。员工的职业生涯开发与管理是开发过程中的重要内容，需要组织的领导者、管理者以及员工本人承担应有的责任。

5.7 自测题

一、名词解释

1. 员工开发。
2. 团队建设培训法。
3. 培训需求。

二、选择题

1. 从培训的内容上进行划分，可以将培训分为（   ）。
   A. 知识   B. 技能培训
   C. 价值观培训   D. 项目制培训
2. 培训的作用包括（   ）。
   A. 减少企业生产事故，提升员工工作质量，降低损耗
   B. 提升员工的技术水平和知识素养
   C. 使员工获得更好的职业发展机会，增强职业的稳定性
   D. 提升管理水平和企业竞争力，提升组织绩效
3. 员工培训与开发中的常见问题是（   ）。
   A. 员工参训积极性不高
   B. 培训内容缺乏差异性
   C. 培训盲目赶潮流，流行什么培训什么
   D. 缺什么才培训什么，培训如救火

4. 培训体系包括（　　）。
A. 培训课程体系　　　　　　　　B. 培训讲师体系
C. 培训流程体系　　　　　　　　D. 培训组织机构

三、简答题

1. 什么是培训和开发？它们之间有何异同？
2. 培训需求分析的作用及其主要内容有哪些？
3. 实施培训的主要方法有哪些？分别有何优缺点？
4. 培训效果评估的主要方法有哪些？可以采取哪几种培训效果评估方案？

5.8　实践训练

设计并组织一次以校园安全为主题的培训。

第6章

绩效管理

学习目标

通过本章的学习，应掌握以下职业能力。
1. 掌握绩效考评的定义、目的、原则及程序。
2. 重点掌握绩效考评指标和内容、标准的设计方法。
3. 掌握绩效考评的分类。
4. 掌握绩效考评的方法。

导入案例

M公司的绩效管理制度

M公司是一家房产中介公司，主营业务包括一手房代理销售及二手房租售。最近几年房产中介行业竞争日趋激烈，该市同等规模的竞争公司有数十家，但M公司依然保持业务的稳步发展，M公司总经理认为，公司的稳定发展得益于公司实行的严格绩效考核制度。

但近一年来，该公司人力资源部经理非常头疼：员工离职率过高，刚刚培养出来的人才还没能为公司发挥作用，就跳槽去了竞争对手的公司。通过对离职员工调查分析，了解到原来公司实行严格的强制分布排序法，使得员工心理压力过大。该公司的绩效考评分为"A""B""C"三个等级，而每个层次有着严格的比例要求，即每个部门绩效考核结果中排名前10%的员工为"A"，排名后10%的员工，不管业绩完成到什么程度，都会归到"C"，其余80%的员工为"B"。

这让员工很没有安全感，甚至有时员工发现，即使是考核结果为"C"的员工，比竞争对手的公司业绩好的员工做得还要多，这让员工心里很不舒服，于是纷纷选择跳槽。

思考：

M公司的绩效考核方式有什么利弊？

6.1 认知绩效管理

6.1.1 任务目标

通过本任务的学习应掌握以下职业能力。
①了解绩效、绩效管理、绩效考评的基本概念。
②了解绩效管理与绩效考评的不同。
③掌握绩效管理的完整流程。

6.1.2 任务描述

要做好绩效管理,首先要了解绩效的概念、绩效管理的概念,掌握绩效管理的流程。

6.1.3 知识学习

1. 绩效及绩效管理

(1) 绩效的概念及内涵。

①绩效的概念。绩效一词来源于英文"Performance",意思是"表演、表现、业绩"。从组织的角度看,绩效是指组织希望实现的结果。

从字面意思分析,绩效是绩与效的组合。绩就是业绩,体现个人或组织的目标实现结果。效就是效率、效果。效是一种行为,体现的是企业的管理成熟度目标。效又包括纪律和品行两个方面,纪律包括企业的规章制度、规范等,纪律严明的员工可以得到荣誉和肯定,如表彰、发奖状或奖杯等;品行指个人的行为,"小用看业绩,大用看品行",只有业绩突出且品行优秀的人员才能够得到晋升和重用。

在企业管理实践中,绩效往往从员工工作的实际产出和工作过程来理解,用公式表示为:

$$绩效 = 结果 + 行为$$

这一公式包括两层含义。

a. 绩效重视结果:以结果为导向,鼓励员工重视产出。
b. 绩效重视过程:获得员工在工作中的信息,及时给予员工必要的帮助。

②绩效的分类。绩效从管理学的角度看,包括个人绩效和组织绩效两个方面。

a. 个人绩效。个人绩效是员工通过履行自己的岗位职责,完成组织所赋予目标的行为结果。

b. 组织绩效。组织绩效是组织作为一个整体完成组织预定目标的结果。

③个人绩效的特征。

a. 可衡量性。组织中员工的绩效必须是可以被衡量的,即通过一定的方式能辨别出高绩效与低绩效的员工。

b. 动态性。正如考试不可能每次都考满分一样，员工的个人绩效也并不是一成不变的，管理者需要对员工绩效进行全过程管理，对有可能出现的低绩效进行提前预警，以免给组织带来不可挽回的损失。

c. 多因性。员工的个人绩效受主客观因素的影响而发生变动，例如一个销售员本月的销售业绩不好，可能是因为销售品牌出现了问题，也可能是因为本人家庭出现了问题。

d. 多维性。对员工绩效的衡量可以从不同的维度进行。例如，可以从数量、质量、时间、成本、客户满意度等方面衡量绩效。

（2）绩效管理的概念及意义。

①绩效管理的概念。随着社会竞争的激烈化，越来越多的企业为了探寻生存之道，努力探索提高组织竞争力的有效途径，调整组织结构、减员增效、打造学习型组织等成为当代组织变革的主流趋势。在这样的背景下，学者亦对组织的绩效管理进行了深入的研究。

绩效管理是人力资源管理体系的核心内容，也是近几年来组织的领导者和管理者爱之深、恨之切的一个管理领域。

所谓绩效管理，是指识别、衡量以及开发个人和团队绩效，并且使这些绩效与组织的战略目标保持一致的一个持续性过程。

从以上定义可看出，绩效管理包含两方面的内容：首先，绩效管理的目的是保障组织战略目标的实现；其次，绩效管理不是一蹴而就的，而是一个持续性的动态管理过程。

基于以上探讨，可以认为绩效管理是以实现组织战略目标为目的，通过开发个人、团队潜能，使员工个人绩效与组织绩效保持一致的持续性管理活动。

②实施绩效管理的目的及意义。

a. 增强组织的核心竞争力。组织的目标就是管理的目标，作为管理者，绩效管理归根究底是企业的一项管理活动，企业管理最终都是为企业战略目标所服务的。绩效管理在员工个人绩效和组织绩效之间搭建了一座桥梁，使员工明确个人绩效与组织绩效之间的关系，并且明确如何做出对组织有用的贡献。

b. 发现管理中的问题。绩效管理通过绩效目标设定、绩效要求达成、绩效实施修正、绩效面谈、绩效改进、再制定目标的循环，发现在实施绩效的行动过程中，存在哪些问题，因此也是一个不断地发现问题、改正问题的过程。

c. 提高管理效率。有效的绩效管理可以使员工明确自己的工作职责，知道组织希望他们做什么、做到什么程度，领导可以为他们提供哪些帮助，避免工作的盲目性，提高工作效率。

d. 分配利益。与利益不挂钩的考核是没有意义的。由于组织内资源的有限性，这些有限的资源包括职位、办公环境、奖励、薪酬等，为将有限的资源分配给能为组织创造更大价值的员工，必然要求有一套相对公平、科学的方式方法，绩效管理则承担了这项角色。

例如薪酬，组织中员工的薪酬一般都会分为两个部分：固定薪酬和绩效薪酬。绩效薪酬的分配与员工的绩效考核得分息息相关，所以一说起考核，员工的第一反应往往是绩效薪酬的发放。

e. 实现组织和员工的共同成长。绩效考核本质上是一种过程管理，而不仅仅是对结果的考核。它是将中长期的目标分解成年度、季度、月度指标，不断督促员工完成的过程，有效的绩效考核能帮助企业达成目标。因此，绩效管理是一项互利互赢的活动。

绩效考核的最终目的是促进企业与员工的共同成长。通过考核发现员工和组织存在的问题并改正，找到差距进行提升，最后达到双赢。

2. 绩效管理的流程

绩效管理是一个连续的动态循环过程，一个绩效管理周期结束后，就会开始下一个周期。在每个周期循环过程中，又包括五个步骤，各个步骤之间存在非常紧密的联系。

（1）绩效计划。

绩效计划是一个组织与员工就组织的绩效期望达成共识的过程，每个组织和员工在工作开始之前都应该对组织的战略目标有透彻的认识，因此绩效管理过程的第一个步骤是绩效计划。绩效计划是绩效管理的基础，绩效计划将直接影响组织整体绩效的实现。

①绩效计划的内容。一份完整的绩效计划至少应当回答下列问题。

a. 员工个人在本次绩效管理的周期内应当取得什么样的工作结果？
b. 员工应当在何时完成这些任务？
c. 员工工作完成的评价标准是什么？
d. 员工各项工作的权重分别是多少？
e. 员工在工作中可以获得哪些帮助？
f. 员工的工作结果将会如何运用？
g. 绩效计划制订过程中各方的责任是什么？

②绩效计划制订过程中的人员安排。绩效计划的制订是一个自上而下的目标确定过程，绩效计划的制订需要人力资源管理专业人员、员工的直接上级、员工本人三方面共同承担。

a. 人力资源管理专业人员。由于绩效管理是通过实现个人的绩效来实现组织战略目标的一种管理手段，因此组织中必须有一个专业的团队对这项工作进行统筹规划，组织中的人力资源管理专业人员应充当此项角色，以确保整个组织中绩效计划的整体性、稳定性，从而与整个组织绩效的战略目标保持一致。

b. 员工的直接上级。绩效计划的制订需要组织内不同职能部门的许多专业信息，由于直接管理者对组织中各个部门职能及各职位的工作职责有着专业的了解，因此有直线负责人参与的绩效计划制订更符合部门实情。

c. 员工本人。绩效计划应基于上级和下级的共同讨论，其中应对需要做什么以及达到什么样的效果达成共识。社会心理学家研究发现，当人们亲身参与了某项决策的制定过程时，他们会更坚定自己的立场，并愿意付出更多的努力去实现自己对组织的承诺。因此让员工参与绩效计划的制订，更容易激发员工的成就感，并在组织与员工之间达成一致，对于组织的整体绩效管理有重要的意义。员工参与式的管理不仅能提高员工工作的积极性，同时也可以使绩效计划更具有操作性。

（2）绩效执行。

①员工承担的责任。制订了绩效计划之后，员工就需要开始按照计划开展工作，努力去取得结果，这阶段承担主要职责的是员工。员工在该阶段承担的主要职责有三项。

a. 达成目标承诺。员工必须完成计划内的工作任务，完成对组织的承诺。
　　b. 持续的绩效沟通。员工应该在工作的过程中，及时主动地跟上级反馈工作进展，同时获得必要的帮助。
　　c. 为绩效考评做准备。员工在工作进展过程中，要根据时间节点进行自我考评，以保证良好的绩效，而不是等到考评周期到了才由组织考评。
　　②管理者承担的责任。虽然员工在绩效执行阶段承担主要责任，但管理者在这一阶段仍有重要的职责，特别是作为直接上级的管理者，在这一阶段的主要责任有观察记录、沟通反馈、提供帮助。
　　a. 观察记录。上级管理者应当对员工的日常工作行为进行观察并记录，以便在需要时给予必要的帮助，同时为绩效评价留有依据。
　　b. 沟通反馈。上级管理者应在员工工作的进程中不断与员工进行沟通，了解员工遇到的问题，并提供必要的指导。
　　c. 提供帮助。上级管理者对员工的绩效负有直接的管理责任，应确保员工有完成工作必需的资源及环境。
　　(3) 绩效考评。
　　绩效考评是绩效管理的重点。绩效考评又称绩效考核、绩效评价、绩效评估、绩效审查，是管理者根据绩效计划对员工的工作进行考核和评价，主要目的在于考核和衡量员工在多大程度上完成了组织期待的结果。考评者应当充当教练员、帮助者的角色，而"教练"的工作重点是培养"客户"（员工）的感知能力、观察力、责任感和自信心。
　　员工的工作绩效需要进行科学有效的考核、评价，这种考评可以根据组织的实际情况按月、按季度或者按年进行。
　　(4) 绩效反馈。
　　所谓绩效反馈，就是管理者将绩效考评结果告知员工，目的是使员工明确绩效中存在的问题，根据组织要求加以改进。
　　绩效管理并不是简简单单地为员工打个分，绩效考核的一个重要目的是帮助员工发现工作中的问题，并进行改进。因此，在绩效考评结束后，管理者有必要对员工的考评结果及时沟通、反馈，并提供改进方案，让员工知道哪些行为是需要强化的，哪些行为是需要改进的。
　　一般公认的绩效反馈方式是绩效面谈，即直接上级与员工面对面地就绩效考评结果进行讨论，讨论的主要内容包括员工的主要工作结果、员工的工作行为、未来是否可以进一步优化的地方。也就是说，绩效面谈不仅应当关注员工过去所取得的工作结果，更应当关注员工未来的行为。
　　(5) 绩效结果运用。
　　在绩效考评完成后，需要将考评结果与组织内其他管理活动相联系，才能发挥绩效管理的真正作用。在组织管理中，员工的升职、降职、调薪、人才储备等都需要有据可依，而绩效考评结果则是主要的依据。一个员工在个人工作岗位上被连续多次考评都取得相当出色的成绩，是否可以考虑作为职位晋升或重点培养的对象？答案显然是肯定的。

6.1.4 工作示例

绩效管理是人力资源管理活动的重要组成部分，绩效管理为人力资源规划提供了重要信息。组织进行战略发展规划时，需要匹配人才资源规划，而组织战略发展中需要的人才是从外部引进还是从内部配置，需要对组织内可匹配的人才进行分析，而组织内的储备人才库建设是通过绩效管理的信息整理出来的。

绩效管理也为薪酬体系的建设提供了依据，如何分配组织中的人力资源，组织一定希望把大的蛋糕分给贡献更多的员工，而评判员工的贡献大小，可以从绩效考核中找到依据。如果缺乏一套合适的绩效管理体系，组织的报酬决策就很可能是武断的。

表6-1所示即将绩效考核结果与薪酬相结合。

表6-1 绩效考核结果运用于薪酬

等级	A（优秀）	B（良好）	C（称职）	D（基本称职）	E（不称职）
奖金标准	1.5个月的基本薪酬	1.2个月的基本薪酬	1个月的基本薪酬	0.8个月的基本薪酬	无

综上所述，绩效管理是一个动态的闭环，各个环节紧密联系，缺一不可，一个周期完成后就会开始一个新的周期。绩效计划是绩效管理活动的基础环节，绩效执行是绩效管理系统的核心环节，绩效考评是绩效管理系统的有效保障，而绩效反馈和绩效结果的运用是后续工作。当绩效结果运用完成以后，一个绩效周期结束了，又开始新的周期。

绩效管理体系与培训之间也存在明显的联系，将绩效与培训联系起来，能够让组织知道需要提高的方面，为组织开展培训工作提供依据。

总之，绩效管理是组织管理的一个重要因素，它不仅能够评估组织当前的人才状况，而且能够在个人层面和组织层面为未来的发展奠定基础。

6.1.5 案例实践

某大学的学习管理模式

小王是某高校的大学一年级新生，进入大学后，小王感觉大学的学习与中学相比发生了很大变化，以前中学只要好好背书、考试取得高分就行了，但大学里的老师要考核学生的出勤率、平时课堂表现、作业完成情况以及最终的试卷成绩，这些最终组成学生的学科成绩。

思考：
大学里的这种考核方式对学生和学校有什么意义？

6.2 构建绩效考评体系

6.2.1 任务目标

通过本任务的学习应掌握以下职业能力。
①掌握绩效考评的概念及意义。

②了解绩效考评与绩效管理的区别。
③掌握绩效考评的内容。
④掌握绩效考评的方法。

6.2.2 任务描述

绩效考评在整个绩效管理活动中发挥着重要作用,没有绩效考评也就无法对员工的工作绩效做出评价,无法对组织绩效进行衡量。

绩效考评可以增强员工的责任感。著名管理大师彼得·德鲁克曾经说过:"员工需要什么样的动机才能达到最佳绩效?唯一有效的方法是加强员工的责任感。"而绩效考评是增强员工责任感非常有效的方式。

6.2.3 知识学习

1. 选择考评主体——谁来评价

(1) 考评主体的来源。

选择考评主体即确定由谁来对员工进行考评,需要先想清楚哪些人拥有考评所需要的信息。

因为绩效考评需要考评者对员工的绩效行为及结果进行分析、判断,而这一活动需要大量的信息予以支撑,这些信息的获取来自对被考评者日常工作的了解,因此,那些对被考评者的工作、行为最为了解的人就是绩效考评主体。组织中掌握员工行为及结果的人员主要有员工的直接上级、直接下级、客户、平级同事以及员工本人,如图6-1所示。

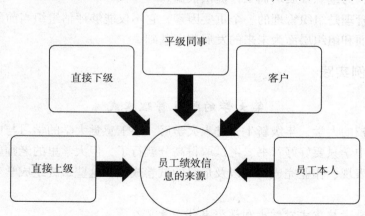

图6-1 掌握员工行为及结果的人员

①直接上级。员工的直接上级对员工的工作职责及工作表现了解得最为全面,而且能从专业的角度出发对员工工作的结果进行评价,因此常常作为最主要的考评主体。

但是,仅仅把直接上级当作唯一的考评主体仍有一定的弊端。直接上级的评价有时会掺入个人偏见,对员工的绩效评价不够客观。例如,某位员工与直接上级私下关系走得较近,可能会导致个人绩效高于实际。

②直接下级。员工最有权利对直接上级的管理能力进行评价,如在进行工作分配时是否

清晰明确、是否给予员工必要的支持和帮助等，因此直接下级是获取绩效考评信息的主要来源之一。

在让下属对直接上级评价的过程中容易产生一些问题，如他们会担心被上级"穿小鞋"而有所顾虑。同时，上级也会有所顾虑，在部门管理过程中通常更注重下属的满意度，而不是部门工作效率。

③平级同事。同事与被考评者一起工作，他们之间的相处时间远远多于上下级一起工作的时间，不仅熟悉彼此的工作，更对彼此的工作行为有着全面的了解，会对绩效考评带来不一样的角度，如同事对团队合作性是最有发言权的。

当同事的评价被列入绩效考评时，也会有一定的弊端，如可能会互相串通，彼此之间都打出过高的分值，或者出于个人恩怨，报复性地对他人恶意评价。

④客户。客户是员工在工作中直接服务的对象，他们更能从对立面表达服务的感受，因此也是考评信息的来源之一。目前很多服务性行业已经在实行这种考评方式，如在餐厅就餐后会邀请顾客做出服务评价、组织里专门成立客户服务部对客户进行调查回访。

客户评价的缺点在于评价的成本过高，为了给一位员工进行评价，需要对外部的很多客户进行回访，时间成本、人力成本将会给组织带来严重的负担。

⑤员工本人。除他人的评价之外，不可忽视的还有员工本人对自己工作的认识，员工个人最有权利对自己的工作做出评价，他们了解工作过程中遇到的问题，以及如何通过自己的努力克服困难。这种评价方法的缺点是可能会夸大事实、不够真实，因此常常只作为参考。

（2）考评主体误差。

绩效考评作为绩效管理的关键环节，考评结果将对绩效管理系统发挥重要作用，而考评主体在考评过程中发挥的作用不容忽视。考评主体作为社会人，难免会有主观误差。

①相似性误差。相似性误差也称为同类人误差，指由于考评者与被考评者之间具有相似性而产生吸引力，考评者对被考评者做出高于事实的评价。现实中，大多数人总是倾向于对与自己类似的人给予更高的评价，这种类似可能是与自己兴趣、爱好相同等。

②晕轮误差。晕轮效应指这样一种情况：一位被考评者在某个方面表现得比较好，导致考评者对此人的总体评价比较高。

③首因误差。首因误差指考评者一旦开始对被考评者做出比较好的评价，即使以后被考评者的行为不符合这种评价，考评者也依然会做出比较好的评价。这种误差往往与第一印象有关。

④前因误差。前因误差指绩效考评的结果主要受考评周期开始阶段收集的信息的影响。如一个员工在刚入职第一周表现得特别积极，管理者可能就认为此人在以后的工作中表现得都会很积极，因此在绩效考评的后期也给予很高的评价。

⑤近因误差。与前因误差相反，在近因误差的影响下，绩效考评的结果主要受绩效周期后期收集到的信息的影响。如某位员工在月底考核前开始出现迟到、早退的情况，管理者可能就认为此人经常出现这种情况。

⑥溢出误差。溢出误差指某位员工在前几个考评周期都表现出了比较高或比较低的绩效，考评者就先入为主地认为该员工在接下来的绩效中会依然表现得比较好或比较差，而给予过高或过低的评价。

⑦分布误差。分布误差包括宽容误差、苛刻误差、趋中误差三种情况。宽容误差指由于

考评者过分宽容而对所有被考评者打分过高导致的误差。苛刻误差指由于考评者过分苛刻而对所有被考评者打分过低导致的误差。趋中误差指考评者对大多数员工都打了比较中等的分数而避免高分和低分的情况。

⑧刻板印象误差。刻板印象误差指考评者由于主观偏见，对某个地域或某个群体给予过高或过低的评价。如某个考评者认为来自农村的孩子更能吃苦耐劳，因此给予更高的分数。

⑨对比误差。对比误差指考评者在进行考评时，通过将一位被考评者与另一位被考评者进行比较打分，而不是将被考评者与之前设定好的绩效指标进行比较。

（3）减少考评误差的措施。

①建立考评前的沟通计划。一部分考评误差是由考评者对绩效考评不够重视所致，如果组织能在绩效考评之前设计一套沟通计划，让考评者明确绩效考核的利害关系，明白绩效考评的真正目的及对组织发挥的重要作用，加强考评者的责任心，会在一定程度上减少这种人为误差。

②培训考评者。除了让考评者在态度上重视绩效考评之外，对绩效考评方法、技巧的培训，也有助于减少考评中的误差。如对每个考评指标进行讲解，明确指标考核的重点，或者组织考评者对模拟的案例进行考评演练，讨论如何进行客观公正的考评。

③建立绩效申诉机制。在组织中，增加绩效申诉程序有利于提高员工对公司绩效考评的认可度，因为一旦员工无法接受自己的绩效考评结果，他们可以通过平和的方式提出申诉。一般来说，当员工就某次绩效考评结果提出申诉时，人力资源部就会充当员工直接上级和员工之间的调解者，人力资源部在收集足够的信息后，要求员工的直接上级重新做出评定，这是一级申诉。如果员工的直接上级依然维持原评定，并且无法说服员工，就需要一个外部仲裁部门来进行裁决，即进入二级申诉。

2. 选取绩效考评内容——评价什么

在绩效考核的实践中，对于如何选取考评内容存在两种主要的观点，一种认为应当考评员工的德、勤、能、绩，一种认为应当考评员工的业绩、态度、能力。

正如绩效的定义所述，绩效关注的不只是员工的工作结果，还包括员工的工作行为，同时员工的工作行为和结果与员工的个人特征有着紧密的联系，因此对员工绩效的评价总结起来包括三种主要的类型：结果法、行为法、特征法。

（1）绩效考评的类型。

①结果法。结果法以结果为导向，强调员工的工作产出，而不考虑员工的个人特征或员工在工作中采取了哪些行为。如果考评者希望通过结果来衡量员工的绩效，那么需要明确三个关键问题。

a. 被考评者需要重点完成的工作任务主要集中在哪些关键职责领域？

b. 被考评者在每个关键职责领域需要完成的目标是什么？

c. 考评者怎样确定目标的完成情况，即绩效标准是什么？

关键职责领域指职位描述上提供的员工比较宽泛的工作职责，如教师的关键职责包括备课、上课、批改作业、课后答疑等。目标是对关键职责领域中可衡量结果的陈述。绩效标准是对员工在多大程度上实现了目标的衡量标尺。

结果法适用于以下情况：行为和结果之间存在明显的直接联系，完成工作的方式有很多种。

②行为法。衡量结果固然很重要，但是如果仅仅关注结果，则可能导致员工的绩效考评不公正，因为有些工作在某些情况下，员工可以控制自己的行为，但控制不了结果。例如，对于一位销售饮料的销售员来说，由于代言产品的明星出现了负面新闻，原有的订单被竞争对手抢去，如果仅仅以结果来衡量该员工的绩效，明显是不合理的。

行为法主要适用于那些对于达成结果至关重要，且可以被衡量的知识、技能和能力，即胜任能力。这些胜任能力包括人际协调能力、沟通能力、专业技能、思维能力、决策能力等。

胜任能力包括两类，一类是基准性胜任能力，即任何一个人要完成某项工作、达到最低绩效标准必须具备的能力；另一类是区别性胜任能力，是能够区分出绩效一般与绩效优秀的员工应具备的能力。

在实际工作中，并不是直接衡量胜任能力，而是衡量那些能够体现员工是否具备这种胜任能力的指标。例如，要衡量某个人是否具备领导能力，可以通过一些指标的设置来考评，如是否受下属拥戴、是否在工作中鼓励下属达成目标等。

行为法强调员工在特定的工作中做了什么，而不仅仅关注结果。行为法的适用情境有三种。

a. 行为与结果之间的联系不是特别明显。在有些情况下，员工虽然完成了必要的行为，但仍然出现了组织不期望发生的结果。如飞行员在起飞前完成了所有必须检查的项目，但飞行过程中仍然出现了故障。

b. 远期才能看到结果。组织内的考评一般以月、季度、年为周期，但有些行为需要在几年以后才能看到成果，对这类员工进行考评运用行为法会更为合适。例如，考核产品研发人员，因一个新产品的研发周期可能会很长，如果只关注最后的研发结果当然行不通，如果以月为周期进行考核，一般只能关注他们的行为，如做了哪些实验和测试、进行了多少次市场调研等。

c. 结果难以量化时。对于有些职位，特别是管理类的职位，需要综合考虑管理人员的管理能力，而这些结果往往无法量化。

③特征法。特征法强调被考评者身上所具备的相对稳定的个人特征，如认知能力、人格特征，对特定的情境、工作中的行为以及工作产生的结果均不重视。

用这种方法进行绩效考评的主要缺陷表现如下：首先，个人的特征往往是在长期的生活过程中形成的，一旦形成就很难改变，即使具备组织需要的某些特征，但另外一些不需要的特征也被带入组织，且很可能会阻碍组织目标的实现；其次，即使个人具备了组织所期望的特征，由于人的主观能动性，也不一定产生组织所期望的结果。

尽管如此，特征法依然有发挥的空间，特别是组织在进行剧烈变革重组时，其可以利用个人的不同特征进行人员配置、重建各部门。

每个组织的情况各不相同，行为法也好，结果法也罢，都只是管理的一种手段，只要达到组织的目的就是好的方法。在选取考评方法时，需要针对不同的对象和考核目的，使用不同的考核方法，或合理综合运用各种方法中适用的部分，不可迷信任何一种方式。

(2)绩效考评的维度。

绩效是个多维度的概念,因此在设计绩效考评时应当考虑不同的行为。工作中有很多行为可以导致不同的绩效,可以归纳为两类:任务绩效和周边绩效。

①任务绩效。任务绩效指员工完成本职工作时的绩效表现,如工作积极性、销售完成率、完成质量、工作差错率、客户投诉率等。

②周边绩效。周边绩效指在任务绩效完成以外,额外付出更多的劳动,促进组织整体绩效的提升。周边绩效如自愿承担本职工作以外的工作、主动帮助他人、提出对组织有利的建设性意见、维护组织良好的形象等。

对于组织发展而言,任务绩效与周边绩效都应纳入绩效考评,试想一下,如果公司前台的电话响了,而前台的员工刚好不在,这时一个销售员刚好路过,他心想:反正又不是我的工作,管它干吗?然后走开。而打电话的刚好是一个有着巨大需求想要咨询产品的客户呢?

(3)绩效考评的内容。

绩效考评的内容主要包括业绩、态度、能力三个方面,如图6-2所示。

图6-2 绩效考评的内容

①业绩。业绩考评指的是对被考评者工作成果的考评,主要包括工作完成度、工作完成质量、工作完成效率、工作成本等。表6-2所示为业绩考评的关注重点。

表6-2 业绩考评的关注重点

评价要素	目标完成率	权重	完成情况	得分
1. 产品覆盖率	20%	20%		
2. 产品销售增长率	15%	15%		
3. 销售目标完成率	15%	15%		
4. 贯彻落实公司网络营销和组合销售政策	10%	10%		
5. 组织制订区域市场技术推广计划并实施监控	10%	10%		
6. 保证组织销售合同的质量	10%	10%		
7. 培训、辅导与下属沟通的数量和质量	10%	10%		
8. 组织技术培训的数量和质量	10%	10%		
工作评价: 总分: 评价结果			本人确认:	

②态度。态度考评重点关注员工对于工作的态度。员工的绩效不高,有时不是因为客观情况,而是因为员工本身对工作不重视。态度考评的重点如表6-3所示。

表6-3 态度考评的重点   分

评价因素	评价要点	评价尺度				
		优	良	中	可	差
工作态度	1. 把工作放在第一位,努力工作	14	12	10	8	6
	2. 对新工作表现出积极态度	14	12	10	8	6
	3. 忠于职守,坚守岗位	14	12	10	8	6
	4. 对下属的过失勇于承担责任	14	12	10	8	6

③能力。能力考评重点关注员工完成工作必须具备的能力,如业务知识能力、分析决策能力、创新能力、自我学习能力、指导能力等,如表6-4所示。

表6-4 能力考评重点   分

评价指标	分值	评价要点
业务知识能力(10)	10	熟悉业务知识及相关的其他知识
	8	熟悉业务知识,但对相关的其他知识还不完全了解
	6	业务知识水平合格,对相关的其他知识了解不够
	4	业务知识水平尚需进一步提高,缺乏相关的其他知识
	2	缺乏业务知识及相关的其他知识
分析决策能力(10)	10	分析决策能力强,并能正确判断处理
	8	具有分析决策能力,亦能正确判断处理
	6	稍具分析决策能力,能应用经验判断
	4	在较窄范围内,能自行判断
	2	只能按照上级指示进行
创新能力(10)	10	创新能力强,锐意求新
	8	创新能力较强
	6	有一定创新能力
	4	创新能力差
	2	无创新能力
自我学习能力(10)	10	自学能力强,能迅速获取新知识
	8	有较强的学习能力
	6	有一定的学习能力
	4	自学能力弱
	2	缺乏自学能力

续表

评价指标	分值	评价要点
指导能力（10）	10	能对下级进行正确的指导
	8	能对下级进行指导，其管理的部门具有良好的协作关系
	6	对下级的指导马马虎虎
	4	不能对下级进行有效指导
	2	根本不能对下级进行指导，下级对其感到失望

不管使用哪种考评方式，单独考评业绩、态度或能力的情况基本不存在，在实践中往往会把几个维度进行综合。

3. 设计绩效考评指标、权重和标准——怎么评价

（1）绩效考评指标的概念。

设计绩效考评指标是指确定从哪些方面对员工进行考评，目的是让员工和考评者都明确需要考评的维度和内容。绩效考评指标是通过量化的形式来描述某一特征的一种测量工具。

绩效考评指标按性质可划分为两类：定量指标和定性指标。

①定量指标。定量指标是可以准确定义数量、精确衡量并能设定绩效目标的考核指标。

②定性指标。定性指标是无法直接通过数据计算分析评价内容，须对评价对象进行客观描述和分析来反映评价结果的指标。

（2）绩效考评指标的确定原则。

①以战略为导向。绩效考评应坚持以组织战略为导向。绩效考评的导向性是通过绩效考评指标的设置来实现的，因为员工努力的方向决定了组织将会取得的成果，而绩效考评则是员工为之努力的标尺。

②以工作分析为基础。工作分析是设立绩效考评的依据，通过分析各个岗位应当承担的职责，来设定考评指标，使被考评者明确该岗位应达到的目标。

③综合考虑组织内的流程体系。在工作分析的基础上，应综合考虑组织作为一个整体需要员工承担的本职工作以外的职责，这些职责对于一个整体来讲是必不可少的，如部门之间的配合。

（3）绩效考评指标设计的原则——SMART。

①S（Specific）——具体的。绩效考评指标必须是具体的，而且应当根据工作岗位适当细化，不能笼统概之。

②M（Measurable）——可衡量的。绩效考评指标必须是可以衡量的，不可用随意笼统设定。

③A（Achieveable）——可达到的。绩效考评指标必须是可以达到的，好的绩效考评指标应当是"跳一跳，够得到"，也就是说员工在付出一定努力后能够做到。

④R（Relevant）——相关的。绩效考评指标要与组织目标具有一定的相关性，而不是

随意设定的。

⑤T（Time-based）——有时限的。绩效考评指标必须明确完成任务的时间。

（4）设计绩效考评指标的过程。

①工作分析。工作分析也称为职位分析，是根据考评目的对考评对象的岗位职责、工作内容、工作性质进行分析，以确定考评对象需要完成的绩效目标。

②工作流程分析。工作流程分析指把考评对象当作组织工作流程的一个组成部分，分析考评对象在组织流程中扮演的角色，包括跟上游、下游的关系，以此来确定考评对象的工作绩效考评指标。

（5）绩效考评指标权重的设计方法。

绩效考评指标权重就是各项指标在整个绩效考评体系中所占的比重，反映了各项指标的重要程度。

①确定权重的原则。

a. 目标导向原则。绩效考评指标的设置应当以考评目标为导向，即希望通过绩效考评达到的目标。

b. 系统优化原则。每个绩效考评指标并不是孤立存在的，而是相互依存的，它们共同组成一个考评体系。在确定权重时，不是单独从一个指标进行考虑，而是要考虑该指标和其他指标的关系，经过比较后合理分配比重。

c. 针对性原则。组织中的岗位有很多，对于不同岗位，各个考评指标所占的权重应当是不同的。例如，同样是对沟通能力的考评，对会计岗位和外联专员的要求肯定是不同的，因此即使同样的考评指标也仍然需要根据岗位的要求设置不同的比重。

②确定权重的方法。确定权重的方法主要包括主观地依靠历史数据和专家意见来判断权重的简单方法，以及通过科学计算，对各个考评指标进行衡量的方法，如等级序列法、倍数加权法、层次分析法等。

（6）绩效考评标准的设计。

①绩效考评标准的概念。绩效考评指标的设定只是确定了组织所关注的各个关键绩效，或者说只是解决了"考评什么"的问题，而如何去评价各个指标做得好或者不好、做到什么程度，还需要有个标准可以参照，这个标准就是绩效考评标准。

绩效考评标准又称为评价标准，是指客观评判考评对象绩效完成优劣的尺度，是绩效考评的基本准绳。

绩效考评标准在绩效考评体系中占据重要的地位，如果没有绩效考评标准，就无法客观、公平地对考评对象进行评价，因此制定科学的考评标准是实现有效绩效考评的前提。

②绩效考评标准的来源。

a. 战略目标。战略目标是指依据组织发展的战略目标来确定绩效目标，如组织未来想要达到的市场占有率、销售额等。

b. 历史来源。历史来源指以组织过去的绩效成绩作为参照。它是一种与自己做比较的方法。

c. 外部来源。外部来源指以外部市场的组织作为参照对象来设立组织想要达到的目标。

③绩效考评标准确定的原则。

a. 公开原则。绩效考评标准应该对组织内的所有人员公开，使被考评者能够清晰了解组织的期望，同时了解自身岗位与其他岗位之间的关系，并且有助于考评的公开、透明。

b. 事先确定原则。绩效考评标准应当在考评之前与被考评者达成共识。

c. 稳定性原则。绩效考评标准一旦确定，应当在一定时间内保持相对稳定，而不能朝令夕改。

d. 员工参与原则。绩效考评本身是考评者与被考评者共同完成的工作，因此考评标准的确定也应当有被考评者的参与，得到被考评者的认同。

e. 准确性原则。绩效考评标准应简单、明确，不同的考评者在进行考评时可以得到比较一致的结果。

6.2.4 工作示例

使用行为法进行绩效考评的示例如表 6-5 所示。

表 6-5 使用行为法进行绩效考评的示例

评价项目（行为能力）	权重	评价等级					分数
		5 优秀	4 良好	3 可接受	2 需改进	1 不可接受	（权重×评价等级）
1. 自律性	（1）遵守公司规章制度，以身作则 （2）保守公司商业机密 （3）重承诺，执行力强 （4）自觉维护公司形象	10%					
2. 团队协作性	（1）与团队成员分享信息 （2）促进团队成员间的合作 （3）主动配合主管、同事及相关部门工作 （4）参与团队决定 （5）团队利益高于个人利益 （6）善于社交，并能建立内部信任	10%					
3. 责任心	（1）工作细致、严谨，信守职责 （2）不推诿，勇于承担责任	10%					

续表

评价项目（行为能力）		权重	评价等级					分数
			5 优秀	4 良好	3 可接受	2 需改进	1 不可接受	（权重×评价等级）
4. 客户服务意识	(1) 客户至上，尊重客户 (2) 善待客户，为客户着想 (3) 预测、跟进客户需求 (4) 追求服务品质	10%						
5. 领导力	(1) 规范部门工作制度、程序 (2) 知人善任，培养储备人才 (3) 分工明确，责任清晰 (4) 打造部门凝聚力 (5) 获得下属尊敬和肯定	10%						
6. 分析、决策能力	(1) 见微知著，防患于未然 (2) 独立决策，及时、果断 (3) 思考全面，透过现象看本质 (4) 关键时刻勇于做出决断并承担风险	10%						
7. 计划能力	(1) 按事情的轻重缓急排定工作次序 (2) 能够将公司的战略化为本部门的具体目标 (3) 有效分配工作，为下属拟定行动计划	10%						
8. 控制能力	(1) 对下属的工作进行跟进，确保目标达成 (2) 对下属的工作给予及时反馈	10%						
9. 沟通能力	(1) 乐于倾听，有效反馈 (2) 能有效化解矛盾和抱怨 (3) 善于用人际沟通技巧说服他人	10%						
10. 创新能力	(1) 对现有系统不断进行优化 (2) 用创新性的方法完成工作	10%						
总 比 重		100%	总 分 数					

综合考评示例如表6-6所示。

表6-6 综合考评示例

姓　　名		职　　务		评 价 人			
部　　门		评价区间	年　月　至　年　月				
评价尺度及分数		优秀（10分）　　良好（8分） 一般（6分）　较差（4分）　极差（2分）			评分	本栏平均	权重
工作业绩	1. 目标达成度	与年度目标值比较，找出工作达成与目标值之间的差距					40%
	2. 工作品质	工作的品质与期望值比较，找出工作过程、结果的符合程度					
	3. 工作速度	完成工作迅速，无浪费时间或拖拉现象					
	4. 费用控制	与目标值比较，能合理地控制实际费用的开支					
工作能力	5. 计划性	工作计划充分，有条不紊					30%
	6. 管理能力	具有把握下属的个性、才干，指导、辅导与激励下属，统一组织行动的能力及用人能力					
	7. 协调沟通	与各方关系进行沟通协调，化解矛盾，说服他人，有较强的人际交往能力					
	8. 应变能力	能独立应对变化，主动采取措施灵活应对突发事件					
	9. 创新能力	能用创新的思路解决工作中的问题					
	10. 判断力	能准确预见事物的发展趋势，提前准备预案					
	11. 人才培养	重视人才，并能主动进行储备人才的培养					
	12. 思维缜密	工作认真细致，考虑问题具有全面性					
工作态度	13. 全局观念	立足全局，能从整体出发处理问题					30%
	14. 以身作则	严于律己，遵守规章制度					
	15. 工作态度	工作积极主动、任劳任怨、责任心强					
	16. 执行力	积极贯彻落实公司的战略、决策、计划，并在过程中进行监控					
	17. 品德言行	诚信、正直、廉洁、奉公					
评价得分		工作业绩：　　　　　工作能力：　　　　　工作态度：					
总　　分		（工作业绩得分+工作能力得分+工作态度得分）/170					
评价等级		□A. 90分以上　　□B. 70~89分　　□C. 40~69分　　□D. 40分以下					
评价者意见							

6.2.5　案例实践

材料一：惠普公司的绩效指标设计

惠普（惠普公司）的员工绩效管理要求员工制订上下一致的计划。惠普有许多不同职位的人员，并要求每个层面上的人员都要制订各自的计划。股东和总执行官要制订战略计划，各业务单位和部门要制订方针计划，部门经理和其团队要制订实施计划，通过不同层面人员的相互沟通，公司上下就能制订出一致性很高的计划，从而有利于计划的实施。对于员工的业绩指标，公司用六个英文字母"SMTABC"来表示。S（Specific）要求每一个指标的每一个实施步骤都具体详尽；M（Measurable）要求每一个指标从成本、时间、数量和质量四个方面能衡量；T（Time）要求明确修订完成日期，确定进度，在实施过程中，管理层还要对业绩指标进行周期检查；A（Achieveable）即员工业绩指标要求和业务单位、事业部及公司的指标相一致且易于实施；B（Benchmark）要求指标具有竞争力，保持领先对手的优势；C（Customer-oriented）要求指标能够达到客户和股东的期望值。

思考：

惠普设计的员工业绩指标"SMTABC"有哪些优点？

（资料来源：阿德金斯. 绩效管理案例与评析［M］. 郭存海，周轶韬，译. 第5版. 北京：电子工业出版社，2011.）

材料二

李庆山是一家房地产公司的项目经理，今年（2005年）以来，房地产行业不景气，为了保证公司楼盘保质保量按时交到客户手中，李庆山带着团队成天驻守在工地现场。

眼看到了年终考核了，人力资源部下发通知，要求所有部门负责人在8月28号前将部门考评结果完成上报。李庆山打开电脑，看到一份份部门员工的考评表，上面的考评指标让他备感纠结。

李庆山心想，我这一打分，不但关系到下属的面子，而且关系到"票子"，年底了，大家都等着年终奖回家过个好年，一年来大伙吃的苦、受的累，我也是看在眼里、疼在心里。打开王工程师的绩效考评表，想到两个月前王工程师在工地上受了伤，没来得及在医院休养就又回到工地，平时工作也是特别积极主动，于是李庆山就在各个评价指标上填了一串的满分。

再打开李工程师的绩效考评表，上个月李工程师的父亲重病，现在还在医院接受治疗，李工程师家里还有两个孩子需要抚养，现在一定特别需要这份年终奖，于是，李庆山又在李工程师的绩效考评表上打了一连串的满分，总分100分。

再打开张助理的绩效考核表，张助理是部门今年新招的大学毕业生，小伙子手脚勤快又机灵，做什么事情都是一教就会，平时工作也很细心，这让李庆山在管理工作中很省心。于是李庆山又在张助理的绩效考评表上打了一连串的满分。

接着打开高工程师的绩效考核表，高工程师来公司五六年了，这五六年来表现平平，但也没出过什么岔子，李庆山想那就按总分 80 分打吧。刚打上去又突然想到，有一次让高工程师去工地跟乙方沟通图纸，高工程师由于不重视迟到了两个小时，乙方管理人员以及第三方监理公司的人全部在那等着，于是李庆山又把"责任感"的指标分数调低，总分改到 75 分。

由于绩效考评受考评者、考评技术、考评环境等主客观因素的影响，考评过程中出现误差在所难免。上述案例中描述的情景，是目前很多企业的管理者在进行绩效考评时都会出现的现象。

这些误差并不是可以被忽视的小问题，甚至有可能会给组织的发展带来致命的危害。首先，如果组织的战略制定是基于这些有着较大误差的信息，那么后果可想而知。其次，低效度的绩效考评结果会使绩效改进失去正确的方向，员工无法发现绩效中真正存在的问题，变得不知所措，甚至会感到绩效考评结果不公平而选择离职。

如何减少绩效考评过程中的误差，是组织的管理者、人力资源管理人员以及员工都非常关心的问题，但这却不是一件容易的事情。

思考：

如何减少绩效考评中由考评主体导致的考评误差？

材料三：区分任务绩效和周边绩效——景观设计师的职位说明书

职位说明书能够清晰界定岗位职责，景观设计师的职位说明书如表 6-7 所示。

表 6-7　景观设计师的职位说明书

工作主项	工作内容
1. 设计管理	1.1 根据公司开发项目定位及成本控制要求，负责编制项目景观设计任务书
	1.2 负责景观方案设计、初步设计、施工图设计阶段与设计院的沟通交流，组织图纸会审
	1.3 参与景观专业成本预算
	1.4 负责提供项目景观专业技术要求，参与设计院招标谈判
	1.5 负责与设计单位进行景观专业设计沟通、协调及项目设计总体工作对接，与工程相关部门进行景观专业衔接，参与景观专业设计变更审核
	1.6 负责完成项目设计样板封样，并完成样品样板的确认流程审批
	1.7 负责项目施工图设计后期现场服务
	1.8 对已建成项目进行景观设计跟踪评价，编写项目总结，为同类型项目提供设计参考信息

续表

工作主项	工作内容
2. 项目设计进度管理	2.1 负责对应项目的景观专业设计审核及管理
	2.2 负责项目的设计进度管理，协调建筑设计、装饰设计等相关岗位配合，完成该岗位主要项目的设计
	2.3 配合建筑、装饰设计相关岗位完成其他项目的设计管理工作
	2.4 提供绿色图章及报建所需图纸资料
3. 配合工作	3.1 配合工程管理中心对在建项目是否按方案施工进行监督，并及时下发设计检查表，确保景观效果
	3.2 为物业公司提供苗木管养技术支持，包括已交付项目及公司各销售中心
4. 其他	4.1 按照公司规范编写月度工作计划、提报资金计划，并严格执行
	4.2 实时更新项目日历，确保过程文件有迹可循

思考：
请根据上面关于景观设计师的职位描述，提炼出该职位的任务绩效和周边绩效指标。

6.3 选择绩效考评方法

6.3.1 任务目标

通过本任务的学习应掌握以下职业能力。
①掌握绩效考评的方法与特点。
②能够设计绩效评价表。

6.3.2 任务描述

绩效考评是绩效管理的核心，通过本任务的学习，应掌握排序法、关键绩效指标法、目标管理法、平衡计分卡、关键事件法、行为锚定等级评价法、行为观察法、图解式评价量表法的基本应用。能够选择合适的绩效考评方法设计绩效评价表并实施绩效考评。

6.3.3 知识学习

1. 排序法

（1）简单排序法。

简单排序法是指管理者把所有员工的绩效从高到低进行排序，即对一批考核对象按照一定标准排出"1、2、3、4…"的顺序。

这种方法的优点是简便易行，具有一定的可信度，可以完全避免趋中倾向或宽严误差；缺点是参与排序的人数不能过多，以5~15人为宜，而且只适用于考核同类职务的人员，应用范围有限。

（2）交替排序法。

交替排序法在简单排序法的基础上做了变通，是将所有员工在绩效最好与绩效最差之间进行交替排序的方法。

交替排序法的操作步骤是，先列出所有待排序人员的名单，利用表格将绩效最优的排在第一位，将绩效最差的排在最后一位，再在剩下的人员中依次挑选出最优的和最差的，排在第二位、倒数第二位，以此类推，直到全部排序完。

（3）配对比较法。

配对比较法也叫两两比较法，这种评价方法是将被评价的员工进行两两比较，如果评价者认为一位员工与另一位员工相比更为优秀，则这位员工得1分，否则不得分。在全部配对完成后，统计出每位员工的得分，进行汇总。

（4）强制排序法。

强制排序法也称强制正态分布法，是排序法的一种，只不过是以群体为排序的对象。运用这一方法进行排序时，需要提前考虑正态分布的比例，如在所有的被考评人员中，强制划分A、B、C三个等级，每个等级分配一定的比例。

强制排序法中的比例可以根据组织实际情况进行调整。这种方法的优点是克服了平均主义；缺点是只把员工分成几种类别，难以进行差别比较。在现实中，强制排序法一般不单独使用，而与其他评价方法一起使用。同时，强制排序法一旦用于末位淘汰制，很可能引起法律风险。

2. 关键绩效指标法

（1）关键绩效指标法的内涵。

在绩效考核的指标设置中，通过将企业战略目标层层分解，得到众多绩效指标，但是这样可能出现绩效指标过于复杂、无法确定工作重点等问题。因此，绩效指标的设计既不能过于复杂，又要能体现组织工作重点，关键绩效指标法应运而生。

关键绩效指标（Key Performance Indicators，KPI）是衡量组织战略实施效果的关键指标。关键绩效指标法即是通过建立一种机制，将组织战略转化为组织活动的过程。在组织中，员工的绩效表现为完成工作的数量、时间、成本、质量等，关键绩效指标是一系列既相关又独立，可以评价员工绩效不同侧重点的关键指标。

（2）关键绩效指标的设计思路。

关键绩效指标的设计是一个自上而下进行分解的过程，如图6-3所示。

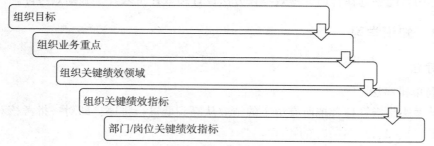

图6-3 关键绩效指标的设计思路

根据以上思路，可制定关键绩效指标。

①明确组织目标。首先要确定组织的愿景和战略，并提出"如何去实现组织战略"的思路。

②确定组织关键绩效领域。影响组织成功的因素很多，分析影响组织成功的关键因素，找出对组织成功起决定作用的因素。组织关键绩效领域是组织保持市场竞争力必须关注的范围，如客户服务、市场领先、利润增长等。

③确定关键绩效指标。在实践中，应抓住那些急需改进、对绩效起决定作用的指标，找出关键因素，在关键因素的基础上提取出关键绩效指标，如销售额、利润率、客户满意度等。关键绩效指标应少而精，抓住绩效的根本。

在确定关键绩效指标时，可以回答几个问题。

a. 组织关心什么？（数量、质量、时间、成本）

b. 怎样来衡量？

c. 是否可以量化？如果可以，请列出来。

d. 如果不可以量化，那么应该如何评估？

④分解关键绩效指标。组织内的关键绩效指标通常分为三层：一是组织战略层关键绩效指标，二是部门层关键绩效指标，三是个人关键绩效指标。分解关键绩效指标就是将组织战略指标层层分解到个人。

⑤设定评估标准。当完成关键绩效指标的设置以后，就需要确定评估标准，即确定每个指标应当达到的水平。

（3）关键绩效指标法的优缺点。关键绩效指标能将结果与过程结合在一起，更真实、全面地反映员工的工作绩效。同时，关键绩效指标是对组织关键成功因素的提炼和归纳，有助于突出组织真正关注的战略目标，使全员的绩效与组织战略保持一致。

但是，关键绩效指标法是一种定量的考评方法，但工作中存在很多无法定量的情况，关键绩效指标法在定性方面应用比较困难。实践中为弥补这一缺陷，可将关键绩效指标法与其他考评方法结合使用。

3. 目标管理法

（1）目标管理法的内涵。

目标管理法（Management by Objectives，MBO）是通过确定目标、分解目标、实施目标、考核目标等控制手段达到绩效管理的目的的一种方法。目标管理法的主要特点在于从组织目标出发，通过达成每个人的目标来实现组织的目标。

（2）目标管理法的实施步骤。

①制定和分解目标。组织中的绩效目标从上至下包括组织战略目标、具体的绩效目标、部门绩效目标、个人绩效目标。组织战略目标确定以后，组织中的管理人员就需要将组织战略目标划分为组织具体的绩效目标，然后依据部门职能分解到各个部门，部门管理人员再将部门目标分解至每位员工，完成目标从上至下的贯彻执行。绩效目标的结构如图6-4所示。

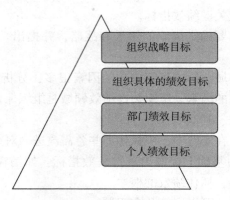

图 6-4　绩效目标的结构

②贯彻执行目标。目标确定以后，各部门管理人员就需要制订工作计划，并同员工一起贯彻实施。

③目标成果评价。在每个考核周期，都应当对目标的执行情况进行总结评价，以检查目标的实现情况。通过成果评价也为下一个绩效周期制定新的目标提供依据。

目标管理时按照确定的目标，在过程中予以监督，不断地将执行结果反馈给各个负责人，及时纠正偏差，以提高管理效率。

④设定新的绩效目标。根据考评结果，考虑是否需要调整现有目标，并为新一轮目标设定提供参考依据。

总之，目标管理法的实施流程包括四个主要阶段：制定和分解目标、贯彻执行目标、目标成果评价、设定新的绩效目标，如图 6-5 所示。

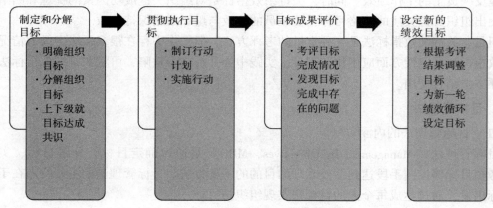

图 6-5　目标管理法的实施流程

（3）目标管理法的优缺点。

目标管理法通过将组织目标与员工目标结合，使组织上下保持目标一致。通过目标进行管理，有助于员工自我控制，同时，上下级协商制定目标调动了员工的工作积极性。

目标管理法也存在一定的缺陷，实践中目标多是短期的，会导致短期行为，损害长期利益，同时，有些目标难以确定。

4. 平衡计分卡

（1）平衡计分卡的内涵。

1990 年，哈佛大学商学院的教授卡普兰（Robert S. Kaplan）和波士顿咨询公司的咨询顾诺顿（David P. Norton）带领一个研究小组，对 12 家公司进行研究，探索出新的绩效管理方法。他们提出通过评价相互之间存在逻辑关系的四种组织活动——财务、顾客、内部流程、学习与发展，来全面监控组织的绩效表现，这种指标的组合就是平衡记分卡（Balanced Score Card，BSC）。

（2）平衡计分卡的四个指标。

①财务指标。财务指标是大多数组织用于绩效评估的传统指标，它可以反映组织的战略目标实施情况。在平衡计分卡中，财务指标不仅占有一席之地，更是其他指标的出发点和落脚点。

②顾客指标。组织应以顾客（内在顾客和外在顾客）为导向，努力满足顾客需求。顾客指标着重关注"顾客如何看待我们"，站在顾客的角度，从服务质量、服务效率等方面关注顾客需求。

③内部流程指标。内部流程指标关注组织内部效率，关注导致组织整体绩效提高的内部流程、制度，因此需要不断创造新的流程，提高组织效率。

④学习与发展指标。在学习与发展方面，关注"组织是否在进步"。关注这一指标最为关键的因素是人才，管理者认识到，组织若想不断超越，必须重视一线员工的建议和想法，因为是他们保质保量地把产品按时生产出来的。要促进员工的学习和发展，就必须激发员工的积极性，加强对人力资本的投资，保持革新、成长的组织氛围。

（3）平衡计分卡的优缺点。

平衡计分卡的建立基于组织战略的出发点，有利于使整个组织行动一致。平衡计分卡通过多方面指标进行综合评价，较为全面。

但是平衡计分卡需要确定战略目标中的各种因果关系，从而建立有效的衡量指标，这对于非财务指标来说往往是比较困难的；且由于评价指标较多，在时间成本、经济成本上都有很大的负担。

5. 其他绩效考评方法

（1）关键事件法。

①关键事件法的内涵。关键事件法是由美国学者福莱·诺格和伯恩斯在 1954 年共同创立的。关键事件法是指员工在完成工作的过程中，有些行为是特别有效的，有些行为是特别无效的，这些特别有效的和特别无效的行为被称为"关键事件"。

关键事件法是一种行为分析技术，它要求上级主管把每位员工在工作中表现出来的、对组织的效益产生重大影响的、非同一般的行为记录下来。这些行为可以是积极的，也可以是消极的。在一定的时间里，通常是半年或一年之后，根据累积的资料，通过对这些在工作中极为成功或极为失败的事件进行分析和评价，主管和员工就相关事件进行面谈并讨论，进而评价员工绩效。

②关键事件的分类。

a. 正向关键事件。正向关键事件是对个人绩效及组织绩效产生积极影响的关键事件。正向关键事件中的工作行为能够支持和佐证员工的工作行为。

b. 负向关键事件。负向关键事件是对个人绩效及组织绩效产生消极影响的关键事件。负向关键事件中的工作行为倾向于否定员工的工作行为。

③关键事件法的运用原则。

a. 明确具体原则。在描述"事件"时，要确保描述的是单一"事件"，并且描述要全面和详细。

b. 行为主体与动作原则。以工作者为主体，集中描述工作者所展现出来的可观察的、外在的行为特征，而不是内在的心理活动。

c. 情境性原则。在描述行为的同时，需要描述行为发生的情境，以此来判断行为主体行为的有效性。

d. 行为结果原则。需要描述行为所产生的结果，能够说明行为和结果之间的关系。

④关键事件法的优缺点。关键事件法不仅明确事实证据（时间、地点、人物），同时考虑到问题情境，保存动态的关键事件记录，详细、持续地记录员工的绩效变化，可作为员工长期考核的依据。

事件的记录费时费力，不能作定量分析，不能区分工作行为的重要程度，难以比较。因此关键事件法对事不对人，评价行为时还要考虑行为情景，不能作为单独的考核工具。

（2）行为锚定等级评价法。

①行为锚定等级评价法的内涵。行为锚定等级评价法也称行为定位法、行为决定性等级量表法或行为定位等级法。它是以关键事件法为基础，将关键事件法和等级评价有效结合在一起，将同一职位工作中的典型行为进行评分，建立一个锚定评分表，以此来对员工行为进行评价打分的考评方法。

通过一张行为等级评价表可以发现，在同一个绩效维度中存在一系列的行为，每种行为分别表示这一维度中的一种特定绩效水平，将绩效水平按等级量化，可以使考评的结果更有效、更公平。

②行为锚定等级评价法的设计步骤。

a. 收集关键事件。首先要对工作进行分析，获取岗位的关键事件。

b. 设计绩效维度。将关键事件合并为几个绩效要素（5~10个），并对绩效要素的内容加以界定。

c. 重新分配关键事件。由第二组专业人员对收集好的关键事件进行重排，确定这些关键事件的最终位置。

d. 评价关键事件。由第二组专业人员对关键事件中所描述的行为进行评定（一般使用

7点或9点等级尺度评定法），以判断它们是否能有效地代表某一工作业绩要素所要求的绩效水平。

e. 形成评价表。建立行为锚的考评体系，形成最终的考核表。

③行为锚定等级评价法的优缺点。行为锚定等级评价法可以向员工提供公司对于他们绩效的期望水平和反馈意见，具有良好的连贯性和较高的信度，绩效考评标准比较明确。

设计锚定标准比较复杂，而且考核某些复杂的工作，特别是对于那些工作行为与效果的联系不太清楚的工作时，管理者容易着眼于对结果的评定而非依据锚定事件进行考核。

（3）行为观察法。

①行为观察法的内涵。行为观察法也称观察评价法、行为观察量表评价法、行为观察量表法，是美国的人力资源专家拉萨姆和瓦克斯雷在行为锚定等级评价法和传统业绩评定表法的基础上于1981年提出的一种绩效考评方法。

行为观察法主要适用于对基层员工工作技能和工作表现的考察。行为观察法包含特定工作的成功绩效所需求的一系列合乎希望的行为。运用行为观察法，不是先确定员工工作表现处于哪一个水平，而是先确定员工某一个行为出现的频率，然后通过给某种行为出现的频率赋值，计算出得分。行为观察法举例如表6-8所示：

表6-8 行为观察法举例

考评指标	指标内容	得分
团队精神	与团队成员分享信息	
	参与部门集体项目	
	主动为其他成员提供建议	
考评说明	用1～5代表考评行为出现的频率 5：表示95%～100%都能观察到该行为 4：表示85%～94%都能观察到该行为 3：表示75%～84%都能观察到该行为 2：表示65%～74%都能观察到该行为 1：表示基本观察不到该行为	

②行为观察法的优缺点。行为观察法明确说明了具体工作岗位上员工的行为要求，因此可以作为职位说明书的补充。同时，行为观察法是基于系统的工作分析设计的，有助于员工对考评工具的理解和使用。行为观察法中的关键行为和等级标准一目了然，能够产生清晰明确的反馈。

运用行为观察法时，每一个工作都需要一种单独的工具，因为不同的工作有不同的行为，所以成本较高。行为观察法过分强调行为表现，容易忽略工作中真正的考评要素，特别是对管理工作来说，应更注重实际的产出结果，而不是所采取的行为。

(4）图解式评价量表法。

①图解式评价量表法的内涵。图解式评价量表法也称图尺度评价法、图表评估尺度法、尺度评价法等，该法所采取的考评指标范围涉及广，同时设计简单、操作方便。

②图解式评价量表法的设计步骤。

a. 根据岗位工作性质，选择与绩效有关的评价要素。

b. 确定具体的考评指标，并把每个指标分成若干等级。

c. 设计出相应的考评量表。

③图解式评价量表法的优缺点。图解式评价量表法涉及的考评指标范围较广，具有广泛的适应性。同时设计简单，使用方便。但是在考评过程中，受考评人主观因素的影响，容易产生误差。

6. 确定绩效考评方法需考虑的因素

（1）组织的战略目标。

组织的战略目标决定了绩效考评的主要方向，如组织在现阶段的主要目标是打造高竞争力的员工队伍，那么有可能采取强制排序法，对后位员工进行末位淘汰。

（2）绩效考评结果的用途。

绩效考评结果有很多用途，有的可作为确定薪酬的依据，有的可作为培训、晋升的依据。以晋升为目的时，用配对比较法对员工进行比较是不可或缺的。

（3）组织的人力、财力状况。

复杂的绩效考评方法需要花费大量的人力、财力，如聘请专家根据组织情况开发考评方案，需要大量的时间、经济成本，不是所有企业都能承担的。因此，组织的管理人员往往会选择简单易行的考评方式。

6.3.4 工作示例

材料一：某车间班组长 KPI 考核表示例。

某车间班组长 KPI 考核表如表 6-9 所示。

表 6-9 某车间班组长 KPI 考核表

序号	KPI	权重	绩效目标值	计算方式	信息来源
1	生产计划按时完成率	30%	90%	每低于1%扣2分	生产部报表
2	产品工序合格率	30%	各工序的不良率为1%	每高于1%扣2分	随工单
3	6S现场管理	20%	本班组现场必须达标	未达标全部扣分	6S小组
4	未按工艺操作人次数	10%	0次/月	发现一次扣2分	工艺检查
5	与上级配合及执行力	10%	100%	未达标全部扣分	上级

材料二：某公司对销售专员实行目标管理法考核，考核指标包括业绩、销售技巧、专业知识、学习成长，分别采取自评和上级评价，表6-10所示为目标责任书举例。

表6-10 目标责任书举例

姓名：	部门：	岗位：	考核周期：	年 月		
序号	考核指标	具体内容	权重	目标值	完成情况	
					自评	上级考评
1	业绩	（1）本月销售额：10万元 （2）拜访潜在客户数量：20个 （3）打陌生电话：100个 （4）旧客户关系维护目标：10个人通电话问候	40%	10 10 10 10		
2	销售技巧	（1）每天与同事做客户拜访练习30分钟 （2）每天背读销售对白30分钟 （3）每周与同事分享拜访成功和失败的经验一次 （4）每月写"销售技巧总结"一次	20%	5 5 5 5		
3	专业知识	（1）每天背读所有产品型号、特征等30分钟 （2）每天关注行业知识的动态信息 （3）每天了解竞争对手的动态信息 （4）每天学习专业知识30分钟	20%	5 5 5 5		
4	学习成长	（1）每月阅读一本书，并写读后感 （2）每月看一部电影，并与同事分享 （3）每月与其他部门同事联谊一次	20%	5 5 10		
		合计	100%	100		

考评等级：
考评评语：
考评者：
考评日期：

材料三：平衡计分卡考核举例。

使用平衡计分卡的人力资源部绩效考核表如表6-11所示。

表 6-11 人力资源部绩效考核表（平衡计分卡）

一级指标	二级指标	指标内容	评分标准	权重	考核得分
财务类	部门费用预算达成率	考核周期内部门费用控制在 100 000 元	1. 未超出，满分 2. 超出 10%，扣减 20% 3. 超出 20%，扣减 40% 4. 超出 30%，0 分	10%	
内部流程类	1. 人事政策和制度执行情况	考核周期内人事政策的执行情况	1. 全部执行，满分 2. 执行 80%，扣减 20% 3. 执行 60%，扣减 40% 4. 执行低于 60%，0 分	10%	
	2. 招聘计划完成率	考核周期内招聘计划的完成情况	1. 招聘计划完成 100%，满分 2. 招聘计划完成 80%，扣减 20% 3. 招聘计划完成 60%，扣减 40% 4. 招聘计划完成低于 60%，0 分	10%	
	3. 培训计划完成率	考核周期内培训计划的完成情况	1. 培训计划完成 100%，满分 2. 培训计划完成 80%，扣减 20% 3. 培训计划完成 60%，扣减 40% 4. 培训计划完成低于 60%，0 分	10%	
	4. 员工流失率	考核周期内员工离职率	1. 离职率 5% 以下，满分 2. 离职率 5%~10%，扣减 20% 3. 离职率 10%~20%，扣减 40% 4. 离职率高于 20%，0 分	10%	
	5. 劳动合同、社保、考勤等基础事务完成率	考核周期内员工的基础保障工作的完成情况	1. 完成 100%，满分 2. 完成 80%，扣减 20% 3. 完成 60%，扣减 40% 4. 完成低于 60%，0 分	5%	
	6. 考核、薪酬差错次数	考核周期内考核、薪酬工作的出错次数	1. 无出错，满分 2. 出错 1 次，扣减 20% 3. 出错 2 次，扣减 40% 4. 出错 3 次，0 分	5%	

续表

一级指标	二级指标	指标内容	评分标准	权重	考核得分
顾客类	1. 公司员工投诉率	考核周期内遭到投诉的次数	1. 0投诉，100分 2. 遭到1次投诉，80分 3. 遭到2次投诉，60分 4. 遭到3次以上投诉，0分	10%	
	2. 公司员工满意度	考核周期内员工的综合满意度	1. 员工满意度85%以上，满分 2. 员工满意度70%~85%，扣减20% 3. 员工满意度60%~70%，扣减40% 4. 员工满意度低于60%，0分	10%	
学习与发展类	1. 公司核心人才保有率	考核周期内公司核心人才的保存情况	1. 关键员工保有率90%以上，满分 2. 关键员工保有率80%~90%，扣减20% 3. 关键员工保有率60%~80%，扣减40% 4. 关键员工保有率低于60%，0分	10%	
	2. 公司储备人才培养率	考核周期内公司储备人才培养计划完成情况	1. 培养计划完成100%，100分 2. 培养计划完成80%，80分 3. 培养计划完成60%，60分 4. 培养计划完成低于60%，0分	10%	
合计				100%	

材料四：关键事件法举例。

王金是某公司货运部的员工，负责将客户订单从仓库提出，并交付物流公司。这家公司规模比较大，业务也比较多，每个人都在自己的岗位上忙碌着。一天，王金的爷爷突然病逝，他作为长孙负责料理后事，劳累过度再加上悲伤，王金发起了高烧。第二天，有个大客户的订单要得比较急，需要在下午6点之前将货物发出。王金顾不得休息，在前一天晚上把客户要的货物信息整理好，第二天早上9点准时出现在办公室，他的经理和同事都发现他的脸色铁青，精神也不好。但是，王金什么话也没说，一直在自己的岗位上忙碌着，在下午5点，王金提前一个小时把这批货物发了出去，保证客户及时收到货物。

本材料的关键事件如下。

①王金生病。

②客户有需求。

③王金带病在前一天晚上把客户要的货物信息整理好。

④生病依然准时上班。

⑤提前一个小时发货，保证客户利益。

材料五：行为锚定等级评价法举例。

行为锚定等级评价法可用来制作现场讲解能力考核表，如表6-12所示。

表6-12 现场讲解能力考核表（行为锚定等级评价法）

评价指标：现场讲解能力		权重	10%	赋分标准
指标定义：讲解者声音洪亮，吐字清楚，气氛活跃，有互动				
评价等级	1	声音洪亮，吐字清楚，重点突出，与学员互动很好，双方激情高昂		7
	2	声音洪亮，吐字清楚，重点突出，与学员互动良好，双方比较投入		6
	3	声音洪亮，吐字较为清楚，有重点，与学员互动良好，对同学较有吸引力		5
	4	声音较小，吐字较为清楚，重点不明显，与学员互动较少，吸引力较差		4
	5	声音较小，吐字不清，无重点，与学员基本没有互动，无吸引力		3
	6	声音较小，吐字不清，无重点，独自讲解，没有学员参与互动		2
	7	几乎听不见讲解声音，无重点，同学们互相聊天，教室混乱		1

材料六：图解式评价量表法举例。

运用图解式评价量表法制作的绩效考核表如表6-13所示。

表6-13 绩效考核表（图解式评价量表法）

评价指标	优秀（5分）	良好（4分）	称职（3分）	一般（2分）	较差（1分）
工作数量：在正常条件下完成的工作数量					
工作质量：完整性、简洁性以及准确性					
人品：个性、外貌、社会性、领导力、诚实性					
合作性：为达成共同目标而与同事、上下级合作的能力和意愿					
主动性：勇于承担更多责任，自发、主动，不害怕独自进行探索					

6.3.5 案例实践

某公司对人力资源部招聘专员的绩效考核表设置如表6-14所示。

表 6-14 人力资源部招聘专员的绩效考核表

部门	人力资源部	岗位	招聘专员	考核周期	月度
被考核人		考核人		考核日期	
考核项目	指标名称	权重	评分标准		考评得分
工作业绩	招聘信息发布及时率	15%	及时率≥95%	15 分	
			85%≤及时率<95%	10 分	
			及时率<85%	0 分	
	应聘信息收集及时率	10%	及时率≥95%	10 分	
			85%≤及时率<95%	6 分	
			及时率<85%	0 分	
	招聘计划完成率	30%	完成率≥95%	30 分	
			85%≤完成率<95%	20 分	
			完成率<85%	0 分	
	招聘分析报告及时率	10%	及时率≥95%	10 分	
			85%≤及时率<95%	6 分	
			及时率<85%	0 分	
	用人部门满意度	15%	满意度≥95%	15 分	
			85%≤满意度<95%	10 分	
			满意度<85%	0 分	
工作态度	执行力	10%	主动承担工作任务,高质量完成工作	10 分	
			按时完成上级交办任务	6 分	
			无正当理由拒绝工作	0 分	
	团队合作性	10%	与各部门工作沟通顺畅	10 分	
			与各部门工作沟通效果欠佳	6 分	
			未能对工作进行有效沟通	0 分	
总分				100 分	

思考:

请结合本节内容,分析讨论该公司采用了哪些绩效考评方法。你认为还可以如何优化?在此基础上完善成一份人力资源部招聘专员的绩效考核表。

6.4 绩效沟通

6.4.1 任务目标

通过本任务的学习应掌握以下职业能力。
①掌握绩效沟通的含义和内容。
②掌握绩效沟通的方法。

6.4.2 任务描述

组织对员工的工作绩效做出评价后,就要将绩效信息反馈给员工,以帮助他们改进绩效。绩效沟通是使员工了解自身绩效水平的一种管理手段。绩效沟通的方式包括正式沟通和非正式沟通,其中正式沟通中的绩效面谈是最重要的方式。

6.4.3 知识学习

1. 绩效沟通的概念及内涵

(1) 绩效沟通的内涵。
①绩效沟通的含义。

沟通是人与人之间、人与群体之间进行思想与感情的传递和反馈,以求思想达成一致和感情通畅的过程。

绩效沟通也称绩效反馈,指组织中的考评者与被考评者在绩效管理过程中就考核周期内的绩效情况进行沟通,在肯定成绩的同时,找出工作的不足,并提供改进的方案和措施的过程。

②绩效沟通的目的及意义。

有效的绩效沟通对绩效管理过程起着至关重要的作用,如果不将考核结果告诉员工,绩效考核将会失去激励作用,亦难保证考评结果的公平性和公正性。

a. 绩效沟通使考评者和被考评者就绩效考评结果达成共识。绩效考评结果与员工的切身利益相关,考评结果的公正性往往是讨论的焦点。在考评的过程中是否掺杂了考评者的主观因素,被考评者是否认同考评结果,都会影响绩效管理是否有效。绩效沟通使绩效管理过程透明化,员工拥有知情权和发言权,甚至可以通过组织的申诉通道维护自己的权利。

b. 绩效沟通是提高组织绩效的保证。有时员工明明感觉自己已经做得很好了,却没有得到期望的考评结果,而绩效沟通可以使员工从组织那里了解到自己的不足之处,并知道未来努力的方向。

c. 有助于制订绩效改进计划。在被考评者和考评者就绩效考评结果达成一致后,双方可以就下一个绩效考评周期制订绩效改进计划,就如何改进绩效进行双向沟通。

2. 绩效沟通的方式

绩效沟通的方式可以分为正式沟通和非正式沟通两大类。

（1）正式沟通。

正式沟通指事先经过详细的计划和安排，有着明确的目的，按照一定的规则和程序进行的沟通方式。

①书面报告。书面报告是组织中正式沟通的一种常用方式，书面报告多以自下而上的单向沟通为主，即员工向上级、向组织报告，反映工作中遇到的问题，申请资源、请求协调等。结构化书面报告如表6-15所示。

表6-15 结构化书面报告

工作任务	进展现状	困难和问题	解决建议	需要的支持	预期效果

②绩效面谈。绩效面谈是绩效沟通的主要形式，往往以一对一的形式开展，也是组织中正式沟通的一种方式。

为保证绩效面谈顺利进行，应尽早确定面谈日期和地点，并通知对方做好准备。一般来说，面谈地点的选择应让对方感觉放松，并有隐私性，如小型会议室、咖啡厅等。

a. 绩效面谈的原则。

• 信任原则。信任是沟通的前提，信任与否直接影响沟通的效果。因此双方应坦诚地将问题说清楚，避免冲突。

• 直接原则。在面谈时应直截了当地进入主题，让被面谈者了解面谈的目的。

• 倾听原则。面谈者应作为倾听者，能够换位思考，设身处地地帮助对方解决问题。

• 就事论事原则。面谈应只就绩效中出现的问题而谈，就事论事，不掺杂个人主观判断。

• 未来原则。面谈的目的应着眼于未来，回顾过去只是为了在未来更有效地改进。

b. 绩效面谈的准备工作。面谈前需要对面谈的方式、时间以及内容进行准备，其中面谈内容是准备的核心，包括面谈中将要提出的问题、被面谈者的基本资料等。

需要准备的资料包括组织在绩效计划阶段与员工达成的共识、此次考评周期内员工的绩效考评结果、员工的职位说明书。由于面谈是双方共同完成的工作，只有双方做好了充足的准备工作，才能达到预期的效果。作为面谈者，应当认真查看被考评者的档案，充分了解被考评者的日常工作表现，以便有针对性地提出解决方案。被面谈者应当正视自己的考评结果，同时做好自我评估。

c. 绩效面谈的注意事项。

• 明确目的。在面谈之前强调本次面谈的目的，以使双方集中精力讨论重点问题。

• 利用绩效考评结果进行沟通。绩效考评结果是绩效面谈的依据，将员工的工作与绩效计划做比较，找出差距，让员工心服口服。

• 制定改进措施。绩效面谈是为了下一个绩效周期更好地改进，因此应提出对员工的支持与帮助措施，与员工共同讨论、商议改进工作的意见和建议。

• 记录面谈过程。面谈过程应有纸质记录，一般为面谈记录表，并需要双方签字确认。这样做一方面是为了保留员工档案，另一方面可以起到规避法律风险的作用。面谈记录表如

表 6-16 所示。

表 6-16 面谈记录表

部　　门	客户服务部	面谈日期	2017 年 3 月 10 日
被考核者	姓名：张新	岗位：客服专员	
考　核　者	姓名：李丽	岗位：客服经理	
绩效回顾	考核周期：月度考核	考核分数：60	考核等级：C
值得肯定的方面：（请列举具体事例） 1. 执行力强，能积极主动地配合上级工作 2. 时间观念强，做事不拖沓			
需改进的方面及原因分析：（请列举具体事例） 1. 沟通能力有待加强 2. 本月在处理客户投诉问题时，未能站在客户立场解决问题，而是带入个人主观想法，激化矛盾，使得客户上诉至公司总部，并通过媒体曝光，影响公司形象。			
绩效改进措施/计划：（包含工作中的疑难点，希望给予怎样的资源、支持或培训，以及具体改进措施） 鉴于该员工平时工作表现较好，愿意主动自我提升，建议由公司外派参加沟通技巧培训			
被考核者签字：张新 日期：2017 年 3 月 10 日		考核者签名：李丽 日期：2017 年 3 月 10 日	

● 及时性。绩效面谈应当快速、及时地反映问题，不可等到很久之后再做反馈。

③会议沟通。当组织中的一些问题涉及多方，需要共同探讨时，会议沟通无疑提供了一种很好的方式。会议沟通可以实现面对面的实时讨论，良好的会议氛围可以为解决问题提供更加多样化的思路。

（2）非正式沟通。

①非正式沟通的内涵。除正式沟通以外的所有沟通方式都可以归类为非正式沟通。所谓非正式沟通指沟通并不提前计划、安排，沟通的过程也不拘泥于一定的形式。

②非正式沟通的形式。

a. 走动式沟通。现在很多组织都实行开放式办公，从某种程度上看也是为了打破人与人之间的隔阂。管理者经常在办公区域走动，发现问题时及时给予指导，使员工在第一时间得到帮助。

b. 闲聊式沟通。在工作休息之余，在员工休息区喝喝咖啡、看看杂志，闲聊时顺便把问题解决，这种状态下员工更放松，思维也更活跃。

c. 非正式会议。随着组织竞争的激烈化，管理者越来越重视团队成员的相互融合，组织成员外出游玩、聚餐等也成为一种企业文化活动，在一起游玩的同时，彼此变得更加熟悉，更容易解决工作中出现的问题。

6.4.4　工作示例

失败的面谈

经理：小A，有时间吗？（评：面谈时间没有提前预约）

小A：什么事情，头儿？

经理：想和你谈谈，关于你年终绩效的事情。（评：谈话前没有缓和气氛，沟通很难畅通）

A：现在？要多长时间？

经理：嗯……就一小会儿，我9点还有个重要的会议。你也知道，年终大家都很忙，我也不想浪费你的时间。可是人力资源管理部门总给我们添麻烦，总要求我们做这做那的。（评：推卸责任，无端牢骚）

A：好吧。

经理：那我们就开始吧，我一贯强调效率。

于是小A就在经理放满文件的办公桌对面不知所措地坐下来。（评：面对面的谈话容易造成心理威慑，不利沟通。双方最好呈90度直角面谈）

经理：小A，今年你的业绩总的来说还过得去，但和其他同事比起来还差了许多，但你是我的老部下，我还是很了解你的，所以我给你的综合评价是3分，怎么样？（评：评估没有数据和资料支持，主观性太强，趋中效应严重）

小A：头儿，今年的很多事情你都知道，我认为自己还是做得不错，年初安排到我手里的任务我都完成了，另外我还帮助其他的同事做了很多工作……

经理：年初是年初，你也知道公司现在的发展速度，在半年前部门就接到新的市场任务，我也对大家做了宣布，结果到了年底，我们的新任务还差一大截没完成，我的压力也很大！

小A：可是你也并没有因此调整我们的目标。（评：目标的设定和调整没有经过协商）

这时候，秘书直接走进来说："经理，大家都在会议室里等你呢！"

经理：好了好了，小A，写目标计划什么的都是人力资源管理部门要求的，他们哪里懂公司的业务。现在我们是计划赶不上变化，他们只是要求你的表格填得完整、好看。（评：人力资源管理部门在考核的时候多注重形式而忽视了内容）其实大家都不容易，再说了，你的工资也不错，你看小王，他的基本工资比你低（评：将评估与工资混为一谈），工作却比你做得好，所以我想你心理应该平衡了吧。明年你要是做得好，我相信我会让你满意的（评：轻易许诺，而且有第三人在场）。好了，我现在很忙，我们下次再聊。

小A：可是前年、去年年底评估的时候……

经理没有理会小A，匆匆地和秘书离开了自己的办公室。

思考：

此次面谈存在哪些问题？

（资料来源：https://doc.mbalib.com/view/75eb1a40a9ae439036b81c4fffce5717.html.）

6.4.5 案例实践

你是公司品牌部的经理,刚入职半年。李兵是你的下属,担任策划专员,同时也是公司的老员工,入职七八年了,目前负责一个核心项目的品牌推广工作。

在入职时,你就听说李兵作为公司最早的员工之一,人缘很好,大家都喜欢跟他相处。大家都认为他今年的绩效肯定也不错。

但你来的这几个月发现,李兵的确很好,为人热心,喜欢跟人打交道,平时积极参加各种员工活动,很多跨部门写作的事情交给他去做都能顺利完成。

但是,你也发现李兵的专业技能很差,在对接品牌推广的工作过程中,对于一些技术性的指标,被乙方广告公司牵着鼻子走,达不到推广的预期。问题是,他并没有意识到这是自己专业知识欠缺的问题,总以为是乙方的技术问题。现在是项目推广的关键阶段,为了公司的利益,你决定与他谈谈,约定明天上午 10 点在你的办公室面谈。

思考:
1. 你们要讨论的关键点是什么?
2. 你将如何开始面谈?进行模拟面谈一次。

6.5 本章小结

绩效管理是识别、衡量以及开发个人和团队绩效,并且使这些绩效与组织的战略目标保持一致的一个持续性过程。

绩效管理是一个动态循环过程,绩效管理所包含五个环节:绩效计划、绩效执行、绩效考评、绩效反馈、绩效结果运用。它们紧密联系,环环相扣,任何一个环节脱节都将导致绩效管理失败。

绩效计划是一个组织与员工就组织的绩效期望达成共识的过程,每个组织和员工在工作开始之前都应该对组织的战略目标有透彻的认识,因此绩效管理过程的第一个步骤是绩效计划。绩效计划是绩效管理的基础,绩效计划将直接影响组织整体绩效的实现。

组织和实施绩效计划是保证绩效实现的过程。在执行计划的过程中,需要管理者和员工持续地沟通,分工协作,分享工作信息;管理者需要清楚地知道员工的工作进展、工作中遇到的问题;员工需要清楚地知道组织希望他们如何去完成这些工作。

绩效考评是绩效管理的重点。绩效考评又称绩效考核、绩效评价、绩效评估、绩效审查,是管理者根据绩效计划对员工的工作进行考核和评价,主要目的在于衡量员工在多大程度上完成了组织期待的结果。正确的绩效考评不在于考评本身,而在于管理者如何将评估资料作为绩效改进的一个切入点,通过绩效考评发现绩效管理中存在的问题,找到原因,积极出谋划策改进绩效。考评者应当充当教练员、帮助者的角色,而"教练"的工作重点是培养"客户"(员工)的感知能力、观察力、责任感和自信心。

所谓绩效反馈,就是管理者将绩效考评结果告知员工,目的是使员工明确绩效中存在的问题，根据组织要求改进。

绩效反馈面谈，提供的不仅仅是一次绩效考评结果，更重要的意义在于为组织和个人提供一个改进工作绩效的方式，所以绩效反馈面谈应当关注未来。

在绩效考评完成后，需要将考评结果与组织内其他管理活动相联系，才能发挥绩效管理的真正作用。在组织管理中，员工的升职、降职、调薪、人才储备等都需要有据可依，而绩效考评结果是主要的依据。

6.6 自测题

一、名词解释

1. 绩效。
2. 绩效管理。
3. 绩效考评。

二、选择题

1. （　　）是绩效管理的重点。
   A. 绩效计划　　　B. 绩效执行　　　C. 绩效考评　　　D. 绩效反馈
2. 所谓（　　），就是管理者将绩效考评结果告知员工，目的是使员工明确绩效中存在的问题，根据组织要求改进。
   A. 绩效计划　　　B. 绩效执行　　　C. 绩效考评　　　D. 绩效反馈
3. 员工的（　　）对员工的工作职责及工作表现了解得最为全面，而且能从专业的角度出发对员工工作的结果进行评价，因此常常作为最主要的考评主体。
   A. 直接上级　　　B. 直接下级　　　C. 客户　　　D. 平级同事
4. 王某一贯表现得比较好，在本年度前四个月的绩效考评中都取得了 A 的成绩，王某的上级就想当然地认为王某五月份的绩效依然会比较好，因此直接给了 A 的考评结果，这种误差属于（　　）。
   A. 近因误差　　　B. 首因误差　　　C. 晕轮误差　　　D. 溢出误差
5. （　　）是指管理者把所有员工的绩效从高到低进行排序，即对一批考核对象按照一定标准排出"1、2、3、4…"的顺序。
   A. 简单排序法　　　B. 交替排序法　　　C. 配对法　　　D. 强制排序法
6. 关键绩效指标的英文缩写为（　　）。
   A. BSC　　　B. KPA　　　C. KPI　　　D. MBO
7. （　　）是通过确定目标、分解目标、实施目标、考核目标等控制手段达到绩效管理的目的。
   A. BSC　　　B. KPA　　　C. KPI　　　D. MBO
8. 平衡计分卡的四个指标分别是财务指标、顾客指标、内部流程指标和（　　）。
   A. 业绩指标　　　B. 销售指标　　　C. 学习与发展指标　　D. 服务指标

三、简答题
1. 绩效管理的流程包括哪几个步骤？
2. 实施绩效管理的目的及意义有哪些？
3. 绩效沟通的原则有哪些？

6.7 实践训练

设计学校辅导员的绩效评估表。
将全班同学分成若干组，要求同学以团队的形式完成以下工作。
1. 选择一定的方式了解辅导员的工作。
2. 每个小组选择一种考评方式，并设计出一份评价表，用来对辅导员进行绩效评价。
3. 每个小组派出一名代表，将所设计出的表格进行讲解。
思考：
1. 在大家所设计的考评方式中，哪种考评指标用得最多？
2. 挑选出出现频率最高的五个要素，从而得出公认的最适合辅导员的绩效评价方式。

第 7 章

薪酬管理

学习目标

通过本章的学习,应掌握以下职业能力。
1. 了解报酬、薪酬、总薪酬的概念。
2. 了解全面报酬体系模型。
3. 掌握薪酬管理的作用与基本要求。
4. 掌握薪酬管理中的重要决策。
5. 了解职位薪酬体系的优缺点以及实施条件。
6. 了解四种主要的职位评价技术。
7. 掌握薪酬水平决策与薪酬结构设计。
8. 掌握绩效薪酬及其实施要点。
9. 掌握绩效薪酬的类型及特点。
10. 了解员工福利对于组织和员工个人的影响。
11. 了解员工福利的问题及其发展趋势。
12. 了解员工福利的种类。

导入案例

A 公司是一家大型的电子企业。2006 年,该公司实行了员工工资与档案工资脱钩,与岗位、技能、贡献和效益挂钩的"一脱四挂钩"的工资、奖金分配制度。

一是以实现劳动价值为依据,确定岗位等级和分配标准,岗位等级和分配标准经职代会通过形成。公司将全部岗位划分为科研、管理和生产 3 大类,每类又划分出 10 多个等级,每个等级都有相应的工资和奖金分配标准。科研人员实行职称工资,管理人员实行职务工资,工人实行岗位技术工资。科研岗位的平均工资是管理岗位平均工资的 2 倍,是生产岗位平均工资的 4 倍。

二是以岗位性质和任务完成情况为依据，确定奖金分配数额。每年对科研、管理和生产工作中有突出贡献的人员给予重奖，最高的达到 8 万元。总体上看，该公司加大了奖金分配的力度，进一步拉开了薪酬差距。A 公司注重公平竞争，以此作为拉开薪酬差距的前提，如对科研人员实行职称聘任制，每年一聘。这样既稳定了科研人员队伍，又鼓励优秀人员脱颖而出，为企业长远发展提供源源不断的智力支持。

思考：
A 公司薪酬体系的优势主要体现在哪些方面？你对完善 A 公司薪酬体系有何建议？

7.1 认知企业薪酬管理

7.1.1 任务目标

通过本任务的学习应掌握以下职业能力。
①了解报酬、薪酬、总薪酬的基本概念。
②了解全面报酬体系模型。
③了解薪酬管理的概念和影响薪酬管理的因素。

7.1.2 任务描述

从管理系统上说，薪酬是企业战略目标和价值观转化而成的具体的系统方案，是体现管理哲学和管理思想的实施路线，是引导和约束员工行为的管理流程，是使激励机制富有生机的创新工具。

7.1.3 知识学习

1. 薪酬及薪酬管理认知

（1）薪酬的基本概念与内涵。
①报酬与薪酬。
a. 报酬。一位员工由于为某个组织工作而获得的所有他认为有价值的东西统称为报酬（Reward）。通常用两种不同的方式对报酬进行分类，一种是将报酬分为经济性报酬和非经济性报酬；另一种是将报酬分为内在报酬和外在报酬。经济性报酬和非经济性报酬之间的界限是，某种报酬是不是以金钱形式提供的，或者能否以货币为单位来加以衡量。经济性报酬通常包括各种形式的薪资和福利，非经济性报酬则包括成长和发展的机会、从事富有挑战性工作的机会、参与决策的机会、特定的个人办公环境、工作地点的交通便利性等。内在报酬和外在报酬的区别在于，某种报酬对劳动者所产生的激励是外部刺激还是发自内心的心理激励。这种划分方法与工作特性理论是紧密联系的。按照这种划分方法，薪资、福利、宽敞的

办公室等都属于外在报酬,富有挑战性的工作机会、职业发展的机会、成就感等则属于内在报酬。

b. 薪酬。薪酬一词在英文中的对应词汇是"Compensation",这个词本来就有弥补和补偿之意,因此,薪酬在本质上是组织为获取员工所提供的劳动而提供的一种回报或报酬。然而,即使是在英文中,不同的使用者在使用这一词汇时,往往也会做出不同的界定。目前最常用的一种薪酬定义是,它是指员工因为雇佣关系的存在而从雇主那里获得的所有各种形式的经济收入以及有形服务和福利。这种薪酬概念包括薪资(直接经济报酬)和福利(间接经济报酬)。很多人力资源管理和薪酬管理方面的教材都采用这种定义。此外,在实践中,通常把薪酬与福利两部分之和称为总薪酬(Total compensation)或薪酬包(Compensation package),并且将薪酬称为直接薪酬,而将福利称为间接薪酬,同时把直接薪酬划分为基本薪酬和可变薪酬两大部分。

在本章中,薪酬仅仅包括直接的货币性薪酬(包括固定部分和浮动部分),不包括福利。然而,为了行文方便和用语的简练,有时也会简单地用"薪酬"一词来代表"薪酬和福利",比如"薪酬管理"一词实际上往往包括薪酬和福利两部分内容的管理,而"薪酬调查"也是包括薪酬和福利两个方面内容的调查,等等。

②总薪酬。总薪酬有时也称全面薪酬,它概括了各种形式的薪酬和福利,包括基本薪酬、可变薪酬、福利和服务,还包括一次性奖金、股票期权等其他多种经济性报酬。本书将着重介绍其中最重要的三个组成部分,即基本薪酬、可变薪酬以及福利与服务。

a. 基本薪酬。基本薪酬是指一个组织根据员工所承担或完成的工作本身或者是员工所具备的完成工作的技能或能力而向员工支付的相对稳定的经济性报酬。基本薪酬在很多时候又称为"薪资"或"固定薪酬"。在英文中有两个与之有关的概念,即"Salary"和"Wage"。在美国,Salary一般是指支付给那些不受《美国公平劳工标准法》中加班条款约束的员工(Exempts)的基本薪酬,适用这种基本薪酬的主要是管理人员以及专业人员,他们的基本薪酬采取年薪或者月薪的形式。他们如果加班,雇主通常是不需要支付加班工资的。而Wage则是以小时或周计算的基本薪酬,以这种方式得到基本薪酬的主要是一些蓝领工人,这些人属于只要加班就需要领取加班工资的非豁免性员工(Nonexempts)。

大多数情况下,组织是根据员工所承担职位的重要性、难度或者对组织的价值来确定员工的基本薪酬的,即采取职位薪资制。此外,对于组织中的一些特殊人员(或者全体员工),他们还会将员工完成工作的技能或能力作为确定基本薪酬的基础,即采用技能薪资制或者能力薪资制。

基本薪酬是员工从组织那里获得的较为稳定的经济性报酬,它不仅为员工提供了基本的生活保障和稳定的收入来源,而且往往是确定可变薪酬的一个主要依据。基本薪酬的确定依据通常是员工所从事的工作本身或者员工所具备的完成工作的技能或能力,它的主要变动依据有三个因素:一是总体生活费用的变化或者通货膨胀的程度;二是市场上同质劳动力的基本薪酬;三是员工本人所拥有的知识、经验、技能的变化及由此引起的绩效变化。此外,组织所处的行业、地区以及产品占有率等,都会对员工的基本薪酬水平产生影响。

b. 可变薪酬。可变薪酬是薪酬系统中与绩效直接挂钩的经济性报酬，有时也称为浮动薪酬或奖金。设置可变薪酬的目的在于在绩效和薪酬之间建立起一种直接的联系，这种业绩既可以是员工的业绩，也可以是组织中某一业务单位、员工群体、团队甚至整个公司的业绩。由于在绩效和薪酬之间建立了这种直接的联系，因此，可变薪酬对员工具有很强的激励性，对组织绩效目标的达成起着非常积极的作用。可变薪酬有助于强化员工个人、群体乃至全体员工的优秀绩效，从而达到节约成本、提高产量、改善质量以及增加收益等目的。

通常情况下，可以将可变薪酬划分为短期可变薪酬和长期可变薪酬两种。短期可变薪酬一般是建立在非常具体的绩效目标基础之上的，长期可变薪酬则在于鼓励员工努力实现跨年度或多年度的绩效目标。事实上，许多组织中的高层管理人员和一些核心的专业技术人员所获得的奖金都与组织长期目标（如投资收益、市场份额、净资产收益等）的达成挂钩，这些奖金就属于长期可变薪酬。与短期可变薪酬相比，长期可变薪酬能够将员工的薪酬与组织长期目标的实现联系在一起，并且对组织文化起到更强大的支持作用。

c. 福利与服务。福利与服务即间接薪酬。与基本薪酬和可变薪酬不同的是，福利与服务不是以员工向组织提供的工作时间为计算单位的，它一般包括非工作时间付薪、向员工个人及其家庭提供的服务（如儿童看护、家庭理财咨询、工作期间的餐饮服务等）、健康及医疗保健、人寿保险以及法定和组织补充养老金等。福利通常可以划分为非货币性福利和货币性福利两大类，其中货币性福利往往具有延期性，如养老保险和补充养老保险。作为一种不同于基本薪酬的薪酬支付手段，福利有其独特的价值：首先，由于减少了以现金形式支付给员工的薪酬，组织能达到适当避税的目的；其次，福利为员工将来的退休生活和可能发生的不测事件提供了保障（有些间接薪酬被员工看成"以后可以用的钱"）；最后，福利也是一种调整员工购买力的手段，使员工能以较低的成本购买自己所需的产品，如眼镜、健康保险、人寿保险等。

在我国，由于在计划经济下组织福利和国家福利混淆，许多人将国有组织的生产效率低下片面地归咎于组织的福利制度，这导致许多组织对福利的消极看法多于积极看法，只愿意多发工资，不大愿意去搞福利，从而从一个极端走向另一个极端，陷入了"福利工资货币化"的陷阱。事实上，福利的特殊作用是薪酬的其他组成部分所无法替代的。如何吸取国外组织在福利方面的一些好的做法，帮助组织在吸引、保留人才方面建立有效机制，是我国组织需要学习和思考的一个重要问题。

③全面报酬体系。20世纪90年代，随着人才争夺战的日益激烈，一些组织敏锐地发现，虽然薪酬和福利方案依然非常重要，但是仅仅依靠有效的战略性薪酬福利方案设计，已经不足以打赢人才争夺战了，相反，组织必须用更为开阔的眼界来看待人才。组织必须学会充分运用所有可能的要素来保持自己的战略优势。在这种情况下，全面报酬的概念诞生了。关于这一概念的定义及其组成部分有很多说法，但最具有代表性的是原美国和加拿大薪酬学会提出的全面报酬模型。2000年，该学会提出了第一个正式的全面报酬模型，其中包括薪酬、福利和工作体验三大部分内容，而工作体验又包括认可与赏识、工作与生活的平衡、组织文化、发展机会以及环境五个要素。为推广全面报酬的概念，同年该学会将自己的组织机构名称改为美国全面报酬学会。2005年，在经过一次大规模调查后，美国全面报酬学会提

出了一个范围更广的作为组织经营战略一个组成部分的新的全面报酬体系模型，如图7-1所示。

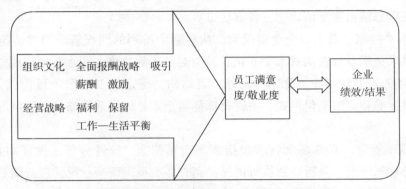

图7-1 美国全面报酬学会的全面报酬体系模型

美国全面报酬学会的所谓全面报酬（Total rewards），是指组织能够用来吸引、激励和保留员工的所有可能的工具，包括员工认为他们从雇佣关系当中能够得到的所有有价值的东西。它是组织为了换取员工的时间、才智、努力以及工作结果而向员工提供的各种货币和非货币性的收益，是能够有效吸引、激励、留住人才，从而实现理想经营结果的五种关键要素（薪酬、福利、工作和生活的平衡、绩效和认可、开发和职业发展的机会）的有目的整合。全面报酬战略则是将这五种关键报酬因素加以组合，形成一种定制的激励系统，从而实现对员工最优激励的一种艺术。这种战略要想有效，首先必须确保员工认为组织所提供的货币或非货币报酬是有价值的。

可以说，这个全面报酬体系模型实际上是对报酬概念的进一步细化和分解。这一概念中不仅包括传统的经济性报酬即总薪酬（薪酬和福利两部分），而且包括工作和生活的平衡、绩效管理和认可以及开发与职业发展的机会等非经济性报酬，其宗旨在于引导组织建立全面报酬的概念，学会利用各种可能的报酬手段来达到吸引、保留和激励员工的目的。

（2）薪酬管理。

①薪酬管理的概念。薪酬管理是指为了实现组织目标，发挥员工的积极性，将员工的薪酬与组织目标有机结合的一系列管理活动。具体来讲，薪酬管理主要是对薪酬水平和薪酬结构进行管理。薪酬管理的主要内容包括薪酬体系、薪酬水平、薪酬结构和薪酬形式。

②薪酬管理的意义。作为人力资源管理的一项主要职能活动，薪酬管理具有非常重要的意义，主要表现在四个方面。

a. 吸引并留住人才。保证薪酬的竞争性，吸引、留住优秀人才。

b. 肯定员工的贡献。对员工的贡献给予肯定，使员工及时得到回报。

c. 控制人工成本。控制企业人工成本，提高劳动生产率，增强企业竞争力。

d. 促成利益结合。促进公司与员工结成利益关系共同体，谋求员工与企业共同发展。

③企业薪酬管理的内容。企业薪酬管理的内容包括工资总额管理、薪酬水平控制、薪酬制度设计与完善、日常薪酬管理四个部分。其中，工资总额管理包括工资总额及其调整的计划与控制。

a. 工资总额管理。确定合理工资总额所需考虑的因素包括企业支付能力、员工生活费用、市场薪酬水平及员工现有薪酬状况等。合理的工资总额，可采用工资总额与销售额、盈亏平衡点、工资总额占附加值比例三种方法推算。

b. 薪酬水平控制。员工对企业贡献大，从薪酬中得到的回报就应当多，组织应根据劳动力市场的供求关系及社会消费水平变化，及时对员工的总体薪酬水平进行调整。

c. 薪酬制度设计与完善。设计与完善工资结构，确定员工薪酬项目构成及所占比例，设计工资等级标准和薪酬支付形式，关键要选择与企业总体发展战略及实际情况相适应的薪酬制度。

d. 日常薪酬管理。日常薪酬管理包括薪酬市场调查、统计分析，撰写调查分析报告；制订年度员工薪酬计划，分析计划执行情况；调查各类员工薪酬状况，进行满意度调查；对报告期人工成本进行核算，检查计划执行情况；对员工薪酬进行必要的调整。

④薪酬管理的原则。企业薪酬管理的基本原则实际上是企业给员工传递信息的渠道，是企业价值观的体现，说明企业为什么提供薪酬，员工的什么行为或结果是企业关注的，员工的薪酬构成对员工的什么行为和结果产生影响，员工什么方面提高才能获得更高的薪酬。

有效的薪酬管理是在一定的原则指导下开展的，这些原则包括外部竞争性和公平性、内部一致性、激励性、经济性和合法性五个方面。

a. 外部竞争性和公平性。外部竞争性是指在社会上和人才市场中，企业的薪酬水平要有吸引力才足以招到并且留住企业所需人才。外部公平性即同一行业、同一地区或同企业中类似岗位的薪酬水平应大致相同。

b. 内部一致性。内部一致性包含两个方面：一是横向水平，即企业所有员工之间的薪酬标准是一致的；二是纵向水平，即企业设计薪酬时必须考虑历史的延续性，一个员工过去的投入产出比和现在乃至将来都应该是基本一致且有所增长的。

c. 激励性。激励性是指在内部各类、各级的薪酬水平上适当拉开差距，调动人的主观能动性，激发人的潜能。薪酬的激励作用主要通过满足员工的物质生活需要来实现。

d. 经济性。经济性强调企业设计薪酬时必须充分考虑自身发展的特点和支付能力，企业在支付员工的薪酬后要有盈余，这样才能追加和扩大投资，获得可持续发展。

e. 合法性。合法性是指企业的薪酬制度必须符合现行的法律，并根据新的法律条款及时调整。

(3) 影响薪酬管理的因素。

在市场经济条件下，企业的薪酬管理活动会受到内部和外部多种因素的影响，为了保证薪酬管理的有效实施，必须对这些影响因素有所认识和了解。一般来说，影响企业薪酬管理各项决策的因素主要有三类：一是企业外部因素；二是企业内部因素；三是员工个人因素。

①企业外部因素。影响企业薪酬管理的外部因素主要有四个方面。

a. 国家的法律法规。法律法规对企业的行为具有强制性和约束性，一般来说，法律法规会规定企业薪酬管理的最低标准，因此，企业实施薪酬管理时应当首先考虑这一因素，要在法律法规规定的范围内进行活动。

b. 物价水平。薪酬最基本的功能是保障员工的生活，因此对于员工来说更有意义的是实际薪酬水平，即货币收入（或名义薪酬）与物价水平的比率。当整个社会的物价水平上涨时，为了保证员工生活水平不变，支付给他们的名义薪酬相应地也要增加。

c. 劳动力市场的状况。按照经济学的解释，薪酬就是劳动力的价格，它取决于供给和需求的对比关系，在企业需求一定的情况下，当由于劳动力市场紧张造成供给减少时，企业的薪酬水平就应当提高。

d. 其他企业的薪酬状况。其他企业的薪酬状况对企业薪酬管理的影响是最为直接的，这是员工进行横向的公平性比较时非常重要的一个参照系。当其他企业，尤其是当竞争对手的薪酬水平提高时，为了保证外部的公平性，企业也要相应地提高自己的薪酬水平，否则就会造成员工的流失。

②企业内部因素。影响企业薪酬管理的内部因素很多，主要有四个方面。

a. 企业发展阶段。企业的发展阶段不同，盈利能力也不同，因此，企业的薪酬也会受到影响。企业在成长期往往采取低工资、高奖金、低福利的薪酬政策，而在成熟稳定阶段往往采用高工资、低奖金、高福利的薪酬政策。

b. 企业文化。薪酬设计与企业文化紧密相连，企业的目标和价值观在绩效考评、岗位评价、薪酬水平方面都会得到体现。如果企业推崇平均、稳妥，那么薪酬就要侧重于保障方面，不同员工之间收入差距也就不会很大；如果企业文化倡导创新、激进、绩效提升，薪酬就会更具竞争性，从而拉开差距。

c. 岗位划分。岗位类别不同，其薪酬也不同。例如，销售人员往往岗位工资低，但奖金（往往表现为销售业绩提成）高；财务经理往往岗位工资高，但绩效工资低；生产工人一般采用计件工资制。

d. 工会力量。在企业中，工会的主要作用是保护员工的合法权益。薪酬是员工的主要利益之一，因此，工会力量会影响到薪酬管理。

③员工个人因素。影响企业薪酬管理的还有员工个人因素，具体包括三个方面。

a. 员工所处的职位。在目前主流的薪酬管理理论中，员工所处的职位是决定员工个人基本薪酬及企业结构的重要基础，也是内部公平性的主要体现。职位对员工薪酬的影响并不完全来自它的级别，而主要是职位所承担的工作职责及对员工的任职资格要求。随着薪酬理论的发展，由此衍生出另一个影响因素，那就是员工所具备的技能。

b. 员工的绩效表现。员工的绩效表现是决定其激励薪酬的重要基础。在企业中，激励薪酬往往与员工的绩效联系在一起，具有正相关的关系。总的来说，员工的绩效越好，其激励薪酬就会越高。此外，员工的绩效表现还会影响他们的绩效加薪，进而影响基本薪酬的变化。

c. 员工的工作年限。工作年限主要有工龄和司龄两种表现形式。工龄指员工参加工作以来的工作时间；司龄指员工在本企业中的工作时间。工作年限会对员工的薪酬水平产生一定的影响，在技能工资体系下，这种影响更加明显。一般来说，工龄和司龄越长的员工，薪酬水平相对也会越高。

工资的影响主要源于人力资源管理中的"进化论",就是通过社会的"自然选择",工作时间越长的人就越适合工作,不适合的人由于优胜劣汰的生存规律便会离开这个职业。司龄的影响主要源于组织社会化的理论,也就是说,员工在企业工作的时间越长,对企业和职位的了解就越深刻,在其他条件一定时,绩效就会越高。此外,保持员工队伍稳定也是一个原因,司龄越长的员工,薪酬水平相对也会越高。这样可以在一定程度上降低员工的流动率,因为一旦流动的话,就会损失一部分收入。

2. 薪酬管理的基本流程

企业薪酬管理与企业的薪酬原则和策略、地区及行业的薪酬水平、企业的竞争力、支付能力等许多因素有关。依据科学化原则,企业薪酬管理分为六个基本环节,如图7-2所示。在薪酬管理过程中,企业遇到的最主要问题是薪酬的调整和薪酬总体水平的控制问题,目前很多企业建立了年度薪酬调整制度,企业工资制度的主要特点是级别多、级差小、水平低。

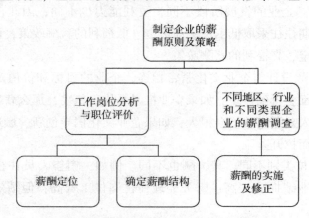

图7-2 企业薪酬管理的基本流程

(1)制定企业的薪酬原则及策略。

企业首先必须在发展战略的指导下制定薪酬原则及策略。企业战略决定和揭示了企业的目的和目标,是企业组织行为的决策准则。企业的薪酬原则及策略要在企业的各项指导下进行,集中反映各项战略的要求。薪酬的设计应有利于强化组织的竞争优势。

(2)工作岗位分析与职位评价。

工作岗位分析又称职位分析,是确定薪酬的基础。结合公司经营目标,公司管理层要在业务分析和人物分析的基础上,明确部门职能和职位关系,人力资源部和各部门主管合作编写职位说明书。

职位评价又称职位评估,重在解决薪酬的对内公平性问题。它有两个目的:一是比较企业内部各个职位的相对重要性,得出职位等级序列;二是为进行薪酬调查建立统一的职位评估标准,消除不同公司间由于职位名称不同或即使职位名称相同但实际工作要求和工作内容不同所导致的职位难度差异,使不同职位之间具有可比性,确保工资的公平性。

(3)薪酬调查。

薪酬调查重在解决薪酬对外竞争力的问题。企业在确定工资水平时,需要参考劳动力市场的工资水平。公司可以委托比较专业的咨询公司进行这方面的调查。调查对象最好选择和本公司相似或者有竞争关系的企业,重点考虑员工的流失去向和招聘来源。薪酬调查的数据要有上一年度的薪资增长状况、不同薪酬结构对比、不同职位和不同级别的职位薪酬数据奖金和福利状况、长期激励措施及未来薪酬走势分析等。只有采用相同的标准进行职位评估并各自提供真实的薪酬数据,才能保证薪酬调查的准确性。

①薪酬调查的概念。薪酬调查是指组织通过搜索信息来判断其他组织所支付的薪酬状况的一个系统过程。薪酬调查能够向实施调查的组织提供市场上各种相关组织(包括竞争对手)向员工支付薪酬的水平和薪酬结构等方面的信息。

②薪酬调查的类型。常见的薪酬调查渠道有企业之间的相互调查、委托专业机构调查、从公开的信息中调查以及从流动人员中调查四种。

a. 企业之间的相互调查。由于我国的薪酬调查系统和服务还没有完善,所以最可靠和最经济的薪酬调查渠道还是企业之间的相互调查。相关企业的人力资源管理部门可以采取联合调查的形式,共享相互之间的薪酬信息。相互调查是一种正式的调查,也是双方受益的调查。调查可以采取座谈会、问卷调查等多种形式。

b. 委托专业机构调查。现在,在沿海一些城市均有提供薪酬调查的管理顾问公司或人才服务公司。通过这些专业机构调查会减少人力资源部门的工作量,省去企业之间的协调费用,但它需要向委托的专业机构支付一定的费用。

c. 从公开的信息中调查。有些企业在发布招聘广告时,会写上薪金待遇,调查人员稍加留意就可以了解到这些信息。另外,一些城市的人才交流部门也会定期发布一些岗位的薪酬参考信息。同一岗位的薪酬信息一般分为高、中、低三档。但由于它覆盖面广、薪酬范围大,所以对有些企业参考作用不大。

d. 从流动人员中调查。通过来本企业应聘的其他企业人员,可以了解同行业的薪酬状况。

③薪酬调查的实施步骤。

a. 准备阶段。薪酬调查的准备阶段是指在具体实施调查之前的阶段,此时需要做的具体工作主要包括六个方面。

一是确认调查目标。在薪酬调查时,首先应清楚调查的目的和调查结果的用途,再开始组织薪酬调查。

二是构建或评价薪酬结构。许多企业用市场薪酬调查来检验本企业职位评价的结果并构建薪酬政策曲线。可以说,这是薪酬调查的重要目的之一。

三是对薪酬进行定期调整。大多数公司通常要定期对薪酬进行调整,一般一年调整一次,依据即为市场工资率。

四是避免不恰当的薪酬开支。调整市场的薪酬水平以便与市场相适宜。薪酬水平过高或过低对于企业来说都是不适宜的。

五是分析与薪酬有关的人事问题。如果员工的辞职率上升与薪酬有关,那么向竞争对手进行薪酬调查是非常必要的。

六是评估产品市场竞争对手的劳动成本。一些企业，特别是竞争激烈的企业，常常运用市场的薪酬数据来对竞争对手的产品定价和生产制造进行财务分析，以便在竞争中获得竞争优势。

b. 确定调查实施方式。审查已有薪酬调查数据，如政府有关部门发布的劳动力市场价位资料、已出版的权威机构编撰的统计数据、组织已经收集或通过其他渠道已经获得的薪酬调查数据等。对这些资料、数据进行审查评价，看能否合理利用，以满足组织的需要。

确定调查实施方式，是由组织自己做薪酬调查，还是聘请一个专门咨询公司或购买专业机构提供的调查报告？这需要分析该项调查需要什么样的技术和公关技巧，有没有这方面技能的人来规划并完成，输入、整理和分析数据所需要的计算机软件是否具备，各种调查方式所需费用的多少等问题。如果组织自身不具备条件，可利用外部专业机构进行调查。

④薪酬定位。在分析完同行业的薪酬数据后，需要根据企业状况选用不同的薪酬水平。影响企业薪酬水平的因素有很多。从企业外部看，国家的宏观经济环境、通货膨胀水平、行业特点和行业竞争情况、人才供应状况甚至外币汇率的变化，都对薪酬定位和工资增长水平有不同程度的影响；在企业内部，盈利能力和支付能力、人员的素质要求是决定薪酬水平的关键因素；企业发展阶段、人才稀缺度、招聘难度、公司的市场品牌和综合实力，也是重要的影响因素。

⑤确定薪酬结构。薪酬结构是指企业的组织结构中各项职位的相对价值与其对应的薪酬之间保持的关系。不同的企业可根据自己的真实情况，设计出适合自己的薪酬结构线，以形成职位的实际薪酬标准。在具体进行薪酬结构设计时，往往要考虑三个方面的因素，即个人职位等级、个人的技能和资历、个人绩效；在工资结构上，与其相对应的分别是职位工资、技能工资、绩效工资。也有的企业将前两者合并考虑，作为确定一个人基本工资的基础。职位工资由职位等级决定，是一个人工资高低的主要决定因素。职位工资是一个区间，而不是一个点，也可以从薪酬调查中选择一些数据作为这个区间的中点，然后根据这个中点确定每一个职位等级的上限和下限。例如，在某一职位等级中，上限可以高于中点20%，下限可以低于中点20%。相同职位上不同的任职者在技能、经验、资源占有、工作效率、历史贡献等方面存在差异，导致他们对公司的贡献并不相同（由于绩效考核存在局限性，这种贡献不可能被完全量化出来），因此技能工资也存在差异，同一等级内的任职者的基本工资未必相同。如上所述，在同一职位等级内，根据职位工资的中点设置一个上下的工资变化区间，用来体现技能工资的差异，就增加了工资变动灵活性，使员工在不变动的情况下，随着技能的提升、经验的增加而在同一职位等级内逐步提升工资等级。绩效工资是对员工完成业务目标而进行的奖励，即薪酬必须与员工为企业所创造的经济价值相联系。绩效工资可以是短期性的，如销售奖金、项目浮动奖金、年度奖励；也可以是长期性的，如股份期权等。此部分薪酬的确定与公司的绩效评估制度密切相关。

综合来说，确定职位工资，需要对职位进行评估；确定技能工资，需要对人员资历进行评估；确定绩效工资，需要对工作表现进行评估；确定公司的整体薪酬水平，需要对公司盈利能力、支付能力进行评估。每种评估都需要一套秩序和办法，所以说薪酬体系设计是一个系统工程。

⑥薪酬的实施及修正。在制定和实施薪酬体系的过程中，及时的沟通、必要的宣传和培训是保证薪酬改革成功的主要因素。从本质意义上讲，劳动报酬是对人力资源成本与员工需求之间进行权衡的结果。人力资源部可以利用薪酬制度问答、员工座谈会、满意度调查、内部刊物，甚至论坛等形式，充分介绍公司薪酬制定的依据。企业的内、外部环境是不断变化的，员工的需求也不是一成不变的，在保持相对稳定的前提下，随着企业经营状况和市场薪酬水平的变化也应做相应的调整。为保证薪酬制度的适用性，规范化的企业要对薪酬进行定期调整，在确定薪酬调整比例时，要对总体薪酬水平做出准确的预算。在企业中，可由财务部门做此预算，在外也可由人力资源部做此预算。

3. 薪酬管理的相关法规

企业在制定薪酬制度时，必须遵循国家和地方有关薪酬的法律法规、规章制度和政策，与薪酬管理相关的法规主要有最低工资、工资指导线、工效挂钩、劳动力市场工资指导价位和人工成本预测预警制度五个方面的内容。此处主要介绍前两项。

（1）最低工资。

我国法律明确规定，国家实行最低工资保障制度。最低工资和最低工资率这两个重要概念需要厘清。最低工资是指劳动者在法定工作时间内提供了正常劳动的前提下，企业应支付的最低劳动报酬；最低工资率是指单位劳动时间的最低工资数额，相关法律规定如表 7-1 所示。

表 7-1　最低工资和最低工资率的相关规定

最低工资	1. 最低工资应以法定货币按时支付 2. 最低工资不包括加班加点工资、特殊津贴、劳动者保险、福利待遇 3. 必须将政府对最低工资的有关规定告知本单位劳动者 4. 本人未提供正常劳动的，不适用最低工资制度，按规定休假和依法参加国家和社会活动视为提供了正常劳动 5. 就最低工资发生争议按《企业劳动争议处理条例》处理。企业违反规定，劳动行政主管部门责令限期改正，若未改，则给予经济处罚，补发欠付工资并支付赔偿金。欠付1个月以内的，向劳动者支付所欠工资20%的赔偿金；1个月以上3个月以下的，支付所欠工资50%的赔偿金；3个月以上的，支付所欠工资100%的赔偿金
最低工资率	1. 最低工资率的确定实行政府、工会、企业三方代表民主协商原则。国务院劳动行政主管部门对全国最低工资制度实行统一管理 2. 最低工资率应参考当地就业者最低生活费用、员工的平均工资、劳动生产率、城镇就业状况和经济发展水平等因素，高于当地社会救济金、失业保险金标准，低于平均工资率 3. 最低工资率一般按月确定，也可按周、日或小时确定，不得低于其适用的最低工资率 4. 不同经济发展区域和行业可以确定不同的最低工资率

(2) 工资指导线。

工资指导线是企业工资宏观调控办法改革的重要举措,政府运用工资指导线对国有企业及其他各类企业的工资分配进行指导与调控,使企业工资的增长符合经济发展的要求。工资指导线在每年3月底以前公布,执行1个日历年度(1月1日—12月31日)。

①工资指导线的基本内容。一是经济形势分析,二是工资指导线意见(包括本年度企业货币工资水平增长基准线、上线、下线)。

②不同类别企业实行不同的调控办法。国有企业、国有控股企业严格执行政府颁布的工资指导线。企业在工资指导线规定的上下线区间内,围绕基准线合理安排工资分配;非国有企业(如城镇集体企业、外商投资企业、私营企业等)应依据工资指导线进行集体协商确定工资,在生产经营正常的情况下,不应低于基准线水平。

(3) 工效挂钩。

工效挂钩是国家对国有企业管理的形式。企业根据劳动保障部门、财政部门核定的工资总额基数、经济效益基数和挂钩浮动比例,按企业经济效益增长的实际情况提取工资总额,按以丰补歉、留有结余的原则发放工资。

(4) 劳动力市场工资指导价位。

劳动力市场工资指导价位是国家对企业工资分配进行指导和间接调控的方式。政府部门公布有代表性的职业(工种)的工资指导价位,指导企业合理确定劳动者的工资水平和各类人员的工资关系。劳动力市场工资指导价位有利于发挥市场机制对工资分配的基础性调节作用,促进市场均衡工资率形成;有利于指导企业形成科学合理的工资分配关系;有利于企业工资宏观调控体系建设。

(5) 人工成本预测预警制度。

人工成本预测预警制度是政府对企业人工成本管理和工资分配的间接调控方式。政府部门收集整理社会人工成本信息,定期(一般是每年1次)公开发布,对人工成本偏高的企业进行预警预报。人工成本预测预警制度有利于企业加强人工成本管理,促进企业内部分配及自我约束机制形成;有利于调节行业、企业间的分配关系。

7.1.4 工作示例

薪资和能力之间的权衡

"你们招的都是什么人啊,连最基础的专业技能都没有,叫我怎么带着干活?""我们也没办法,老板说了要控制人力成本。工资就给这么多,能招到人就不错了。"

分析:员工是"成本",还是"资本"?这主要看老板怎么看。在财务的眼里,员工的薪资将被记入生产成本中去。当企业视人力为成本时,为了控制成本,老板通常会尽量压低员工工资,因此也不得不容忍工作技能较低的员工。而为了让该员工达到合格的业务水平,企业将会付出更多的时间和管理成本,得不偿失。

我们可以通过表7-2所示内容,正确理解在薪酬管理过程中各环节的实施要点。

表 7-2 企业薪酬管理各环节实施要点一览表

环节名称	实施要点
制定企业的薪酬原则及策略	明确企业是采用高薪资、低薪资政策还是平均价位。薪酬政策必须与企业总体人力资源策略相匹配
工作岗位分析与职位评价	进行岗位分析与评价是制定科学合理的工资制度的前提和依据。工作岗位评价的目的在于确定每个岗位的相对价值
不同行业、地区不同类型企业薪酬调查	掌握影响企业薪酬的因素,确保薪酬制度对外具有竞争力,对内具有公平性。内在因素有劳动差别、工资形式、企业经济效益、报酬政策;外在因素有劳动法规、劳动力市场、物价、工会、社会保障水平、经济发展状况
薪酬定位	明确各岗位相对价值与实付工资对应的数值关系,形成工资结构线。工资结构线越陡,各等级之间工资差距就越大
确定薪酬结构	将各类型岗位工资归并,形成一个工资等级系列,确定企业内各岗位具体工资范围。各等级工资范围变化幅度不一定相同,不同工资等级岗位的实付工资可能相同,同一工资等级岗位的实付工资可能不同
薪酬的实施及修正	建立工作标准与工资的计算方式;建立绩效管理体系,进行工作业绩动态考评,通过有效的激励机制和薪酬计划,表彰优秀,激励员工(员工绩效管理制度是建立员工激励制度的前提和基础,是贯彻执行企业工资制度的保障)

7.1.5 案例实践

某房地产集团旗下的一家物业经营管理公司在成立初期非常注重管理的规范化,并充分调动员工积极性,制定了一套完善的薪酬管理制度,因此,公司得到了较快发展。随着规模的扩大,该公司的经营业绩却不断下滑,客户的投诉也不断增加。员工失去了往日的工作热情,出现了部分技术、管理骨干离职现象,其他人员也出现不稳定的征兆。管理人员经过对公司内部管理的深入了解和诊断,发现问题出在公司的薪酬系统上:关键的技术骨干的薪酬水平明显低于市场平均水平,相比于竞争公司缺乏竞争力;公司的薪酬结构也不尽合理,这导致技术骨干和部分中层管理人员不断流失。针对这一具体问题,该公司进行了薪酬调查,并对公司原有薪酬制度进行调整,制定了新的与企业战略和组织架构相匹配的薪资方案,激发了员工的积极性和创造性,公司又开始恢复良好的发展势头。

思考:

该公司员工流失的原因是什么?你从中能够获得什么启示?

7.2 设计企业薪酬体系

7.2.1 任务目标

通过本任务的学习应掌握以下职业能力。

①了解薪酬水平和薪酬结构的基本概念。
②了解工作岗位的评价方法和基本程序。
③能够进行工作岗位评价信息采集。

7.2.2 任务描述

基本薪酬体系是企业薪酬管理工作的基础与核心。通过本任务的学习，了解薪酬设计的基础理论和程序，掌握岗位评价的相关方法和程序，熟悉企业薪酬的构成，能够理解企业的基本薪酬制度。

7.2.3 知识学习

1. 确立企业薪酬水平

薪酬水平指企业内部各类岗位以及企业整体平均薪酬的高低状况，它反映了企业支付薪酬的外部竞争性。

（1）薪酬水平策略。

薪酬水平策略主要是指面对当地市场薪酬行情和竞争对手的薪酬水平，企业如何决定自身的薪酬水平。根据企业薪酬水平与市场水平的比较，供企业选择的薪酬水平策略主要有市场领先型策略、市场追随型策略、市场滞后型策略、混合型策略。

①市场领先型策略。采用这种策略的企业大都具有三个特征。

a. 行业处于垄断地位。行业处于垄断地位意味着该行业内竞争对手较少，企业不会因为提高产品价格而导致消费者对产品和服务的需求减少。在这种情况下，实行高水平的薪酬是可行的。

b. 投资回报率较高。投资回报率较高的企业能够向员工支付较高的薪酬，主要是因为其回报率较高，能够获得高额利润。

c. 人力成本在企业经营总成本所占的比率较低。当人力成本在企业经营总成本中所占的比率较低时，薪酬支出在总成本支出中不再处于敏感地位。

②市场追随型策略。市场追随型策略是一种最常用的薪酬策略。实施这种薪酬策略的企业，一方面希望确保人力成本与竞争对手保持一致，不至于产品价格过高而陷于不利地位；另一方面又希望自己能够有一定吸引力和保留员工的能力，不至于在人力资源市场上输给竞争对手。采取市场追随型策略的风险可能是最小的，但也丧失了在吸引和保留优秀人才方面的明显优势。

③市场滞后型策略。采用市场滞后型策略的企业往往处于竞争性行业，边际利润较低，企业投资回报率比较低，承担不起高额人力成本带来的负担。

市场滞后型策略固然可以因为工资大大低于市场平均水平，在短期内节约成本，但这种薪酬水平策略会导致企业很难招募和保留高素质的员工，短期的成本结余会被长期的其他成本抵消。如果企业要采用这种策略，可以提高企业对员工的承诺，从而以长期回报来吸引优秀员工。例如，在高科技行业中，一些企业的员工薪酬低于市场平均水平，但是员工可以以合理的价格购买企业股票或者股票期权,这种将薪酬与未来高收入组合在一起的薪酬策略不会影响企业吸引和保留员工,反而会激励员工更加努力工作。

④混合型策略。混合型策略是指企业根据岗位类型或者员工具体情况来确定薪酬水平,而不是对所有岗位和员工均采用相同的薪酬水平定位。例如,有些公司针对骨干员工采用市场领先型策略,针对容易招聘到的基层员工实行市场追随型策略。

混合型策略的优点在于其具有灵活性和针对性,对于企业希望保留的稀缺人才及关键岗位人才采取市场领先型策略,对于人力资源市场中的富足人员采用市场追随型甚至市场滞后型策略,不仅有利于控制企业的人力成本,还有利于企业在劳动力市场上保持竞争力。

(2) 宽带薪酬。

宽带薪酬是一种新型的薪酬结构,它是对具有大量等级层次的传统垂直型薪酬结构的改进。宽带薪酬是指对多个薪酬等级以及薪酬变动范围进行重新组合,从而变成只有相对较少的薪酬等级及相应的较宽薪酬变动范围的薪酬结构。一般来说,每个薪酬等级的最高值与最低值的区间变动比率要达到或者超过100%,甚至可以达到300%。而在传统薪酬结构中,这种薪酬区间的变动比率通常为40%~50%。

与企业传统的薪酬结构相比,宽带薪酬具有五个方面的优势。

①支持扁平型组织结构。在传统层级型组织结构下,企业中有很多岗位级别,员工具有严格的等级观念,企业内部容易出现层层推卸责任的官僚作风。20世纪90年代以后,兴起了一场以扁平型组织取代官僚层级型组织的运动,而宽带薪酬正是为扁平型组织结构量身定做的,它最大的特点就是打破了传统薪酬结构所维护的等级制,有利于提高企业的效率和灵活性。

②引导员工重视能力提高。在传统的薪酬结构下,员工的薪酬增长往往取决于本人在企业中的身份变化而不是能力提高。因为即使能力达到了较高的水平,在企业中没有出现高级岗位的空缺,员工仍然无法获得较高的薪酬。而在宽带薪酬设计下,即使是在同一个职位对应的等级内,企业为员工提供的薪酬变动范围也可能会比原来数个薪酬等级包括的范围还要大。这样一来,员工就不会为了薪酬的增长而去计较岗位晋升问题;相反,员工还会注意提升企业发展所需要的能力,并且注重做好对公司有价值的事情。

③促进岗位轮换。在传统薪酬结构中,员工的薪酬水平是与其所担任的岗位严格挂钩的,岗位变动必然会导致员工薪酬的变动。如果是从上一级岗位向下一级岗位调动,会被员工们看成被贬。宽带薪酬减少了薪酬等级数量,将过去处于不同薪酬结构之中的大量岗位纳入同一薪酬等级当中,甚至上级和下属的薪酬等级都可能一致,这样,在对员工进行横向甚至向下调动时所遇到的阻力就小多了。此外,企业还减少了因岗位细微变动而带来的大量行政工作,如职务称呼变动、薪酬调整、社会保险投保基数调整等。

④配合劳动力市场的供求变化。宽带薪酬是以市场为导向的。它使员工从注重内部公平转向注重个人发展以及自身在外部劳动力市场上的价值。在宽带薪酬中,薪酬水平是以市场薪酬调查的数据及企业的薪酬定位为基础确定的。因此,薪酬水平的定期审查与调整将会使企业在市场上具有竞争力,同时更有利于企业相应地做好薪酬成本的控制工作。

⑤改进工作绩效。在宽带薪酬中,上级对稳定、有突出业绩表现的下级员工具有较大的

加薪影响力；而在传统的薪酬体制下，直线管理人员即使明确知道哪些员工的能力强、业绩好，也无法向这些员工提供薪酬倾斜，因为传统体制下的加薪主要是通过晋升实现的，而晋升却不会那么灵活。

（3）薪酬预算。

预算是指一个特定的主体准备以何种成本或代价来实现一个特定目标的过程。由于薪酬问题对于企业财务状况有着重要的影响，薪酬预算也就成了企业财务预算的一个重要组成部分。薪酬预算是指薪酬管理过程中各项人力费用支出权衡取舍的计划，它规定了在预算内企业可以用于支付薪酬费用的资金。企业常用的预算方法有两种，即自上而下法和自下而上法。

①自上而下法。自上而下法是指企业对下一年度的经营活动进行评价后，以企业过去的业绩和以往年度的薪酬总额作为预算的根据，按照企业下一年度总体业绩目标，确定企业该年度的薪酬预算。自上而下法常用的操作方法较多，如劳动分配率基准法、销售净额法和损益平衡点法等。

②自下而上法。采用自下而上法时，企业内部各部门首先根据企业确立的预算期目标提出该部门在预算期内的人员配置数量、人员标准及员工薪酬调整建议；同时，人力资源部门根据劳动力市场现有状况、企业内部环境、生活成本变动水平等因素对薪酬水平的影响，确定出适合本企业的薪酬水平增长率。然后，依据相关数据和建议，逐个确定各部门的员工数量及薪酬水平，从而确定该部门预算期内的薪酬预期总量。最后，将各部门的数据整理汇总，得出企业的薪酬预算。

单一地使用自上而下法制定企业的薪酬预算，会因为忽略内外部变化对企业的影响，而使薪酬缺乏科学与合理性；而单一地使用自下而上法，会因为其不能从企业总体角度考虑人力成本的分配，导致薪酬预算无法正确有效地分配使用。因此，在制定预算的实际操作中应把两种方法结合起来使用。

（4）薪酬成本控制。

薪酬政策的实施是一把双刃剑，在制定时要考虑两个方面的因素：一方面，要保持薪酬在劳动力市场上的竞争力；另一方面，要合理地控制人工成本。因此，如何处理好薪酬的竞争力和人工成本控制之间的关系，寻求合理的成本控制措施是企业非常关注的问题。

在控制企业薪酬成本时，首先，从外部人力资源市场角度考虑，即在保持竞争力和保证配置效率的前提下，企业可以通过调整员工不同层次的薪酬水平来控制薪酬成本；其次，从内部人力资源市场角度考虑，可以在满足公平与效率的基础上实现薪酬成本最小化。

2. 确定企业薪酬结构

薪酬结构是指薪酬的构成，即一个人的工作报酬由哪几个部分构成。此处所指的薪酬结构主要是工资结构。员工工资结构通常分为若干个部分，如基本工资、岗位工资、绩效工资、技能工资和辅助工资等，每一个部分都从不同的侧面反映出员工的劳动力状况，如基本工资保障员工的基本生活需要，岗位工资反映岗位价值以及员工承担的责任和风险，技能工资反映员工的工作能力，绩效工资反映员工的劳动成果和工作表现等。

（1）薪酬结构策略。

根据总体薪酬与企业效益挂钩的程度，可以将薪酬结构策略分为高弹性、高稳定和混合型三种。

①高弹性薪酬结构策略。薪酬水平与企业效益高度挂钩，变动薪酬所占比例较高，该种薪酬结构策略具有很强的激励性，员工能获得多少薪酬主要依赖于工作绩效的好坏。这是一种激励性很强的薪酬结构策略，变动薪酬是薪酬结构的主要组成部分，固定薪酬处于次要地位。

②高稳定薪酬结构策略。薪酬水平与企业效益挂钩不紧密，变动薪酬所占比例较低，这种薪酬结构策略具有很强的稳定性，员工的收入非常稳定，固定薪酬是薪酬结构的主要组成部分，变动薪酬则处于次要地位。

③混合型薪酬结构策略。薪酬水平与企业效益挂钩的程度视岗位职责变化而变化，这种薪酬结构策略既有激励性又有稳定性。当变动薪酬和固定薪酬的比例不断变化时，这种薪酬结构策略可以演变为高弹性或者高稳定的薪酬结构策略。

在薪酬结构策略选择方面，高弹性薪酬结构策略适用于高级管理人员和生产、销售一线人员，可以增加薪酬提升和下降的空间，强调薪酬与工作绩效挂钩，加大了激励力度；混合薪酬结构策略适用于中层管理者，采取灵活的方式，在激励和保障之间进行平衡；对于其他人员则可以采用高稳定薪酬结构策略，强调薪酬的稳定性，增强员工对企业的归属感。基本工资、岗位工资、绩效工资、技能工资和辅助工资在薪酬结构中所占的比例不一样，会导致结构的弹性和稳定性不尽相同。

（2）岗位工资设计。

在设计岗位工资之前，首先把岗位分为若干序列，然后开展岗位评价，为岗位工资设计提供依据。

①岗位序列。企业的岗位通常可以分为管理序列、职能序列、技术序列、销售序列和操作序列五类，如表7-3所示。

表7-3 岗位序列

序列	特点
管理序列	从事管理工作并拥有一定管理职务的岗位，其承担的计划、组织、领导、控制职责是企业付薪的依据
职能序列	从事职能管理、生产管理等职能工作且不具备或不完全具备管理职责的职位，其承担的辅助、支持职责是企业付薪的依据
技术序列	从事技术研发、设计、操作的岗位，表现为需要一定的技术含量，企业付薪的依据主要是该岗位所具备的技能，一般付薪项目不体现为计件的形式
销售序列	市场上从事专职销售的岗位，一般工作场所不固定
操作序列	公司内部从事生产作业和销售的岗位，一般工作场所比较固定

②岗位评价的内容。岗位评价是通过专门的技术和程序，按一定的客观衡量标准，对岗位的劳动环境、劳动强度、工作责任、所需要的资格条件等因素进行系统测定、评比和估价。岗位评价的实质是把提供不同使用价值的产品或服务的具体劳动还原为抽象劳动，进而

使各种具体劳动可以相互比较,以确定各个岗位在企业中的相对价值。

岗位评价的主要内容包括四个方面。

a. 岗位的技术复杂程度。岗位的技术复杂程度即劳动岗位对劳动者在生产过程中的专业知识、技能、经验的要求,包括学历、专业知识、相关工作经验、实际操作能力、技术等。

b. 岗位责任。岗位责任指劳动者承担的责任,包括质量责任、产量责任、经营管理责任、安全责任等。

c. 岗位劳动强度。岗位劳动强度指在生产过程中劳动者体力、脑力方面的负荷程度,体现为有效工时利用率、劳动姿势、劳动紧张程度、工作班次等。

d. 岗位劳动环境。岗位劳动环境指岗位劳动所处的环境条件对劳动者的危害程度,包括粉尘浓度、有毒有害气体危害程度、高温辐射热危害程度、噪声高空作业影响、其他有害因素等。

③岗位评价的方法。岗位评价可以采取不同的方法,目前有四种方法可以采用,即岗位排序法、岗位分类法、因素比较法、要素分级计点法。

a. 岗位排序法。岗位排序法是根据一些特定的标准,如工作的复杂程度、对企业的贡献大小等,对各个岗位的相对价值进行整体比较,进而将岗位按照相对价值的高低排列次序的岗位评价方法。

排序时基本采用两种做法。一是直接排序,即按照岗位说明根据排序标准从高到低或从低到高进行排序;二是交替排序,即先从所需排序的岗位中选出相对价值最高的排在第一位,再选出相对价值最低的排在倒数第一位,然后从剩下的岗位中选出相对价值最高的排在第二位,再选出剩下的岗位中相对价值最低的排在倒数第二位,依此类推。

b. 岗位分类法。岗位分类法通过制定一套岗位级别标准,将岗位与标准进行比较,并归入各个级别中去。岗位分类法的关键是建立一个岗位级别体系,包括确定等级的数量和为每一个等级建立定义和描述。

c. 因素比较法。因素比较法是对岗位排序法的改进。这种方法与岗位排序法的主要区别是,岗位排序法从整体的角度对岗位进行比较和排序,而因素比较法则选择多种薪酬因素,按照各种因素分别进行排序。采用因素比较法首先要分析基准岗位,找出一系列共同的薪酬因素,这些薪酬因素能够体现岗位之间的本质区别,如责任、工作的复杂程度、工作压力水平、工作所需的教育水平和工作经验等,然后分别根据不同的岗位比较各个因素。

d. 要素分级计点法。要素分级计点法选取若干关键性的薪酬因素,并对每个因素的不同水平进行界定,同时给各个水平赋予一定的分值,这个分值也称点数。然后,按照这些关键的薪酬因素对岗位进行评价,得到每个岗位的总点数,以此决定岗位的薪酬水平。

(3)绩效工资设计。

绩效工资建立在对员工进行有效评价的基础上,关注的重点是工作的"产出"和工作过程,如销售量、产量、质量、利润额及工作能力、态度等。

以绩效为导向的工资制度主要有三种。

①计时工资制。计时工资是指根据员工的劳动时间来计算工资的数额。计时工资制主要分为小时工资制、日工资制、周工资制和月工资制四种。钟点工、临时工分别以小时工资制

和日工资制为主。计时工资制简单易行，但是使用的范围较窄，主要适用于承担简单重复劳动的岗位。

②计件工资制。计件工资是指预先规定好计件单价，根据员工生产的合格产品的数量或完成的一定工作量来计量工资的数额。计件工资制包括包工工资制、提升工资制及承包制等多种形式。与计时工资制相比，计件工资制能够更加密切地将员工的劳动贡献与员工的薪酬结合起来，提高员工的劳动生产率。计件工资制的缺点是只适合于可以准确计量的工作。

③绩效工资制。绩效工资制将员工工资与可量化的业绩挂钩，将激励机制融入企业目标和个人业绩之中。实行绩效工资制有利于工资向业绩优秀者倾斜，提高企业效率和节省工资成本，增强激励力度，提升员工凝聚力。但是该制度有可能对绩效不好者存在约束欠缺的现象，而在对绩优者奖励幅度过大的情况下，容易造成一些员工瞒报业绩的行为。绩效工资设计内容应包括绩效工资的支付形式、关注对象、配置方法、绩效等级、绩效分布以及增长方式等。

a. 支付形式。支付形式表现为企业以怎样的薪酬支付建立与绩效的联系，常见的形式既包括业绩工资、奖金和绩效福利，也包括股票或利益共享计划等形式。企业应该根据不同的情况选择不同的支付形式，如员工可以因销售增加、产量提高、成本降低等得到业绩工资；企业高层可能更倾向于持股计划等中长期激励，而低层员工更倾向于短期的奖金激励。此外，根据不同的支付形式，企业提供的绩效工资频率各不相同，可能是每月进行一次支付，也可能是一季度或一年进行一次支付。

b. 关注对象。绩效工资关注对象的确定受企业文化价值观和不同发展阶段的战略等因素的影响。如果从个人层面衡量绩效，个人得到的绩效工资便建立在自己的绩效基础上，这样有利于强化个人的行为与结果，但不易满足团队协作的要求；如果从团队层面衡量绩效，则向一个团队的每个员工提供一致的群体绩效工资。绩效工资发放应该兼顾团队和个人，即先衡量团队的绩效来确定绩效工资总额，然后依据员工个人绩效对绩效工资总额进行划分，员工获得的绩效工资是基于团队和个人绩效的综合结果。

c. 配置方法。绩效工资的配置比例是指绩效工资与固定工资（通常主要由岗位工资构成）的比例。确定配置比例需要使用一定的方法，常见的配置方法有两种，如表7-4所示。

表7-4 配置方法分类

配置方法	做法
切分法	先依据岗位评价和外部薪酬水平确定不同岗位的总体薪酬水平，再对各个岗位的总体薪酬水平进行切分，如某岗位的总体薪酬（100%）= 基本固定工资（50%）+绩效工资（50%）
配比法	先依据岗位评价和外部薪酬水平确定各个岗位的基本固定工资水平，这时应考虑薪酬水平在市场中的定位。这种情况下，一般基本工资水平应定位于市场薪酬水平的相对低位，再在各个岗位基本工资的基础上上浮一定比例，使各个岗位薪酬的总体水平处于市场薪酬水平的中高位，如某岗位的薪酬总体水平=基本固定工资+绩效工资（绩效工资为基本工资的40%）

d. 绩效等级。绩效等级是依据绩效评价对员工绩效考核结果划分的等级层次，在公正、客观地对员工绩效进行评价的基础上，绩效等级的数量和等级之间的差距会对员工绩效工资

分配产生很大影响。在设计绩效等级时还要考虑绩效工资对员工的激励程度,等级过多造成差距过小,将会影响对员工的激励力度;等级过少造成差距过大,将会影响员工对绩效工资的预期,使员工丧失向上的动力。

e. 绩效分布。考评者在确定了绩效等级以后,还应明确不同等级内的员工绩效考核结果的分布情况,即每一等级内有多少名员工或有多少比例的员工。考评者给被考评者定等级时,应使绩效分布符合正态分布,即优秀的占10%~20%,中间的占60%~70%,差的占10%~20%。严格的绩效分布一方面有利于对员工的绩效进行区分;另一方面也有利于消除绩效评价各方模糊业绩的现象,避免被评价者的评价结果趋中。

f. 增长方式。员工绩效工资增长主要有两种方式:一种为增加工资标准,另一种为一次性绩效奖励。增加工资标准将长久地提高员工工资水平,随着时间的推移,就变成了员工对薪酬的一种权利。而且薪酬具有刚性,即易上难下,不利于企业薪酬的灵活决策;一次性绩效奖励是对达到企业绩效标准或以上的员工一次性进行奖励,在数量上可以与企业当期收益挂钩,既可以使员工感受到激励的效果,也有利于企业薪酬的灵活决策。

(4) 技能工资设计。

知识作为一种日益重要的生产要素,越来越受到管理者的重视。想要激励知识的载体,即知识型员工,使其能够发挥更大的作用,一个很有效的方法就是在薪酬管理中加入技能工资。技能工资设计理念受到了理论和实践领域的普遍关注,成为薪酬管理领域中的一个热点。技能工资是相对于岗位工资而言的,它不是根据个人的职称和岗位,而是根据员工掌握了多少技能及能做多少种工作来确定工资等级。美国《商业周刊》一项技能工资的使用情况和效果的研究表明,技能工资已在全美30%以上的公司中推广使用,并带来了员工特别是知识型员工更高的绩效和满意度。

技能工资更适用于一些规模较大的公司,因为大公司在提供培训机会和支持高额培训费用中具有优势。《财富》杂志上的500家大型企业中,有50%以上的企业至少对一部分员工采用了技能工资制度;并且在实行技能工资方案的企业中,有60%的企业认为这种方案在提升企业绩效方面是成功的。

(5) 辅助工资设计。

辅助工资包括加班工资、津贴、补贴等。

①加班工资。加班工资是指用人单位根据生产、工作需要,安排劳动者在法定节假日和公休假日内或在法定工作日标准工作时间以外继续工作所支付的工资。

《中华人民共和国劳动法》(以下简称《劳动法》)第四十四条规定,在三种法定标准工作时间以外延长工作时间的,用人单位应当支付高于正常工作时间工资的工资报酬:安排劳动者延长工作时间的,应支付不低于工资的150%的工资报酬;休息日安排劳动者工作又不能安排补休的,支付不低于工资的200%的工资报酬;法定休假日安排劳动者工作的,支付不低于工资的300%的工资报酬。

②津贴。津贴是指为了补偿员工特殊或额外的劳动消耗和因其他特殊原因而支付给员工的一种辅助性工资,津贴主要包括特殊消耗劳务消耗津贴、特殊岗位津贴、年功津贴和地区津贴和其他津贴等类型。

a. 特殊劳务消耗津贴:高温津贴、野外地质勘探津贴、矿山井下津贴、化工行业实行的有毒有害津贴。

  b. 特殊岗位津贴：工人技师津贴、国防津贴、卫生防疫津贴、科研津贴。

  c. 年功津贴：工龄津贴、教龄津贴。

  d. 地区津贴：林区津贴、高寒山区津贴、海岛津贴。

  e. 其他津贴：航空和地勤人员的伙食津贴、体育运动员和教练员的伙食津贴、少数民族的伙食津贴。

  从津贴的管理层次来看，津贴可以分为两类：一是国家或地区、部门统一建立的津贴；二是企业自行建立的津贴。国家统一建立的津贴，一般在企业成本中开支；企业自行建立的津贴，一般在企业留存的奖励基金或效益工资中开支。

  ③补贴。补贴是指为了保证员工工资水平不受物价等因素的影响，而支付给员工的工资性补贴。津贴与补贴是不一样的，一般把用于补偿员工、生产等方面开出的辅助工资称为津贴，用于补偿生活消耗的辅助性工资称作补贴。

  补贴主要包括为保证员工工资水平不受物价上涨或变动等因素影响，而支付的各种补贴，如副食品价格补贴（含肉类等价格补贴），粮、油、蔬菜等价格补贴，煤价补贴，房贴及提高煤炭价格后部分地区实行民用燃料和照明电价补贴等，我国的物价补贴有两种方式：一种是明补（补给居民或员工），另一种是暗补（补给企业或流通环节）。纳入工资总额范围的物价补贴是明补。

年薪制

  年薪制是针对企业的经营管理者或者其他创造型人才，确定一个较长的经营周期（通常以年为单位），按此周期确定报酬方案，并根据个人贡献情况和企业经营成果发放报酬的一种人力资本参与分配的报酬分配制度。年薪制有四个特点。

  a. 针对性。年薪制针对企业中的高层管理者和一些创造性人才，他们素质较高，工作中需要的是激励而不是简单的管理和约束，工作的价值难以在短期内体现。

  b. 较长的周期。一般以年为周期，对于一些科研人员、项目开发人员，这个周期也可能是半年、两年、一年半或其他。

  c. 风险性。薪酬中的很大一部分是和本人努力程度、企业经营状况相挂钩的，具有较大的风险和不确定性。

  d. 面向未来。年薪的确定不是简单地依据过去的业绩，更取决于未来的能力和贡献潜力。通过年薪制把委托人即企业的利益和经营者个人的利益更多、更紧密地联系起来。年薪制必须建立在人才市场十分发达的基础上，只有人力资源作为一种十分特殊的资源在频繁的交易中形成相对稳定的价格，其年薪才比较准确。

  从我国实施年薪制的情况看，还存在不少问题：年薪制实施对象界限不清，年薪标准不明确，企业家群体和经营者人才市场缺位，经营者收益与责任不对称，年薪水平太低，年薪结构单一，缺乏长期激励项目。

(6) 新型薪酬制度。

近年来涌现出一些新型薪酬制度,如基于经济增加制(Economic' Value Added,EVA)的薪酬体系和内部员工持股计划等,这些薪酬制度能够起到长期激励员工的效果。

①基于经济增加制的薪酬制度。

1991年,美国人贝内特·斯图尔特在其著作《价值探寻》里首次系统阐述了基于经济增加制的薪酬制度的框架。在基于经济增加制的薪酬制度中有一个现金奖励计划,奖金不封顶,企业经理为股东创造的价值越多,获得的奖金就越多,这样对经理就有较好的激励作用。斯图尔特认为,企业有必要运用基于经济增加制的薪酬制度构建激励体系,而且建立在基于经济增加制的薪酬制度基础上的业绩衡量及薪酬激励计划更值得投资者信赖。基于经济增加制的薪酬制度的薪酬激励体系的核心是:给管理层一个期望,并希望他们能够超越这个期望。期望是长期的,而不是每年的目标,因此对他们的考核建在一个较长的周期基础上;没有业绩目标上下限,员工可以得到数额很大的奖金,也有可能是负数的奖金;奖金将会存入奖金库,其中部分会直接发放给员工,部分作为风险考核暂存。正是由于奖金库的存在,经理和员工会更关注他们的决策,以期在未来获得这部分收入。由此可见,基于经济增加制的薪酬制度鼓励持续性发展,能够避免各种短期行为。

②内部员工持股计划。内部员工持股计划(Employee Stock Ownership Plans,ESOPs)是一种企业员工通过购买企业部分股票而拥有企业的部分产权,并获得相应管理权限的制度。西方国家企业内部员工持股计划的思想渊源可以追溯到欧美等国家实施"资本民主化"改良运动时期。第二次世界大战以后,管理界面临人力资本化的趋势,产权关系变革是内部员工持股计划产生的主要原因。实施内部员工持股计划后,员工不仅可以分享企业经营业绩和资本增值,而且还可以在一定程度上参与企业决策,为员工提供了一种长期的激励机制。内部员工持股计划的一般做法是:企业成立一个专门的员工持股信托基金会,基金会由企业全面担保贷款认购企业的股票,企业每年按一定比例提取工资总额的一部分投入员工持股信托基金会以偿还贷款。当贷款还清后,该基金会根据员工相应的工资水平和劳动贡献的大小将股票分配到每个员工的"持股计划账户"上。员工离开企业和退休,可以将股票卖给员工持股信托基金会,内部员工股东拥有收益权和投票权,可以根据所拥有的股份参与公司重大问题的投票,但没有股份转让权和继承权,只有在员工因故离职和退休时,才能将属于自己的那一部分股份按照当时的市场价值转让给本公司的其他员工或由公司收回,自己取得现金收益。

7.2.4 工作示例

微软的技能工资等级评定

首先,微软(微软公司)为技术人员和管理人员提供了一条平行的工资晋升途径,在每个专业里设立了"技术级别",这种级别用数字表示,既反映了员工在公司的表现和基本技能,也反映了经验阅历,并根据技术级别确定员工的工资水平。在开发部门,部门经理每年对全体员工进行一次考核并确定技术级别,这时,所有的员工都可以相互比较,充分地认识到公司对自己技能的认可程度。

微软将开发员界定为15个级别,一个从大学里招聘的新员工一般是10级,每年对开发员工进行的测评也决定了晋级情况,一般6~18个月可以晋升一级,有硕士学位的员工升得会快一些,或是一开始定位为11级。对各级别的要求是:12级员工的技能编写代码准确无误,在某个项目上基本可以应付一切事情;13级员工的技能可以从事跨商务部门的工作;14级员工的技能可以影响跨部门的工作;15级员工的技能可以影响整个公司范围的工作。

7.2.5 案例实践

TCL "金手铐"计划

TCL集团(以下简称"TCL")创办于1981年,是一家从事家电、信息、通信等产品研发、生产、销售的特大型国有控股企业。从2008年3月4—19日,TCL先后分11次在二级市场回收股票总数量达到5 063万股,耗资超过1 600万元。这些股票的用途,与TCL 3月11日公布的大股权激励紧密相连。

据称,TCL更大规模的员工股权激励计划方案仍在酝酿中,该计划将覆盖TCL旗下的四大产业集团和两大业务群。这个规模庞大的股权激励计划有望在2008年年底前全面落实。而在此次展开股权激励计划前,TCL多媒体已于2008年2月通过回购2%的股权来激励其经理。

TCL如此大规模的股权激励计划被外界视为向员工派发"金手铐"。

思考:

请结合案例,谈谈你如何理解TCL向员工派发"金手铐"。

7.3 员工工资统计实务

7.3.1 任务目标

通过本任务的学习应掌握以下职业能力。
①了解企业常见的工资制度。
②掌握常见的工资形式、种类和计算方法。

7.3.2 任务描述

对员工工资进行统计分析是从事人力资源管理工作的基本技能之一,通过本任务的学习了解企业常见的工资制度,掌握企业工资的形式及计算方法。

7.3.3 知识学习

1. 常见的企业工资制度

目前常见的企业工资制度有计件工资制、销售提成工资制、技术等级工资制、岗位工资制、结构工资制、岗位技能工资制和薪点工资制。不同的企业有不同的工资制度,在选择适合的工资制度时，一般考虑企业的盈利水平、企业所处行业的发展进度、企业规模和工资管理四个因素。例如，盈利水平低，可采用岗位或职务等级工资制；盈利水平高，可采用结构工资制；行业发展速度快，可采用岗位技能工资制；行业发展速度缓慢，可采用结构工资制。目前，企业工资制度的改革热点是劳动分红、员工持股计划、年薪制、股票期权等。

2. 工资形式和工资的计算

（1）工资的一般形式。

工资形式是指劳动计量和工资支付的方式，是在确定员工工资标准的基础上，把员工的工资等级标准同劳动数量联系起来，计算出企业应当支付给员工的工资报酬量，并由企业按预定的支付周期直接支付给员工。

工资的一般形式包括两个方面。

①劳动计量，其反映劳动者的劳动数量。

②工资支付，其内容包括工资支付项目、支付水平、支付形式、支付对象、支付时间及特殊情况下支付的工资。广义的工资，既包括按劳分配的工资，即与劳动者的劳动数量直接成正向联系的工资，如计时工资、计件工资、奖金等，其带有变动工资成本的性质，具有刺激性；也包括非按劳分配的工资，即不与劳动者的劳动数量直接成正向联系的工资，如津贴、补贴、特殊情况下的工资等，其带有准固定成本的性质，具有福利性。

（2）选择工资形式的原则。

①具体工资形式要与岗位特点相吻合。

②员工收入与工作效率成正比。

③计划简明易懂，便于计算。

④工资发放要及时。

⑤工资实施计划一经制订，应当比较稳定。

（3）工资形式的种类及工资的计算。

工资形式有计时工资制、计件工资制、奖金、津贴和补贴、加班加点付的工资等种类。

①计时工资制与计件工资制。计时工资制与计件工资制的对比如表7-5所示。

表7-5 计时工资制与计件工资制

类型	定义	优点	缺点
计时工资制	按计时工资等级标准和工作时间向个人支付劳动报酬。包括对已做工作按计划工资标准支付的工资，实行结构工资制的单位支付给员工的基础工资和职务（岗位）工资，新参加工作的员工的见习工资（学徒生活费），运动员的体育津贴	计时工资按一定质量劳动的直接持续时间支付工资，工资数额取决于员工工资等级标准和劳动时间；鼓励和促进劳动者关心业务技术水平的提高；提高出勤率；简单易行、适应性强、适用范围广。目前，绝大部分企业采用计时工资制	工资不能准确反映劳动强度；就同一劳动者而言，工资难以准确反映实际提供的劳动数量和质量；就不同劳动者而言，不同贡献的人可能获得相同的工资，不利于激励劳动者的积极性

续表

类型	定义	优点	缺点
计件工资制	根据员工完成合格产品的数量，按计件单价支付的劳动报酬。包括实行超额累进计件等工资制，按劳动部门或主管部门批准的定额和计件单位支付的工资，按工作任务包干支付的工资，按营业额提成或利润提成支付的工资。计件工资制是计时工资的转化形式	能从劳动成果准确反映劳动者实际付出的劳动量，并按劳动成果计酬，激励性强，公平感强；能反映不同等级和同等级工人之间的劳动差别；促使工人改进工作方法，提高劳动生产率	片面追求产品数量，忽视产品质量、安全，不爱护机器设备等；因管理或技术改进而提高生产效率时，提高定额会遇到困难；因追求收入会使工人工作过度紧张，有碍健康；企业以利润最大化为目标时，容易滥用计件工资制

计件工资制的具体形式有八种。

a. 直接无限计件工资制。无论工人完成或超额完成劳动定额为多少，都按同一计件单价计发工资。

b. 直接有限计件工资制。支付计件工人超额工资不得超过本人标准工资的一定比例或绝对金额的限制。

c. 累进计件工资制。产量在定额以内部分，按一种计件单价计算工资，超额部分按一种或几种递增的计件单价计算工资。

d. 超额计件工资制。定额以内按完成比例计发工资，完成定额可得标准工资，超额部分不同等级的工人按照同一单价计发超额计件工资；定额以内实行计时工资，保证标准工资，超额部分，不同等级的工人按照同一单价计发超额计件工资。

e. 包工工资制。将一定数量和质量的生产或工作任务包给工人，预先规定完成期限和工资总额，按期完成任务后，可领取全部包工工资。

f. 提成工资制。从个人营业额和所创利润中提取一定比例，作为员工工资。

g. 间接计件工资制。针对辅助工作制定的计件工资制，根据服务对象完成的产量或根据车间、工段的实际产量，计算应得工资。

h. 综合计件工资制。计件单价不仅以产量定额来计算，而且要综合考虑质量、原材料消耗及产品成本。

②计时工资的计算。计时工资的计算公式为：

$$计时工资 = 工资标准 \times 实际工作时间$$

计时工资制分月工资制、日工资制、小时工资制三种。月工资制是按月计发的工资制度，遇有加班、缺勤等情况需要加发或减发工资时，一般按日工资标准处理（每周40小时工作制，平均每月法定工作天数为21.75天）。日工资制是按日计发的工资制度。小时工资制是按小时计发的工资制度；钟点工一般采用小时工资制，双方可谈定雇佣条件和小时标准，也可先定下月工资或日工资标准，再计算小时工资标准。

③计件工资与计件单价的计算。

a. 计件工资制可用两种方法计算工资。

一是直接无限计件工资制，计算公式为：计件工资＝合格产品数量×计件单价。

二是累进计件工资制，计算公式为：计件工资 $=w1\times p1+w2\times p2+w3\times p3+w4\times p4+\cdots$

（注：w 表示完成的任务数，p 表示该完成任务数量档次的单价）

b. 计件单价的计算可从个人计件、集体计件和其他计件方法进行考虑。

• 个人计件。

产量定额时，单价的计算公式为：计件单价＝工资标准÷产量定额。

工时定额时，计件单价的计算公式为：工时单价＝工资标准÷对应工时总数；计件单价＝工时单价×工时定额。

• 集体计件。

产量定额时，计件单价的计算公式为：计件单价＝集体工资标准总额÷集体产量定额。

工时定额时，计件单价的计算公式为：工时单价＝集体工资标准总额÷对应集体工时总数；计件单价＝工时单价×工时定额。

• 其他计算方法。

缺乏明确的工作等级时，计件单价的计算公式为：计件单价＝工人的平均等级工资标准÷产量定额。

按最高产量水平确定时，计件单价的计算公式为：计件单价＝工资成本总额÷历史最高产量。

质量等级不同，计件单价也就有所不同。

计件单价随全厂或车间所得奖金总额或实现利润的浮动而变化，常用于实行超额计件工资制的集体计件单位。

④奖金的特点、分配原则与计算。奖金是给予付出超额劳动的劳动者的现金奖励，按超额劳动对生产的作用是否直接，分为生产性奖金（或工资性奖励）、创造发明奖（或合理化建议奖）两大类。奖金的特点主要有：单一性，仅反映某一方面的劳动差别；灵活性，奖励条件多种多样，调整灵活；及时性，周期短，奖励及时，鼓励性强；政治荣誉性，表扬先进员工，树立劳动光荣新风尚。

不同工作性质的员工有不同的奖金分配方法：企业效益奖适合所有员工；计件工资适合生产和服务人员；销售提成工资适合销售人员。常见的奖金是根据企业的经济效益、员工绩效考核结果进行分配的，也与员工所处的薪酬等级有关。

a. 奖金分配原则。确定企业奖金总额应本着保证股东回报的原则。企业员工奖金分配应遵循员工奖金分配原则，即依据不同岗位的工作性质，非关键岗位注重保障，中高级岗位注重激励。

b. 奖金的计算。

• 计算奖金总额。可分为四种情况。

第一种，按照企业超额利润的一定百分比提取奖金。其计算公式为：奖金总额＝(本期实际利润－上期利润或计划利润)×超额利润奖金系数。

第二种，根据企业实际运用效果和实际支付人工成本提取奖金。其计算公式为：奖金总额＝生产（或销售）总量×标准人工成本费用－实际支付工资总额。

第三种，根据企业年度产量（销售量）超额程度提取奖金。其计算公式为：奖金总额＝

（年度实现销售额－年度目标销售额）×计奖比例。

第四种，按成本节约量的一定比例提取奖金。其计算公式为：奖金总额＝成本节约额×计奖比例。

- 计算个人奖金额。可分为两种情况。

第一种，根据各项奖励规定的最高分数及员工完成定额情况所得分数计算。个人奖金额的计算公式为：个人奖金额＝企业奖金总额÷企业各人考核总得分×个人考核得分。

第二种，根据岗位贡献大小确定岗位资金系数，再根据个人完成定额情况的系数计算。个人奖金额的计算公式为：个人奖金额＝企业奖金总额÷∑（岗位人数×岗位系数）×个人岗位计奖系数。

（4）国家有关工资形式的规定。

为维护劳动者的权利，规范企业行为，我国对工资支付、工作时间、经济补偿和个人所得税制定了明确的规定。

①工资支付。工资应当以法定货币支付，不得以实物及有价证券替代货币支付。工资支付的有关规定如表7-6所示。

表7-6　工资支付的有关规定

支付对象	支付时间	特殊情况的工资支付
应支付给劳动者本人；本人可委托他人代领；用人单位可委托银行代发工资；应提供个人工资清单，记录保留2年以上	用人单位与劳动者约定日期支付；节假日应提前在最近的工作日支付；至少每月支付一次；解除或终止劳动合同时一次付清工资	参加社会活动：劳动者在法定工作时间内依法参加社会活动期间，用人单位应视同其提供了正常劳动而支付工资。 休假：劳动者依法享受年休假、探亲假、婚假、丧假期间，用人单位应按劳动合同规定的标准支付工资。 停工：非因劳动者造成的停工，一个支付周期内应按合同规定标准支付。 超过一个支付周期：提供正常劳动的，不能低于最低工资，没提供正常劳动的，按有关规定办理。 破产：用人单位依法破产时，优先支付本单位所欠员工的工资。

在支付工资时，用人单位可以代扣代缴劳动者的个人所得税、应由劳动者个人负担的社会保险费用、法院判决和裁定中要求代扣的抚养费、赡养费及法律法规规定的其他费用。

用人单位克扣或无故拖欠劳动者工资、拒不支付劳动者延长工作时间工资、低于当地最低工资标准支付劳动者工资，均属于侵犯劳动者合法权益的行为，由劳动行政部门责令其支付劳动者工资和经济补偿，并可责令支付赔偿金。

②工作时间。根据《全国年节及纪念日放假办法》（国务院令第644号）的规定，全体公民的节假日假期为11天，职工全年平均工作天数和工资折算办法分别调节如下。

a. 工作时间的计算。

年工作日＝365天－104天（休息日）－11天（法定节假日）＝250天

季工作日＝250天÷4季＝62.5天/季

月工作日＝250天÷12月＝20.83天/月

工作小时数的计算以月、季、年的工作日乘以每日的8小时。

b. 日工资、小时工资的折算。

按照《劳动法》第五十一条的规定，劳动者在法定节假日和婚丧假期间以及依法参加社会活动期间，用人单位应当依法支付工资，即折算日工资、小时工资时不剔除国家规定的11天法定节假日。据此，日工资、小时工资的折算为公式如下。

$$日工资 = 月工资收入 \div 月计薪天数$$

$$小时工资 = 月工资收入 \div (月计薪天数 \times 8 小时)$$

$$月计薪天数 = (365 天 - 104 天) \div 12 月 = 21.75 天$$

③经济补偿。因劳动者本人原因给用人单位造成经济损失的，劳动者承担经济损失赔偿，可从劳动者工资中扣除，每月不得超过当月的20%，扣除后如低于最低工资标准，则按最低工资标准支付。

劳动行政部门监察工资支付情况，用人单位承担经济补偿。

用人单位无故克扣或无故拖欠工资、拒不支付劳动者延长工时工资报酬的，还需加相当于工资补偿的25%的经济补偿金。

工资报酬低于当地最低工资标准的，还需加发低于部分的25%的经济补偿金。

用人单位解除劳动合同的，每满一年发给相当于一个月工资的经济补偿金，最多不超过12个月，不满1年视为1年。

④个人所得税。

a. 以下所得应依法缴纳个人所得税。

- 在中国境内有住所的个人，从中国境内和境外取得的所得。
- 在中国境内无住所但在中国境内居住满1年的个人，从中国境内和境外取得的所得。
- 在中国境内无住所且在中国境内不居住或居住不满1年的个人，从中国境内取得的所得。

个人工资、薪金所得、经营所得、劳动报酬所得、稿酬、财产租赁和转让所得、特许权使用费所得、偶然所得、利息、股息、红利所得，以及经国务院财政部门确定征税的其他所得均需缴纳个人所得税，通常由个人所在单位代扣代缴。不同来源的个人所得额包括工资、薪金，按不同的税率缴纳个人所得税。

b. 免纳个人所得税的范围如下。

- 省级人民政府、国务院部委和中国人民解放军军以上单位，以及外国组织、国际组织颁发的科学、教育、技术、文化、卫生、体育、环境保护等方面的奖金。
- 国债和国家发行的金融债券利息。
- 按照国家统一规定发给的补贴、津贴。
- 福利费、抚恤金、救济金。
- 保险赔款。
- 军人的转业费、复员费。

- 按照国家统一规定发给干部、员工的安家费、退职费、基本养老金或者退休费、离休费、离休生活补助费。
- 依照有关法律规定应予免税的各国驻华使馆、领事馆的外交代表、领事官员和其他人员的所得。
- 中国政府参加的国际公约、签订的协议中规定免税的所得。
- 国务院规定的其他免税所得。

（5）编制工资表。

编制工资表要求把工资的所有数据全部设计并包括在工资表中，通常每个员工的工资均由应发工资和代扣款两部分组成。实发工资的计算公式为：

$$实发工资 = 应发工资 - 应扣款$$
$$= 应发工资 - （代扣款 + 直接扣款 + 代缴款）$$

编制工资表主要有两方面内容。

① 工资的计算。

a. 确定工资标准。根据员工对应薪酬等级，对照岗位工资表、能力工资表确定员工的岗位工资标准和能力工资标准。

b. 计算工资额。根据员工所在薪酬等级，确定津贴、补贴金额，再根据考勤记录，扣除缺勤工资、各项社会保险个人承担部分及个人所得税，计算实际工资。

c. 计算奖金。根据员工绩效考核结果、个人所处的薪酬等级、企业经济效益和所在部门或小组任务完成情况，按奖金分配办法计算奖金。

② 工资的汇总。工资的汇总即汇总各部门工资总额和企业工资总额。

7.3.4 工作示例

某玻璃制品公司下属的各生产厂自 2018 年推行累进综合工资制以来，取得了十分显著的经济效益，产品质量直线上升，受到客户的好评。同时，为了提高优质品产量，在核算员工工资总额时，各生产厂增加了优质品比例调整系数。某玻璃制品公司工资核算标准如表 7-7 所示。假如技工王建平在 10 月共加工完成了 2 250 件合格产品，其中优质品 270 件。请计算该技工 10 月的工资总额。

表 7-7 某玻璃制品公司工资核算标准

产品产量/件	计件单价/(元·件$^{-1}$)	优质品产量比例/%	计件工资总额调整系数
0~500	1	10 及以下	1.05
500~1 000	1.5	10~20	1.1
1001~1 500	2	20~30	1.15
1501~2 000	2.5	30~40	1.2
2 000 以上	3	40 以上	1.25

7.3.5 案例实践

员工们喜欢什么样的年终奖？

辛苦一年，员工们究竟喜欢什么样的年终奖？

张先生等人在一家工艺公司工作，他们觉得，正常情况下，不论是管理人员还是一般员工，大多数比较喜欢的年终奖是现金。因为现金到手后，可以自由支配，想怎么用就怎么用。购物券的麻烦在于，一般情况下购物券都有使用期限及限定购物场所，使用起来较麻烦。而作为年终奖，发给员工的实物大都不实用，很多人领到实物后常常弃之不用。

年近50岁的何先生认为，如果年终奖是一笔现金那是最好的事，如果没有现金，能领到实物也未尝不可，当然，如果实物是一些有纪念意义的东西也很不错。因为，工作的压力将同事、同学、朋友间的距离拉远，特别是一些同事由于存在竞争等原因，彼此间缺少和谐与融洽的关系。如果年终奖能发放一些真正实用或有纪念意义的实物，若干年后，不论大家是否还在共事，至少在看到这些东西时，多少都会想起当初的点点滴滴，从而珍惜共事的缘分，在往后的工作和生活中也更懂得处理好与周围人的关系。

在郴州工业区工作的朱女士说，她发现一些企业老板为了省钱，竟会以变质物品作为年终奖发给员工；一些购物券和代金券，也是要么质差价高，要么好看不实用，这样一来，员工的切身利益大受损害。朱女士举例说，2016年春节前，她当时所在的企业发给大家一些购物券。他们凭这些购物券到指定的超市领取指定的物品后，发现这些物品中的每瓶葡萄酒价格要比市场价高出约20元，而鱼干等海产品不但价格明显偏高，质量也非常差。

谢小姐在经济技术开发区一家较具规模的合资企业工作，她有另一番见解。谢小姐介绍，她供职于目前这家企业已整整4年。每年年末，企业都要给大家加发一定数额的奖金和一些较为实用的实物。2018年，公司还根据员工表现，增加了优秀员工免费旅游奖，全公司共有10多人因工作业绩突出而获得价值不等的国内外旅游奖励。谢小姐认为，这样新颖的年终奖，将大大激发员工的积极性。同时，这种旅游、休闲的奖励方式，还可有效缓解和减轻优秀员工的压力，增长他们的见识。尤其是在旅游中欣赏那些风景迷人的名山大川、异国风情，员工们久久难以忘怀，从而带动更多员工的积极性。与此相比，纯现金奖励则容易随着时间推移而被人淡忘。

思考：

你喜欢什么样的年终奖呢？

7.4 员工福利

7.4.1 任务目标

通过本任务的学习应掌握以下职业能力。

①了解员工福利的内涵。

②掌握我国现行休假制度。

7.4.2 任务描述

福利对吸引员工、促进企业发展具有十分重要的意义。通过本任务的学习，了解企业员工福利的具体内容、社会保险的相关法规和基本内容，能够办理五大保险的核算与统计事务，掌握企业建立工资、福利和保险台账的方法。

7.4.3 知识学习

1. 认识员工福利

（1）员工福利。

员工福利是指企业根据国家有关法律法规及自身需要，向全体或部分员工提供的直接经济报酬以外的各种实物和服务等，用以提高或改善员工的物质及精神生活质量。广义的福利是指企业员工除了工资、奖金之外的所有待遇，包括社会保险；狭义的福利是企业员工除了工资、奖金和社会保险之外，享受的其他待遇。

福利分为法定福利与补充福利、集体福利与个人福利、经济性社福利和非经济性福利等类型。福利具有吸引优秀员工，提高员工士气，降低员工辞职率，激励员工、凝聚员工和提高企业经济效益的作用，对促进组织发展具有重要意义。

①法定福利与补充福利。

法定福利。法定福利又称基本福利，指按照国家法律、法规和政策规定必须发生的福利项目。只要企业建立并存在，法定福利就存在；法定福利不受企业所有制性质、经济效益和支付能力的影响。法定福利包括社会保险、休假制度、住房公积金等。

补充福利。补充福利是在法定福利之外由企业自定的福利项目。补充福利受企业经济效益、支付能力和自身目的的影响；内容不统一，项目五花八门。常见的补充福利有交通补贴、房租补助、免费住房、工作午餐补助、通信补助、贷款担保、内部优惠商品、搬家补助、子女医疗费补助、互助会、女工卫生费等。

②集体福利与个人福利。

集体福利是指全部员工都可以享受的公共福利设施，包括集体生活设施，如员工食堂、托儿所、幼儿园；集体文化体育设施，如图书馆、健身室、游泳池；医疗设施，如医院、医疗室等。

个人福利是指个人具备国家及所在企业规定的条件时可以享受的福利，如探亲假、冬季取暖补贴、子女医疗补助、生活困难补助等。

③经济性福利与非经济性福利。

经济性福利是指以货币表示的各项福利，如各项薪酬之外的补助、补贴、保险。非经济性福利是指采用服务或改善环境等形式所带来的福利，不涉及金钱与实物。非经济性福利包括带薪假期、企业为员工提供的各项免费咨询与服务等。

（2）社会保险的基本内容。

我国现行的社会保障体系包括社会保险、社会救济、社会福利、社会安抚安置和国有企业下岗职工基本生活保障和再就业等方面。其中，社会保险包括养老保险、医疗保险、失业保险、工伤保险和生育保险五个项目。

（3）休假制度。

自2008年1月1日起，我国开始实行新的《全国年节及纪念日放假办法》，该办法对元旦、春节、清明节、劳动节、端午节、中秋节、国庆节放假安排做出规定。同日生效的还有《员工带薪年休假条例》。以上办法和条例中涉及的休假日是员工应当享受的法定福利。

法定假期包括四类。

①公休假日。公休假日是劳动者工作满一个工作周之后的休息时间。国家实行劳动者每日工作时间不得超过8小时，平均每周工作时间不得超过44小时的工时制度。《劳动法》第三十八条规定，用人单位应当保证劳动者每周至少休息一天。

②法定休假日。法定休假日即法定节日休假。根据现行《全国年节及纪念日放假办法》，我国全体公民放假的节日包括元旦、春节、清明节、劳动节、端午节、中秋节、国庆节。《劳动法》规定，法定休假日安排劳动者工作的，支付不低于工资的300%的劳动报酬。除《劳动法》规定的节假日以外，企业可以根据实际情况，在和员工协商的基础上，决定放假与否及规定加班工资。

③带薪年休假。我国《劳动法》第四十五条规定，国家实行带薪年休假制度。而我国从2008年1月1日起开始正式实施的《职工带薪年休假条例》则明确规定，职工连续工作1年以上的，享受带薪年休假。其中累计工作已满1年不满10年的，年休假5天；已满10年不满20年的，年休假10天；已满20年的，年休假15天。国家法定休假日、休息日不计入年休假的假期。实施年休假的目的在于使员工暂时离开繁重的工作，获得身心的双重休息，从而提高工作绩效。

④其他假期。在我国，员工还可以享受探亲假、婚丧假、产假或配偶生育假等。探亲假的享受对象是组织中那些与直接亲属不在同一个区域的员工，具体规定各地区有所不同；达到法定结婚年龄的员工可以享受婚假；符合生育政策的女职工可以享受产假，而男职工可以享受配偶生育假，以照顾分娩的妻子。

（4）住房公积金。

住房公积金是指国家机关、国有企业、城镇集体企业、外商投资企业、城镇私营企业及其他城镇企业、事业单位、民办非企业单位、社会团体（以下统称单位）及其在职员工缴存的长期住房储金。其具有两个特征：一是积累性，即住房公积金虽然是员工工资的组成部分，但不以现金形式发放，并且必须存入住房公积金管理中心所委托银行开设的专户内，实行专户管理；二是专用性住房公积金应当用于员工购买、建造、翻建、大修自住住房，任何单位和个人不得挪作他用，员工只有在离退休、死亡、完全丧失劳动能力并与单位终止劳动关系或户口迁出原居住城市时，才可提取本人账户内的住房公积金。

为了加强对住房公积金的管理，维护住房公积金所有者的合法权益，促进城镇住房建设，提高城镇居民的居住水平，国务院于1999年4月颁布了《住房公积金管理条例》，并于2002年3月对该条例进行了相应的修改，于2019年3月再次修订。住房公积金是指单位及其在职员工缴存的长期住房储金，包括员工个人储存的住房公积金和员工所在单位为员工缴存的住房公积金，属于员工个人所有。我国住房公积金设有专门机构进行管理，并且实行专款专用。《住房公积金管理条例》只规定了住房公积金缴存的比例范围，没有明确的比例。《住房公积金管理条例》第十八条规定，职工和单位住房公积金的缴存比例均不得低于职工上一年度月平均工资的5%；有条件的城市，可以适当提高缴存比例。

住房公积金的管理主要实行住房公积金管理委员会决策、住房公积金管理中心运作、银行专户存储的原则。员工个人缴存的住房公积金和员工所在单位为员工缴存的住房公积金，属于员工个人所有。

（5）企业福利。

企业福利是与员工法定福利相对应的一种福利类别。与法定福利项目相比，企业福利具有三个明显特征。

①针对特定人群。企业福利的直接效用是保障员工的生活水平和提高其生活质量，只有在本单位就业的员工才能享受（有些福利项目员工家属也可以享受）。

②一般采取普惠制。企业福利一般按照普惠制向员工提供，某些企业或项目也可能依据员工供职时间长短和贡献大小规定其享受待遇的高低差别。企业福利的职能是以共同消费的形式满足共同需要，其发展趋势是以集体福利为主。它不是劳动者谋生的手段，只是工资收入的补充，一般情况下不体现按劳分配的要求。

③资金来源于企业盈利。企业福利水平主要取决于企业的经济效益，形形色色的企业福利计划在一定程度上反映了企业兴衰。

企业福利名目繁多，但是归纳起来可以分为经济性福利、设施性福利、娱乐性福利、员工服务福利、其他福利等类别，如表7-8所示。

表7-8　企业福利分类

类型	定义	举例	作用
经济性福利	除了工资和奖金外，对员工提供其他的经济性补助的福利	住房补贴、礼金等	可减轻员工的负担或增加额外收入，提高士气和工作效率
设施性福利	从员工的日常需要出发，向员工提供设施性服务的福利	员工免费宿舍、阅览室与健身房等	方便员工的工作和生活，提高员工的职业生活质量
娱乐性福利	为了增进员工的社交和娱乐活动，促进员工的身心健康及增进员工的合作意识，提供娱乐性的福利	旅行、免费电影等	基于重视员工的管理理念，满足员工的参与感和娱乐需求
员工服务福利	为员工提供各种生活、职业发展等方面服务的福利	员工的身体健康检查和外派进修	提高员工的生活质量和工作能力
其他福利	以上所列福利中未包含的其他福利	以本企业员工的名义向大学捐助奖学金等荣誉性福利	满足员工的其他需求

以上福利中，所需费用最高的是经济性福利。近年来，在经济性福利中涌现出一些所占比例逐年增加的福利项目，比较有代表性的有企业补充养老保险、补充医疗保险、员工人寿保险计划以及企业年金等。

①企业补充养老保险。企业补充养老保险是指企业根据自身经济实力，在国家规定的实施政策和实施条件下为本企业员工所建立的一种辅助性的养老保险，由国家宏观指导、企业内部决策执行。

企业补充养老保险与基本养老保险的区别主要体现在保险的层次和功能上。企业补充养老保险由劳动保障部门管理；单位实行补充养老保险，应选择经劳动保障行政部门认定的机构经办。企业补充养老保险费可由企业完全承担，或由企业和员工双方共同承担，承担比例由劳资双方协议确定。企业内部一般都设有由劳资双方组成的董事会，管理企业补充养老保险事宜。企业补充养老保险可以由单个企业设立，也可以由多个企业甚至行业共同设立，还可以在单个企业独立设立，以多个企业的共同设立为补充。高新技术企业和存在大量直接现金交易的企业通常设立单个企业的补充满养老保险。

②补充医疗保险。补充医疗保险指除法定医疗保险福利之外，企业用来保障员工身体健康而采取的措施。许多国家的基本医疗保险定位于提供低版本、有限责任、普遍享受的医疗保障，使得企业为员工提供补充医疗保险作为一种福利，最普遍的就是实行大额医疗费用互助计划。

③员工人寿保险计划。员工人寿保险计划是一种比较普遍的员工福利，保险费的成本通常由企业支付，并允许员工以购买附加保险的名义付费。发达国家的大部分大中型企业把为员工购买人寿保险作为一种福利。在企业为员工购买的最低保险额之上，通常还允许员工自己交保，购买一定数额的额外保险。

人寿保险是一个适用于团体的福利方案，它对企业和员工都有许多有利之处。在西方大中型企业中，企业一般支付全部的基本保险费，承担金额通常相当于员工两年的薪酬。

④企业年金。企业年金源自自由市场经济比较发达的国家，是指在政府强制实施的公共养老金或国家养老金之外，企业在国家政策指导下根据自身经济实力和经济状况建立的，为本企业员工提供一定程度退休收入保障的补充性养老制度。企业年金基金是根据企业年金计划筹集的资金及其投资运营收益形成的企业补充养老保险基金。

企业年金计划在提高员工福利的同时，起到了增加企业凝聚力、吸引力的作用。企业年金的意义体现在：第一，有利于树立良好的企业形象，吸引和留住优秀人才，企业单位建立良好的员工福利保障制度，充分解决员工的医疗、养老、工伤及死亡抚恤等问题，稳定员工队伍；第二，企业根据员工的贡献，设计具有差异性的年金计划，可在单位内部形成一种激励氛围，有利于形成公平合理的分配制度，充分发挥员工自身的最大潜力；第三，企业年金计划规定，员工服务满一定的年限后方可获得相应的年金权益，利用这种福利滞后效果可以有效地保留人才；第四，建立企业年金制度，在提高员工福利的同时，利用国家有关税收政策，为企业和个人合理节税。

在实行现代社会保险制度的国家中，企业年金已经成为一种较为普遍实行的企业补充养老金计划，并且成为所在国家养老保险制度的重要组成部分。近几年来，我国企业年金发展迅速,但由于企业年金制度正处于起步阶段,还不够完善,如何对规模和覆盖范围日益扩大的企业年金在其建立、管理和投资等方面加以适当引导和正确规范,是一个亟待解决的问题。

2. 员工福利管理

(1) 员工福利费用的提取。

员工福利费用是国家和单位用于员工生活福利设施和福利补贴的各种费用的总称。在国家机关和事业单位称为员工福利费,在企业单位称为员工福利基金。

员工福利费用的提取包括三个方面的内容。

①企业员工福利基金的提取。按员工工资总额的14%从企业成本中提取。

②国家机关和事业单位员工福利费的提取。主要由国家财政拨款,按全体员工月平均工资的2%提取,不足的由单位行政经费予以补助。

③其他来源。

a. 国家为各单位提供的与员工基本生活有关的非生产性建设投资费用。

b. 工会经费中用于员工福利的费用。

c. 各单位举办的员工福利设施的收入。

d. 企业税后留利中提取的法定公益金,最低占企业税后留利的5%。

(2) 建立工资福利与保险台账。

①建立工资台账。员工工资总额是重要的国情和国力统计的指标,是衡量员工生活水平和计算退休金及有关费用的重要依据,是企业人工成本的主要组成部分,对准确统计薪酬数据具有重要意义。

②建立福利台账。福利台账要将所有能用货币形式表示的福利支出信息包含在内,如由企业提供的带薪旅游支出、统筹医疗支出等。

③建立保险台账。在建立保险基金台账时,要把企业所有的保险基金信息都包括在内。

7.4.4　工作示例

"薪"心相通,留住人才

诺基亚(诺基亚公司)从一个以造纸起家的芬兰小公司,一跃成为世界电信业的巨头。它的成功离不开审时度势的战略决策以及先进的专业技术,而这一切都源自诺基亚一直致力于留住精英。对人才的重视使诺基亚发展出了独特的薪酬福利体系。

诺基亚认为,优秀的薪酬体系必须在行业内表现出良好的竞争力,否则很容易造成员工流失。企业员工的薪酬过低,显然无法留住人才;但如果企业员工的薪酬水平远高于行业内水平,就会使企业的运营成本高于同行业,企业的营运能力就会削减,同样不利于行业发展。

诺基亚实行"以人为本"的福利体系。

诺基亚员工总的现金收入主要包括以下几个部分。

①基本工资——工资结构受本地市场水平的影响。

②固定的现金补助——月补助、现金福利。

③短期奖金——年终奖、季度奖、NOKIA"人与人联系"奖。
④长期奖金——奖励福利基金。
非现金形式的福利主要包括以下几个部分。
①免费的膳食——分两档,一档为230元/月,一档为340元/月。
②公司班车——2 655元/人(2001年数据)。
③社会保障(公司部分)——养老、医疗、失业、工伤、住房基金。
④商业保险——补充医疗、商务差旅、人身意外伤害、补充养老。
⑤工会出国旅游:约10 000元/5年。
现金福利主要包括以下几个部分。
①防暑降温费,每年6月发放:800元/人。
②取暖费,每年11月发放:800元/人。
③节日费及生日费。

7.4.5 案例实践

你来到一家私营的医药生产企业,被老板任命为总经理。企业的规模不是很大但生产的产品不错,一年的销售额不少,利润率也不低。新官上任,老板要你将公司的福利梳理一下,原因是公司"花了很多钱,但讨不到员工欢心"。公司实行车贴,但是没车的员工怨声载道;公司实行幼儿免费入托,可是没有小孩或小孩不上幼儿园的员工又颇有微词;逢年过节,公司统一给员工送的礼物也引起不少员工的不满,认为不如红包、奖金实惠。福利众口难调。

思考:
你如何让员工对公司福利满意呢?

7.5 本章小结

薪酬是员工在一个组织中工作所获得的报酬中的一个重要部分。总薪酬通常包括基本薪酬、可变薪酬以及福利与服务三部分。薪酬对于员工个人和组织来说都具有重要作用,同时还是组织人力资源系统的一个重要组成部分,通过其他人力资源环节的互动来发挥作用。

开展薪酬管理活动时,通常都需要在薪酬体系、薪酬水平、薪酬结构以及薪酬管理方面进行决策,并且关注薪酬的公平性、有效性和合法性。职位薪酬体系是一种应用最为广泛的基本薪酬制度,其核心工作是通过职位评价以及外部劳动力市场的薪酬状况来确定应当向不同的职位支付的薪酬水平。岗位排序法、岗位分类法、要素分级计点法和因素比较法是四种常见的岗位评价方法。

绩效薪酬是指员工的薪酬随着个人、团队或者组织绩效的某些衡量指标所发生的变化而变化的一种薪酬设计。绩效薪酬可以分为短期、长期、个人和群体的绩效薪酬,分别会给组织带来不同的影响。绩效薪酬有助于强化组织规范,激励员工调整自己的行为,并且有利于组织目标的实现。

与货币性薪酬相比,福利通常采取实物支付或者延期支付的方式,有类似固定成本的特点，是组织全面报酬体系的一个重要组成部分，在组织的薪酬系统中发挥着独特的作用。福利的种类可分为法定福利与补充福利等。随着时代的发展，弹性福利和基于组织战略目标的福利正逐渐成为现代福利计划的发展趋势。

7.6 自测题

一、名词解释

1. 薪酬。
2. 薪酬管理。
3. 薪酬水平策略。
4. 宽带薪酬。
5. 津贴。

二、选择题

1. （   ）是指员工在法定工作时间内完成工作任务或劳动定额时企业必须支付的基本劳动报酬。

   A. 基本工资　　　B. 岗位工资　　　C. 绩效工资　　　D. 技能工资

2. 支付比行业竞争者更具有竞争力的工资属于（   ）。

   A. 市场领先型策略　　　　　　　　B. 市场追随型策略
   C. 市场滞后型策略　　　　　　　　D. 混合型策略

3. （   ）是指为了补偿员工特殊或额外的劳动消耗和因其他特殊原因而支付给员工的一种辅助性工资。

   A. 加班工资　　　B. 津贴　　　　C. 补贴　　　　D. 福利

4. （   ）是指员工因被雇用而获得的各种形式的经济收入。

   A. 薪酬　　　　　B. 社会保险　　C. 福利　　　　D. 社会保障

5. 人力资源管理人员在对工资调整提出建议时，不需要考虑的指标有（   ）。

   A. 最低工资标准　B. 物价指数　　C. 员工家庭收入　D. 工资指导线

三、简答题

1. 结合市场特征，讨论市场领先型策略、市场追随型策略、市场滞后型策略和混合型策略在不同市场类型的企业中的运用。
2. 探讨针对不同人员，应该采取哪种薪酬结构策略（如高弹性薪酬结构策略、高稳定薪酬结构策略、混合型薪酬结构策略）。
3. 探讨技能工资在知识型员工薪酬设计中的运用。

7.7 实践训练

以小组为单位选择一家企业，通过收集该企业相关薪酬体系内容，设计一个针对该企业销售岗位的具有竞争力的薪酬体系，做成幻灯片进行汇报。

第 8 章

劳动关系管理

学习目标

通过本章的学习，应掌握以下职业能力。
1. 了解劳动关系管理的含义。
2. 掌握劳动合同管理的内容。
3. 掌握劳动关系、劳动法律关系的含义和特征。
4. 掌握劳动合同的订立、履行、变更、解除和终止的情形。
5. 了解如何处理劳动争议。
6. 学会订立和管理劳动合同。
7. 能够协调处理薪酬福利、工作条件等纠纷。
8. 能够协调员工发展和组织发展的关系。

导入案例

1982年3月，张震入职房山某电力公司，担任炊事员。2004年5月经某电力公司、东方公司安排，张震与东方公司签订劳务派遣合同，此后，张震由东方公司派遣至某电力公司，从事原岗位工作。2006年、2007年东方公司与张震分别续签了一年期劳动合同。2008年1月1日，张震与东方公司再次签订书面劳动合同，合同最终到期时间为2012年12月31日。2012年12月1日，因双方签订的劳动合同将届满，东方公司向张震邮寄送达终止劳动合同通知单，张震主张双方应存在无固定期限劳动合同，东方公司属违法解除，要求其支付违法解除劳动关系赔偿金。后经调解，东方公司支付张震解除劳动关系经济赔偿金65 000元。

（资料来源：佚名. 人力资源法律——劳动关系解除5个典型案例［EB/OL］. http：//www.360doc.com/content/15/0518/12/22513831_ 471420848.shtml2.）

思考:
1. 解除劳动关系的条件有哪些?
2. 怎样才能签订无固定期限劳动合同?
3. 什么情况下公司可以主张解除劳动合同?

8.1 认知劳动关系

8.1.1 任务目标

通过本任务的学习应掌握以下职业能力。
① 了解劳动关系的概念及特征。
② 掌握劳动法律关系的内涵。
③ 了解劳动法律关系的特征。

8.1.2 任务描述

本任务通过了解劳动关系中的相关概念、理论,要求大家充分理解劳动关系和劳动法律关系的相关知识点,了解并掌握劳动法律关系的特征及内涵。

8.1.3 知识学习

1. 劳动关系的特征

(1) 劳动关系的概念。

劳动关系是指用人单位与劳动者之间,依法确立劳动过程中的权利义务关系。

用人单位是指中华人民共和国境内的企业、个体经济组织、民办非企业单位等组织,同时也包括国家机关、事业单位、社会团体与劳动者建立劳动关系的组织。

劳动者是指达到法定年龄,具有劳动能力,以从事某种社会劳动获得收入为主要生活来源,依据法律或合同的规定,在用人单位的管理下从事劳动并获取劳动报酬的自然人。

(2) 劳动关系的特征。

① 劳动关系是社会劳动过程中发生的关系。劳动者提供劳动能力,包括体力劳动能力和智力劳动能力,劳动使用者提供劳动过程所需要的劳动条件和工作条件,双方在直接的劳动过程中发生劳动关系。

② 劳动关系的主体双方,一方是劳动者,另一方是劳动使用者(或用人单位)。劳动关系主体双方,各自具有独立的经济利益,劳动者提供劳动能力,要求获得相应的报酬和工作条件;经营者为获得经济利益,将要求降低人工成本。

③ 劳动关系双方在维护各自经济利益的过程中,双方的地位是平等的。

④ 劳动关系主体双方存在管理和被管理关系,即劳动关系建立后,劳动者依法服从经营

者的管理，遵守规章、制度。这种双方之间的隶属关系是劳动关系的特点。

（3）劳动法律关系的概念。

劳动法律关系是指劳动者与用人单位依据劳动法律规范，在实现社会劳动过程中形成的权利义务关系。

劳动法律关系的主体一方是自然人，包括本国公民、外国人（外国公民和无国籍人）；另一方是用人单位，包括在中国有法人资格的企业、事业单位、国家机关、社会团体、个体经济组织等。

（4）劳动法律关系的特征。

①劳动法律关系的内容是权利和义务。劳动法律关系是以法律上的权利义务为纽带而形成的社会关系，运用劳动法的各种调整方式将劳动关系转化为劳动法律关系，是劳动法对劳动关系的第一次调整。雇员与雇主按照法律规范分别享有一定的权利、承担一定的义务，其行为与要求具有法律意义。劳动关系转化为劳动法律关系后，若运行出现障碍，如出现违约行为、侵权行为，则劳动法将对劳动法律关系继续进行调整，这是劳动法的第二次调整，其目的在于消除劳动法律关系运行的障碍，使其顺利运行。

②劳动法律关系是双务关系。劳动法律关系是一种双务关系，雇主、雇员在劳动法律关系之中既是权利主体又是义务主体，互为对价关系。通常情况下，任何一方在自己未履行义务的前提下无权要求对方履行义务，不能只要求对方履行义务而自己只享有权利，否则，就违背了劳动法律关系主体地位平等的要求。

③劳动法律关系具有国家强制性。劳动法律关系是以国家强制力作为保障手段的社会关系。国家强制力发挥作用，取决于劳动法律关系主体行为的性质。强行性规范而形成的劳动法律关系内容受国家法律强制力的直接保障，如不得使用童工、不得低于最低工资标准雇用员工、雇主提供的劳动安全卫生条件不得低于国家标准等。任意性规范形成的劳动法律关系的内容，当其受到危害时，则需经权利主体请求后，国家强制力才会显现。

（5）劳动关系与劳动法律关系的区别。

①性质不同。劳动关系属于经济基础范畴，而劳动法律关系属于上层建筑范畴。

②产生前提不同。劳动关系是在劳动过程中产生的，以劳动者提供劳动力（即劳动）为前提；而劳动法律关系则是劳动关系为劳动法律规范所调整而形成的，以劳动法律规范的存在为前提。

③内容不同。劳动关系的内容是劳动；而劳动法律关系的内容则是法定或依法约定的权利与义务，双方必须依法享受权利并承担义务。

④范围不同。前者比后者范围更广泛。

8.1.4 工作示例

甲借用乙的身份证进入赣州福珍制衣有限公司工作，并以乙的名义正式和制衣公司签订书面劳动合同。后甲在上班途中发生交通事故导致受伤，双方就是否存在劳动关系发生争议，甲向劳动争议仲裁委员会申请仲裁。劳动争议仲裁委员会驳回了甲的仲裁请求。一审判决确认甲与制衣公司之间存在劳动关系，二审维持原判。

借用他人身份证签订的劳动合同,因欺诈而导致劳动合同无效。但劳动关系的确立以用工为标准,劳动者已提供劳动,仍应认定存在事实劳动关系。甲以乙的名义和公司签订的劳动合同,因欺诈而导致劳动合同无效。但劳动合同无效和双方存在劳动关系是两个不同的概念。劳动关系的确立以用工为标准,用人单位自用工之日起即与劳动者建立劳动关系。本案劳动者甲已提供劳动,故甲与制衣公司之间存在事实劳动关系。

8.1.5 案例实践

2006年8月1日,刘某与上海东浩人力资源有限公司(以下简称"东浩公司")签订劳动合同,由该公司将刘某派遣至宝格丽商业(上海)有限公司(以下简称"宝格丽公司")工作。之后,双方一直续签劳动合同,至2008年12月5日双方续签了期限从2009年1月1日至2010年12月31日止的劳动合同,该劳动合同期满后双方续签了最后一期劳动合同,期限从2011年1月1日至2013年12月31日止。2013年12月30日,宝格丽公司及东浩公司书面通知刘某,明确双方劳动合同于2013年12月31日期满终止,不再续签。2013年12月31日,刘某签署了离职交接单,办理了离职手续。之后,刘某认为,东浩公司在双方最后一期劳动合同期满后未与其签订无固定期限劳动合同,反而违法终止双方劳动合同。

(资料来源:陈建华. 劳动关系经典案例100篇 [M]. 北京:中国财富出版社,2014.)

思考:
连续订立两次固定期限劳动合同后,公司是否必须签订无固定期限劳动合同?

8.2 劳动合同管理

8.2.1 任务目标

通过本任务的学习应掌握以下职业能力。
①了解劳动合同及其特点。
②掌握订立、履行、变更、解除、终止劳动合同的条件。
③对所学知识加以运用,解决现实中的劳动关系问题。

8.2.2 任务描述

本任务是本章重点,掌握劳动合同的含义、特征和内容,并能理解合同和协议书的区别。掌握订立、履行、变更和解除劳动合同的条件,并能学以致用,解决劳动争议、纠纷。

8.2.3 知识学习

1. 认知劳动合同

(1)劳动合同与协议书。
①劳动合同。劳动合同是劳动者与用工单位之间确立劳动关系、明确双方权利和义务的

协议。劳动合同的主体即劳动法律关系当事人——劳动者和用人单位。劳动合同的主体与其他合同关系的主体不同：其一，劳动合同的主体是由法律规定的，具有特定性，不具有法律资格的公民与不具有用工权的组织不能签订劳动合同；其二，劳动合同签订后，其主体之间具有行政隶属性，劳动者必须依法服从用人单位的行政管理。

②协议书。协议书有广义和狭义之分。广义的协议书是指社会集团或个人处理各种社会关系、事务时常用的契约类文书，包括合同、议定书、条约、公约、联合宣言、联合声明、条据等。狭义的协议书指国家、党政机关、企业、团体或个人就某个问题经过谈判或共同协商，取得一致意见后，订立的一种具有经济或其他关系的契约性文书。

③合同与协议书的关系。合同与协议书虽然有共同之处，但两者也有明显区别。合同的特点是明确、详细、具体，并规定有违约责任；而协议书的特点是没有具体目标、简单、概括，不涉及违约责任。从其区别角度来说，协议书是签订合同的基础，合同又是协议书的具体化。

合同与协议书是两个既有共同点又有区别的概念，不能只从名称上来区分，而应该根据其实质内容来确定。如果协议书的内容写得比较明确、具体、详细、齐全，并涉及违约责任，即使其名称写的是协议书，也是合同；如果合同的内容写得比较概括、很不具体，也不涉及违约责任，即使其名称写的是合同，也不能称其为合同，而是协议书。

（2）劳动合同的特征。

①劳动合同主体具有特定性。劳动合同主体一方是劳动者，即具有劳动权利能力和劳动行为能力的中国人、外国人和无国籍人；另一方是用人单位，即具有使用劳动能力的权利能力和行为能力的企业、个体经济组织、事业组织、国家机关、社会团体等用人单位。双方在实现劳动过程中具有支配与被支配、领导与服从的从属关系。

②劳动合同内容具有劳动权利和义务的统一性和对应性。没有只享受劳动权利而不履行劳动义务的劳动合同，也没有只履行劳动义务而不享受劳动权利的劳动合同；一方的劳动权利是另一方的劳动义务，反之亦然。

③劳动合同客体具有单一性，即劳动行为。

④劳动合同具有诺成、有偿、双务合同的特征。劳动者与用人单位就劳动合同条款内容达成一致意见，劳动合同即成立。用人单位根据劳动者劳动的数量和质量给付劳动报酬，不能无偿使用劳动力。劳动者与用人单位均享有一定的权利并履行相应的义务。

⑤劳动合同往往涉及第三人的物质利益关系。劳动合同必须具备社会保险条款，同时劳动合同双方当事人也可以在劳动合同中明确规定有关福利待遇条款，而这些条款往往涉及第三人物质利益待遇。

（3）劳动合同的作用。

①对于劳动者而言。劳动合同的签订是证明存在劳动关系最有利的证据，也是对用人单位和劳动者之间权利义务的最好规范。所以签订劳动合同对于维护劳动者本人的合法权益起到很大的作用。

注意，劳动者应要求用人单位及时和自己签署书面的劳动合同，约定工资报酬、岗位、期限、工时制等主要条款；其次，要避免在空白劳动合同上签字，否则一旦用人单位改变约定的条件并且将不利条件写入劳动合同，劳动者就处于不利地位了。

②对于用人单位而言。

a. 增强员工归属感。对于服装制造类行业，员工流动率较大，签订短期劳动合同虽然可以在短时间内避免用工风险，但从长远角度讲，签订长期或无固定期限劳动合同一方面使员工有保障感，另一方面免除劳动者重新选择企业的后顾之忧，使之对企业产生更大的认同感，有利于企业长期良性发展。

b. 避免因未及时续签带来的纠纷。由于人员流动率较大，人员众多，劳动合同到期续签事宜将耗费大量精力，如因疏忽未及时续签带来纠纷会让企业蒙受更大人力、物力及财力损失。

c. 及时解除无固定期限劳动合同与固定期限劳动合同的责任等同。企业与劳动者解除劳动合同存在诸多风险，签订固定期限劳动合同虽然可以通过提前30日通知不再续签来免除支付补偿金损失，但是在30日之内仍有各种可变因素导致纠纷。

（4）劳动合同的内容。

《中华人民共和国劳动合同法》（以下简称《劳动合同法》）第十七条规定，劳动合同应当具备以下条款。

①用人单位的名称、住所和法定代表人或者主要负责人。

②劳动者的姓名、住址和居民身份证或者其他有效身份证件号码。

③劳动合同期限。

④工作内容和工作地点。

⑤工作时间和休息休假。

⑥劳动报酬。

⑦社会保险。

⑧劳动保护、劳动条件和职业危害防护。

⑨法律、法规规定应当纳入劳动合同的其他事项。

劳动合同除前款规定的必备条款外，用人单位与劳动者可以约定试用期、培训、保守秘密、补充保险和福利待遇等其他事项。

2. 订立劳动合同

（1）订立劳动合同的概念。

订立劳动合同是指劳动者和用人单位经过相互选择和平等协商，就劳动合同条款达成协议，从而确立劳动关系和明确相互权利义务的法律行为。订立劳动合同一般包括确定合同当事人和确定合同内容两个阶段。

（2）订立劳动合同的原则。

我国《劳动法》第十七条规定："订立和变更劳动合同，应当遵循平等自愿、协商一致的原则，不得违反法律、行政法规的规定。"该规定明确了劳动者与用人单位签订劳动合同必须遵循的基本原则。

（3）订立劳动合同的程序。

①用人单位公布招工简章。用人单位在招用合同制工人或其他人员时，应当先公布招工

简章。招工简章一般包括以下内容：用人单位情况介绍；需招收的人员数量、岗位或工种；用人层次；被录用人员的权利、义务，主要指工作内容、工资、福利；劳动保护和劳动条件、保险和劳动纪律、民主权利等；报名时间、地点，需携带和提交的证明文件、材料，报名手续等。有的招工简章中仅规定招工人数、报名条件、时间、地点、手续等内容，亦无不可。

②劳动者自愿报名。符合条件的应招人员，结合自身情况，有选择地自愿报名，报名时一般应提交企业要求的相关证明材料，如身份及户口证明、毕业证书，并填报用人单位要求填写的各种表格。用人单位根据劳动者提交的材料进行初步资格审查，以确定报名资格。

③全面考核。用人单位对于符合基本资格条件的报名者进行德、智、体全面考核，着重从身体条件、业务能力、心理素质等方面考评，同时根据工作岗位需要而有所侧重。考核的具体内容、标准由用人单位确定，其方法可采取申请资料审查、背景调查、面试、笔试、实地操作、体检等多种方式。

④择优录用。用人单位通过对报名者进行全面考核之后，对于合格者应张榜公布，公开录用。并通知被录用者订立劳动合同。

⑤签订劳动合同。劳动合同草案一般由用人单位提出，用人单位在草案中要注意遵守法律、法规，如对妇女及未成年人的特殊保护、最低工资规定、工作时间等。在合同草案基础上双方本着平等自愿、协商一致的原则，继续对合同条款做出修改，最后签订正式劳动合同。

3. 履行劳动合同

（1）履行劳动合同的概念。

履行劳动合同是指当事人双方按照劳动合同规定的条件，履行自己所应承担义务的行为。

（2）履行劳动合同的原则。

①实际履行的原则。所谓实际履行的原则，就是指合同双方当事人要按照合同规定的标的履行自己的义务和实现自己的权利，不得以其他标的或方式来代替。这主要表现在两方面：一是一方当事人即使违约，也不能以罚金或赔偿损失来代替合同标的的履行，除非违约方对合同标的的履行对另一方当事人已无实际意义；二是一方当事人不履行合同时，另一方当事人有权请求法院或仲裁机构强制或敦促其履行。实际履行的原则要求，劳动者一方要给管理者提供自己一定数量和质量的劳动，以保证企业生产经营活动的正常开展；管理者一方要为劳动者支付必要的劳动报酬和提供必要的劳动条件等，以保障劳动者正常的生活和工作需要。

②亲自履行原则。亲自履行原则，就是指双方当事人要以自己的行为履行合同规定的义务和实现合同规定的权利，不得由他人代为履行。这就是说，劳动者的义务只能由劳动者去履行；管理者的义务只能由管理者去履行。双方当事人权利的实现也是这样，只能依靠自己。亲自履行的原则要求，合同双方当事人要以自己的实际行为去完成合同规定的任务，实现合同约定的目标，当事人要将合同规定的内容融入自己的日常活动合同中去。

③正确全面履行的原则。正确全面履行的原则，是指当事人要按照合同确定的内容，原原本本地全面履行，不得打折扣，不得改变合同的任何内容和条款。

《劳动合同法》第三条第二款规定，依法订立的劳动合同具有约束力，用人单位与劳动者应当履行劳动合同规定的义务。

（3）无效劳动合同。

无效劳动合同是指当事人违反法律规定订立的不具有法律效力的劳动合同。无效劳动合同从订立时起就没有法律约束力。按合同内容来划分，无效劳动合同分为违反法律、行政法规的无效劳动合同和采取欺诈、威胁等手段订立的无效劳动合同。按合同无效程度来划分，合同分为全部无效和部分无效两类。

《劳动合同法》第二十六条规定，下列劳动合同无效或者部分无效。

①以欺诈、胁迫的手段或者乘人之危，使对方在违背真实意思的情况下订立或者变更劳动合同。

②用人单位免除自己的法定责任、排除劳动者权利的。

③违反法律、行政法规强制性规定的。

劳动合同主体、内容必须符合法律的规定，否则不能产生法律效力。主体必须合法，即签订劳动合同的双方必须符合法律规定的用人单位资格和劳动者资格。我国在《劳动法》以及相关的法律规定中，有很多强制性的规定，用人单位必须遵守。如果劳动合同内容违反法律的强制性规定，则该条款无效。

4. 变更劳动合同

（1）变更劳动合同的概念。

变更劳动合同是指劳动合同依法订立后，在合同尚未履行或者尚未履行完毕时，经用人单位和劳动者双方当事人协商同意，对劳动合同内容进行部分修改、补充或者删减的法律行为。劳动合同的变更是原劳动合同的派生，是双方已存在的劳动权利义务关系的发展。

劳动合同的变更是在原合同的基础上对原劳动合同内容进行部分修改、补充或者删减，而不是签订新的劳动合同。原劳动合同未变更的部分仍然有效，变更后的内容就取代了原合同的相关内容，新达成的变更协议条款与原合同中其他条款具有同等法律效力，对双方当事人都有约束力。

（2）变更劳动合同的情形。

当劳动合同出现履行障碍时，法律允许双方当事人在劳动合同的有效期内，对原劳动合同的相关内容进行调整和变更。有下列情形之一的，合同双方可以变更劳动合同。

①在不损害国家、集体和他人利益的情况下，双方协商一致的。

②劳动合同订立时所依据的客观情况发生了重大变化，经合同双方协商一致的。

③由于不可抗力的因素致使劳动合同无法完全履行的。不可抗力是指当事人所不能预见、不能避免并不能克服的客观情况，如自然灾害、意外事故、战争等。

④劳动合同订立时所依据的法律、法规已修改的。

⑤劳动者的身体健康状况发生变化、劳动能力丧失或部分丧失、所在岗位与其职业技能

不相适应、职业技能提高了一定等级等，造成原劳动合同不能履行或者如果继续履行原合同规定的义务对劳动者明显不公平。

⑥法律、法规规定的其他情形。

《劳动合同法》第三十五条规定，用人单位与劳动者协商一致，可以变更劳动合同约定的内容。变更劳动合同，应当采用书面形式。变更后的劳动合同文本由用人单位和劳动者各执一份。

由于《劳动法》未明确规定劳动合同变更需采用书面形式，实践中用人单位随意变更劳动合同的现象比较严重，如随意调整劳动者的工作岗位、随意降低劳动者的工资标准，这严重损害了劳动者的合法权益。为了规范劳动合同变更行为，《劳动合同法》明确规定了变更劳动合同，应当采用书面形式。

（3）变更劳动合同的程序。

①提出变更的要约。用人单位或劳动者提出变更劳动合同的要求，说明变更合同的理由、变更的内容以及变更的条件，请求对方在一定期限内给予答复。

②承诺。合同另一方接到对方的变更请求后，应当及时进行答复，明确告知对方同意或是不同意变更。

③订立书面变更协议。当事人双方就变更劳动合同的内容经过平等协商，取得一致意见后签订书面变更协议，协议载明变更的具体内容，经双方签字盖章后生效。变更后的劳动合同文本由用人单位和劳动者各执一份。

5. 解除劳动合同

（1）解除劳动合同的概念。

解除劳动合同是指当事人双方提前终止劳动合同的法律效力，解除双方的权利义务关系。

（2）解除劳动合同的情形。

①用人单位解除劳动合同的情形。《劳动合同法》第三十九条规定，劳动者有下列情形之一的，用人单位可以解除劳动合同。

a. 在试用期间被证明不符合录用条件的。

b. 严重违反用人单位的规章制度的。

c. 严重失职，营私舞弊，给用人单位造成重大损害的。

d. 劳动者同时与其他用人单位建立劳动关系，对完成本单位的工作任务造成严重影响，或者经用人单位提出，拒不改正的。

e. 因本法第二十六条第一款第一项规定的情形致使劳动合同无效的。

f. 被依法追究刑事责任的。

《劳动合同法》第四十条规定，有下列情形之一的，用人单位提前三十日以书面形式通知劳动者本人或者额外支付劳动者一个月工资后，可以解除劳动合同。

a. 劳动者患病或者非因工负伤，在规定的医疗期满后不能从事原工作，也不能从事由用人单位另行安排的工作的。

b. 劳动者不能胜任工作，经过培训或者调整工作岗位，仍不能胜任工作的。

c. 劳动合同订立时所依据的客观情况发生重大变化，致使劳动合同无法履行，经用人单位与劳动者协商，未能就变更劳动合同内容达成协议的。

②劳动者解除劳动合同的情形。《劳动合同法》第三十七条规定，劳动者提前三十日以书面形式通知用人单位，可以解除劳动合同。劳动者在试用期内提前三日通知用人单位，可以解除劳动合同。《劳动合同法》第三十八条规定，用人单位有下列情形之一的，劳动者可以解除劳动合同。

a. 未按照劳动合同约定提供劳动保护或者劳动条件的。

b. 未及时足额支付劳动报酬的。

c. 未依法为劳动者缴纳社会保险费的。

d. 用人单位的规章制度违反法律、法规的规定，损害劳动者权益的。

e. 因本法第二十六条第一款规定的情形致使劳动合同无效的。

f. 法律、行政法规规定劳动者可以解除劳动合同的其他情形。

用人单位以暴力、威胁或者非法限制人身自由的手段强迫劳动者劳动的，或者用人单位违章指挥、强令冒险作业危及劳动者人身安全的，劳动者可以立即解除劳动合同，不需事先告知用人单位。

6. 终止劳动合同

（1）终止劳动合同的概念。

终止劳动合同是指企业劳动合同法律效力的终止，也就是双方当事人之间劳动关系的终结，彼此之间原有的权利和义务关系不复存在。

（2）终止劳动合同的情形。

《劳动合同法》第四十四条规定，有下列情形之一的，劳动合同终止。

①劳动合同期满的。

②劳动者开始依法享受基本养老保险待遇的。

③劳动者死亡，或者被人民法院宣告死亡或者宣告失踪的。

④用人单位被依法宣告破产的。

⑤用人单位被吊销营业执照、责令关闭、撤销或者用人单位决定提前解除的。

⑥法律、行政法规规定的其他情形。

《劳动合同法》第四十五条规定，劳动合同期满，有本法第四十二条规定情形之一的，劳动合同应当延至相应的情形消失时终止。但是，本法第四十二条第二项规定丧失或者部分丧失劳动能力劳动者的劳动合同的终止，按照国家有关工伤保险的规定执行。

7. 续订劳动合同

（1）续订劳动合同的概念。

续订劳动合同是指劳动合同期满后，当事人双方经协商达成协议，继续签订与原劳动合同内容相同或者不同的劳动合同的法律行为。

（2）续订劳动合同的条件。

以下情形，符合续订劳动合同的条件。

①双方协商一致续订劳动合同。

②劳动合同期满，存在用人单位不得解除合同的情况之一的，劳动合同应当续延至相应的情形消失。

  a. 从事接触职业病危害作业的劳动者未进行离岗前职业健康检查，或者疑似职业病病人在诊断或者医学观察期间的。

  b. 在本单位患职业病或者因工负伤并被确认丧失或者部分丧失劳动能力的。

  c. 患病或者非因工负伤，在规定的医疗期内的。

  d. 女职工在孕期、产期、哺乳期的。

  e. 在本单位连续工作满十五年，且距法定退休年龄不足五年的。

③法律、行政法规规定的其他情形。

（3）无固定期限劳动合同。

有下列情形之一的，应续订无固定期限劳动合同。

①劳动者在公司连续工作满十年的。

②自建立劳动关系起已连续两次订立固定期限劳动合同的。

③用人单位初次实行劳动合同制度或者国有企业改制重新订立劳动合同时，劳动者在该用人单位连续工作满十年且距法定退休年龄不足十年的。

用人单位自用工之日起满一年不与劳动者订立书面劳动合同的，视为用人单位与劳动者已订立无固定期限劳动合同。

8.2.4　工作示例

王某，女，36岁，某企业职工。2014年9月，王某的丈夫陈某与某企业签订了"引进技术人员"协议。该协议规定，企业负责办理陈某夫妇的调动并安排工作。随即陈某调入该企业，但企业一直未为其安排工作。2014年10月，企业又将王某调入本单位，双方于1996年5月30日签订了10年期限的劳动合同。2017年2月该企业精简机构，王某作为富余人员下岗待业。下岗期间月生活费200元，王某已领取了3月、4月的生活费。2017年4月30日，王某因对企业让其下岗不服提请仲裁，要求企业按所签劳动合同恢复工作，补发其3至5月工资，赔偿其经济损失。企业以王某已申诉为由停发其5月的生活费。

经仲裁委员会调解不成，作出如下裁决：1. 企业应于裁决生效之日起十日内按劳动合同约定的工作岗位恢复王某的工作；2. 企业补发王某1997年3月至5月3个月工资1 292元（已扣除王某3至4月领取的400元生活费）。

根据《劳动法》第十七条的规定，订立和变更劳动合同，应当遵循平等自愿、协商一致的原则，不得违反法律、行政法规的规定。本案中，王某与企业所签劳动合同合法有效，双方均应严格履行。企业未与王某协商而单方面变更劳动合同，让其下岗，违背了《劳动法》的规定；同时也违反了当地市人民政府关于"对于夫妇双方均下岗的职工，必须保证一方上岗"的规定。另外，用人单位做出事关职工切身利益的重大决定，如裁员、下岗等应广泛征求意见，制订具体的实施计划，经职代会讨论通过才能实施，不能以行使自主权为由，强迫职工接受。本案中，企业的做法过于简单，侵犯了职工的合法权益，应予纠正。

8.2.5 案例实践

李某是某公司职工，2014年3月与公司签订了为期5年的劳动合同。2016年3月，公司更换了主要负责人，新负责人以李某不适合工作为由，要求与李某解除劳动合同，李某不同意。公司便采取了增加李某劳动强度、减少李某奖金收入等办法予以刁难。李某在不堪忍受的情况下，提出如果公司提出解除劳动合同，他本人可以签字同意。但公司坚持让李某自己先写辞职报告，然后由公司批准。李某坚决不同意这样做，但公司许诺：如李某照办，公司可以给予李某一笔比较丰厚的生活补助，还可以按照劳动法有关规定支付解除劳动合同的经济补偿金。在这样的情况下，李某于2016年7月向公司递交了辞职报告，立即被公司批准，但此后的生活补助和经济补偿金却毫无踪影。李某找公司索要，公司拿出李某的辞职报告说，生活补助是单位对被辞退人员的抚恤，根据劳动法规定，经济补偿金在用人单位提出解除劳动合同时才支付，李某是自愿辞职，没有上述两项待遇。李某非常气愤，向劳动争议仲裁委员会提出申诉，并提供了公司要求他递交辞职报告的证据。劳动争议仲裁委员会经审理，裁决公司支付李某三个月工资的经济补偿金，仲裁费用由公司承担。

（资料来源：http://china.findlaw.cn/info/case/ldal/99005.html.）

思考：
协商一致解除劳动合同需要支付经济赔偿金吗？

8.3 劳动争议处理

8.3.1 任务目标

通过本任务的学习应掌握以下职业能力。
①掌握劳动争议的概念。
②熟悉劳动争议处理。
③掌握劳动争议的预防。

8.3.2 任务描述

本任务是本章重点，通过学习掌握劳动争议处理的相关理论知识，并能学以致用，解决劳动争议。

8.3.3 知识学习

1. 劳动争议的概念

劳动争议是指劳动关系当事人之间因劳动的权利与义务发生分歧而引起的争议。劳动争议的当事人是指劳动关系当事人双方——职工和用人单位（包括自然人、法人和具有经营权的用人单位），即劳动法律关系中权利的享有者和义务的承担者。

2. 劳动争议的分类

劳动争议按照不同的标准，可划分为不同种类。

①按照劳动争议当事人的人数，劳动争议可分为个人劳动争议和集体劳动争议。个人劳动争议是劳动者个人与用人单位发生的劳动争议；集体劳动争议是指劳动者一方当事人在三人以上，有共同理由的劳动争议。

②按照劳动争议的内容，劳动争议可分为因履行劳动合同发生的争议，因履行集体合同发生的争议，因企业开除、除名、辞退职工和职工辞职、自动离职发生的争议，因执行国家有关工作时间和休息休假、工资、保险、福利、培训、劳动保护的规定发生的争议等。

③按照当事人的国籍，劳动争议可分为国内劳动争议与涉外劳动争议。国内劳动争议是指中国的用人单位与具有中国国籍的劳动者之间发生的劳动争议；涉外劳动争议是指具有涉外因素的劳动争议，包括中国在国（境）外设立的机构与中国派往该机构工作的人员之间发生的劳动争议、外商投资企业与劳动者之间发生的劳动争议。

④按照劳动争议的客体，劳动争议可分为履行劳动合同争议、开除争议、辞退争议、辞职争议、工资争议、保险争议、福利争议、培训争议等。

3. 劳动争议的处理程序

（1）双方自行协商解决。

双方通过协商方式自行和解，是当事人应首先争取解决争议的途径。协商解决是以双方自愿为基础的，不愿协商或者经过协商不能达成一致，当事人可以选择调解程序或仲裁程序。

（2）调解程序。

当事人可以向本企业劳动争议调解委员会申请调解。调解程序是自愿的，只有双方当事人都同意申请调解，调解委员会才能受理该案件；当事人可不经过调解而直接申请仲裁。

（3）仲裁程序。

若经过调解双方达不成协议，当事人一方或双方可向当地劳动争议仲裁委员会申请仲裁。当事人也可以直接申请仲裁。只要有一方当事人申请仲裁，且符合受案条件，仲裁委员会即予受理；当事人如果要起诉到法院，必须先经过仲裁程序，未经过仲裁程序的劳动争议案件，人民法院将不予受理。

（4）法院审判程序。

当事人如果对仲裁裁决不服，可以向当地基层人民法院起诉。当事人若不服一审判决，仍可向上级法院上诉。法院审判程序是劳动争议处理的最终程序。

4. 劳动争议预防

（1）强化劳动合同管理，规范劳动用工行为。

企业在行使用工自主权时，应规范用工行为，以合同管理作为动态管理方式进行劳动力管理，从而有效避免无效劳动合同和事实劳动关系的出现，防止劳动合同争议的发生。在订立劳动合同时，应遵循平等自愿、协商一致的原则；要求劳动者提供就业失业登记证，防止因使用尚未解除劳动关系的劳动者而向原用人单位承担连带赔偿责任。解除劳动合同时，企业要依照劳动法规定的条件和程序行使解除权,并且在规定的时间内将劳动者的档案关系移至劳动部门办理有关社会保险手续,不能因与职工存有其他利益冲突而扣留。

(2) 提高企业人力资源管理人员的法律法规知识。

企业人力资源管理人员应熟悉劳动法律知识,正确理解、应用国家或地方劳动政策法规,当法律、法规之间出现冲突或出现地方之间的差异时,应在维护员工合法权益的基础上,依法对员工进行管理,以保证企业的正常生产秩序、工作秩序。

(3) 构建有效的劳动争议内部防范机制。

现代化企业应本着"建立以事前预防为主,以事中控制及事后补救为辅的企业风险控制体系"的原则,建立有效的劳动争议内部应对机制,这样一方面可以及时防范、化解因企业劳动争议可能导致的劳动关系、劳资矛盾等问题的激化或群体性事件,保障生产经营活动的正常开展,另一方面,在仲裁诉讼程序中可以最大限度地维护企业的利益。

8.3.4 工作示例

2013年3月,杨某入职某制造公司并与其签订《劳动合同》及《岗位责任书》,合同、《岗位责任书》均明确约定杨某为车间生产人员。同年12月,该制造公司职工代表大会决议通过了《员工守则》,具体条款张贴在该公司的公示栏处,并经公证机关公证。《员工守则》对严重违反劳动纪律的处罚规定:"员工在与公司存在劳动关系期间1月内累计旷工5天或连续旷工5天以上者,公司可解除劳动合同并不支付经济补偿金。"2016年3月,杨某所在车间因该公司生产所需关闭。公司将杨某从原车间调往另一车间工作,仍为生产人员。杨某领取新的门禁卡后未再上班。之后,公司依据双方签订的《劳动合同》和《员工守则》相关规定将杨某除名并将处理结果书面告知职工代表大会。之后,杨某以公司违法解除劳动合同为由,向劳动人事争议仲裁委员会(简称"仲裁委")申请仲裁,要求公司向其支付违法解除劳动合同赔偿金。仲裁委驳回杨某的仲裁请求。杨某不服,向法院起诉。

法院经审理认为,公司确有因生产需要车间停产、工段逐步关闭的客观原因,将杨某从原车间调往其他车间的事实。首先,双方签订的《劳动合同》有明确约定,即"乙方同意根据本人技能情况,服从甲方的岗位调整和安排"。双方签订的《岗位责任书》也明确约定杨某担任工作岗位为"生产"。根据双方签订的《劳动合同》《岗位责任书》,公司有根据约定合理调整杨某工作岗位的权利;其次,杨某原岗位虽与新岗位不完全相同,但均为生产岗位,与《岗位责任书》所载内容一致,且该案并无证据证明上述岗位在工作量等方面存在重大区别。综上,公司因生产经营客观需要,根据双方签订的《劳动合同》《岗位责任书》约定,调整杨某岗位是合理调整。杨某以此为由拒不到岗也不到单位的行为应认定为旷工。公司向法院提交的《员工守则》对严重违反劳动纪律的情形、处罚作了明确规定,且根据制造公司向法院提交的《职工代表大会决议》、公证书等,能够证明该《员工守则》是公司依照法定程序制定的,并已向员工公示。公司根据杨某连续旷工的事实,根据《员工守则》相关规定解除与杨某的劳动合同具有事实依据和制度依据,是合法解除与杨某劳动合同。公司无须支付杨某违法解除劳动合同赔偿金,判决驳回杨某的诉讼请求。

8.3.5 案例实践

2016年7月，杨某在"打工之家"登记了本人求职信息；2016年9月26日，某家具公司的法定代表人谢某通过电话联系杨某，让其到公司面试。经面试，杨某于9月27日正式到该公司工作，双方未签订书面劳动合同和其他协议，仅口头约定按件计酬，工资按照安装面积计算，为30元/m^2。同年11月9日上午，杨某在安装家具时受伤。之后，杨某以该家具公司作为被申请人向劳动人事争议仲裁委员会申请仲裁，其仲裁请求为：请求确认与该公司之间存在劳动关系。劳动人事争议仲裁委员会于2017年2月16日出具相应仲裁裁决书。裁决结果为：确认杨某与家具公司之间存在劳动关系。该公司不服仲裁裁决，向法院提起诉讼。该家具公司的起诉理由主要为杨某是自带劳动工具，且管理较为松散，双方是承揽关系。

思考：

没有签订劳动合同，但有雇用事实，劳动关系是否成立？为什么？

（资料来源：佚名. 2017年度成都法院劳动争议十大典型案例［EB/OL］. http://cdfy.chinacourt.gov.cn/article/detail/2018/04/id/3281689.shtml.）

8.4 员工流动

8.4.1 任务目标

通过本任务的学习应掌握以下职业能力。

①掌握员工流动的原因、类型。
②掌握降低员工流动率的方法。
③了解员工流动的预防方法。

8.4.2 任务描述

本任务是本章重点，通过学习掌握劳动争议处理的相关理论知识，并能学以致用，解决员工流动的现实问题。

8.4.3 知识学习

1. 员工流动的概念

员工流动就是人们离开原来的工作岗位，走向新的工作岗位的过程。员工流动主要分为以下四类。

①按流动的主动性，员工流动分为自愿流动和非自愿流动（解聘）。
②按流动的边界是否跨越企业，员工流动分为员工流入、员工内部流动和员工流出。
③按流动的走向，员工流动分为地区流动、层级流动（如从技术员到助理工程师）和专业流动（如从技术到管理专业）。

④按流动个人的主观原因,员工流动分为人事不适流动(如用非所学)、人际不适流动(如员工与领导关系紧张)和生活不适流动(如水土不服)。

2. 员工流动的预防与管理

要对员工流失进行有效的管理和控制,就要树立新的留人观念,即"待遇留人、感情留人、环境留人、事业留人",具体的做法包括:

①谋求发展,事业留人。企业通过自身的发展,为员工提供实现自我和发展事业的机会。

②健全体制,管理留人。完善企业的管理机制和工作流程,通过人性化和制度化的管理为员工营造一个良好的制度环境,一心一意工作。

③绩效管理,目标留人。制定完善、公平、公正的绩效考评和管理机制;让员工有明确的绩效目标,工作才能有的放矢。而且在实现组织目标的同时,员工也能够实现自我。

④合理薪酬,激励留人。激励的方式有很多种,但是薪酬激励是最常见,也是最有效的激励方式之一。将薪酬和绩效目标结合,让员工劳有所得,才能够留住人才。

⑤公平公正,环境留人。公平公正的环境有助于员工心无旁骛地工作,他们知道只要自己努力,只要自己实现绩效目标,就能够获得应有的回报。一个干净的环境,是留住人才的重要因素。

⑥感情沟通,文化留人。物质激励固然重要,但是人更是一种拥有丰富感情的高级生物,在获得物质报酬的同时还有归属感、认同感、自我实现的需要。情感上的认同尤为重要。通过营造开放的环境,开发各种有效共同方式,让员工感情上有归属和宣泄的途径,有助于留住人才。

8.4.4 工作示例

1. 情况说明

王某入职于北京石景山的万达商场,在职期间担任核算会计一职,该岗位只有他一人。任职期间该岗位新入职了9人,都没有留住,他们都是入职之后没多久便离职,不论是经验老到的还是新手,都没有留下。

2. 解决方案

①部门建立内部考核机制。部门内实行违规、违纪扣分制度,明确制度量化,对员工的日常表现进行记录、归档,年底汇总。每月召开一次月度员工大会,对于表现优秀的员工和集体进行表扬、奖励;相反,在月度工作中扣分较多、不能达到公司要求的员工要上台述职。部门内做好统计、汇总工作,以便于年底评优。

②建立部门阶梯建设工作。部门内有职位空缺或调整时,首先从内部表现优秀、上进心强的员工中选拔,鼓励员工挑战自己,尝试新的岗位。努力营造人人能进步、人人有成绩的氛围。

③建立部门内轮岗机制。为实现部门内部有效、高效的沟通工作,进行各专业主管、班长、助理的轮岗工作,新选拔的助理、主管必须了解其他一到两个专业的具体流程,通过

1~2年的坚持，提高部门的凝聚力和配合度，多一些理解和支持，少一些埋怨和指责。

通过多种制度的设立，从内部员工提升两名会计助理，并进行培训轮岗考核，于三个月后可以完美地胜任工作。

8.4.5 案例实践

Z公司是一家高新科技企业，以生物产品研发为主，2010年获得了风险投资公司的大笔投资，公司希望2~3年能具备上市的能力。公司也清醒地认识到，想要到达这一目标，人才是非常关键的因素，为此制订了一系列人才培养和发展计划。人力资源部按照公司要求制订人才培养和发展计划，从各大高校和社会招募了大量高学历和具备专业经验的人才，充实企业的员工队伍。到2012年上半年，员工从原来的70多名，增加至120名，员工中95%以上是名牌大学本科以上学历，其中硕士、博士学历的员工占总人数的23%，有海外留学就业背景的员工占总人数的58%。人力资源部在广纳人才的同时，也按照企业的人才发展规划，为员工制定了个人的职业规划。但到2012年下半年，在企业经营未出现异常的情况下，企业出现了员工离职的现象；到10月份，约有25%的员工已经离职或处于离职交接状态；到年底，企业人员流失率已经达到50%，企业陷入人才管理和培养的迷茫中。

思考：
请分析究竟哪里出了问题？如果是你，会怎么去改变这种状况？
（资料来源：佚名. 员工流失案例分析 [EB/OL]. https://www.hrloo.com/rz/14044368.html.）

8.5 本章小结

劳动关系是指用人单位与劳动者之间，依法所确立的劳动过程中的权利义务关系。

劳动者是指达到法定年龄，具有劳动能力，以从事某种社会劳动获得收入为主要生活来源，依据法律或合同的规定，在用人单位的管理下从事劳动并获取劳动报酬的自然人（中外自然人）。

劳动合同是劳动者与用工单位之间确立劳动关系，明确双方权利和义务的协议。

劳动关系当事人之间因劳动的权利与义务发生分歧而引起的争议，又称劳动争议。劳动争议的当事人是指劳动关系当事人双方——职工和用人单位（包括自然人、法人和具有经营权的用人单位），即劳动法律关系中权利的享有者和义务的承担者。

8.6 自测题

一、名词解释
1. 劳动关系。
2. 劳动合同。
3. 解除劳动合同。
4. 劳动争议。

二、选择题

1. （　　）是劳动者与劳动使用者之间因就业或雇用而产生的关系。
   A. 法律关系　　　　B. 权利义务　　　　C. 劳动关系　　　　D. 法律规范
2. 雇员是基于（　　），为获得工资而有义务处于从属地位、为雇主提供劳动的人。
   A. 法律关系　　　　B. 权利义务　　　　C. 劳动关系　　　　D. 法律规范
3. （　　）是劳动者与用工单位之间确立劳动关系、明确双方权利和义务的协议。
   A. 劳动合同　　　　B. 劳动争议　　　　C. 劳动纠纷　　　　D. 劳动解除
4. （　　）是指当事人违反法律规定订立的不具有法律效力的劳动合同。
   A. 劳动合同　　　　B. 无效劳动合同　　C. 解除劳动合同　　D. 终止劳动合同

三、简答题

1. 劳动合同的类型有哪些？
2. 员工流动的原因有哪些？
3. 劳动合同续订的情形有哪些？

8.7　实践训练

通过各种途径（如网络、图书、杂志等），了解我国劳动关系管理的发展历程，并做成幻灯片进行汇报。

第 9 章

社会保险

学习目标

通过本章的学习,应掌握以下职业能力。
1. 了解社会保险的含义。
2. 掌握社会保险的内容。
3. 掌握社会保险的办理流程。
4. 学会为企业办理社会保险相关事务。

导入案例

张某在离开原单位休整一段时间以后,于 2016 年 12 月经朋友介绍进入一家公司工作,负责帮助老板进行前期筹建和策划。由于当时企业营业执照没有批下来,张某只能与老板王先生签订一份书面协议,协议约定在公司成立前,王老板以现金形式每月发给张某 3 000 元工资,但未提及缴纳社会保险之事。公司于 2017 年 4 月取得营业执照,2017 年 6 月张某因个人原因离开了该公司。张某认为自己于 2016 年 12 月就开始帮助老板筹建公司,也按月获得了工资报酬,公司应根据国家规定为自己缴纳 2016 年 12 月至 2017 年 6 月期间的社会保险费。

(资料来源:佚名. 社保缴费十大典型争议案解读 [EB/OL]. https://wenku.baidu.com/view/e54d569d14791711cc7917ee.html.)

思考:

请问张某的要求是否合理?

第 9 章 社会保险

9.1 认知社会保险

9.1.1 任务目标

通过本任务的学习应掌握以下职业能力。
① 了解社会保险的概念及特征。
② 掌握社会保险的种类、作用。
③ 了解社会保险的特征。

9.1.2 任务描述

本任务是通过了解社会保险的相关概念、理论,充分理解社会保险的相关知识,了解并掌握社会保险的内涵、种类、作用和特征。

9.1.3 知识学习

1. 社会保险的概念

社会保险是一种为丧失劳动能力、暂时失去劳动岗位或因健康原因造成损失的人员提供收入或补偿的一种社会和经济制度。

在社会保障的历史上有两个里程碑:一是德国在俾斯麦时期首创社会保障制度;二是在1935年美国建立全面社会保障制度,这对"二战"后社会保障制度的全球化产生了很大影响。

1984年,中国的社会保障制度进入改革阶段。中国社会保险制度改革首先是从项目开始的。当以企业为单位的公费医疗制度日益成为企业的负担时,20世纪90年代初,中国开始了对医疗保险制度改革的尝试。

经过30年的努力,中国逐步建立起了全面覆盖、统筹城乡的社会保险制度体系。本章主要介绍与人力资源管理关系密切的企业职工社会保险,其主要项目有社会统筹与个人账户制度相结合(以下简称"统账制度")的养老保险、社会统筹与个人账户制度相结合的医疗保险、失业保险、工伤保险、生育保险。

2. 社会保险的种类

(1)养老保险。

养老保险是劳动者在达到法定退休年龄退休后,从政府和社会得到一定的经济补偿物质帮助和服务的一项社会保险制度。国有企业、集体企业、外商投资企业、私营企业和其他城镇企业及其职工,实行企业化管理的事业单位及其职工必须参加基本养老保险。

(2)医疗保险。

城镇职工基本医疗保险制度,是根据财政、企业和个人的承受能力所建立的保障职工基本医疗需求的社会保险制度。所有用人单位,包括企业(国有企业、集体企业、外商投资企业和私营企业等)、机关、事业单位、社会团体、民办非企业单位及其职工,都要参加基本医疗保险,城镇职工基本医疗保险基金由基本医疗保险社会统筹基金和个人账户构成。基本医疗保险费由用人单位和职工个人账户构成。

(3) 工伤保险。

工伤保险也称职业伤害保险,是劳动者由于工作原因在工作过程中受意外伤害,或因接触粉尘、放射线、有毒害物质等职业危害因素引起职业病后,由国家和社会给负伤、致残者以及死亡者生前供养亲属提供必要的物质帮助。工伤保险费由用人单位缴纳,对于工伤事故发生率较高的行业,工伤保险费的征收费率高于一般标准,一方面是为了保障这些行业的职工发生工伤时,工伤保险基金可以足额支付工伤职工的工伤保险;另一方面,是通过高费率,使企业有风险意识,加强工伤预防工作,使伤亡事故率降低。

(4) 失业保险。

失业保险是国家通过立法强制实行的,由社会集中建立基金,对因失业而暂时中断生活来源的劳动者提供物质帮助的制度。各类企业及其职工、事业单位及其职工、社会团体及其职工、民办非企业单位及其职工,国家机关及与之建立劳动合同关系的职工都应办理失业保险。失业保险基金主要用于保障失业人员的基本生活。

(5) 生育保险。

生育保险是针对生育行为的生理特点,根据法律规定,在职女性因生育子女而导致暂时中断工作、失去正常收入来源时,由国家或社会提供的物质帮助。生育保险包括生育津贴和生育医疗服务两项内容。生育保险基金由用人单位缴纳的生育保险费及其利息以及滞纳金组成。女职工产假期间的生育津贴、生育发生的医疗费用、职工计划生育手术费用及国家规定的与生育保险有关的其他费用都应该从生育保险基金中支出。

3. 社会保险的特征

①社会保险的客观基础是劳动领域中存在的风险,保险的标的是劳动者的人身。

②社会保险的主体是特定的,包括劳动者(含其亲属)与用人单位。

③社会保险属于强制性保险。

④社会保险的目的是维持劳动力的再生产。

⑤社会保险基金源于用人单位和劳动者缴纳的费用及财政的支持。保险对象范围仅限于职工,不包括其他社会成员。保险内容范围仅限于劳动风险中的各种风险,不包括此外的财产、经济等风险。

4. 社会保险的作用

社会保险既是一种社会政策,又是一种社会经济制度,在不同的社会制度下,社会保险制度具有不同的作用。我国社会保险的作用,主要表现在四个方面。

(1) 是社会稳定机制。

社会保险能对广大劳动者和社会成员的经济生活实施稳定、可靠的基本保障。在正常情况下,劳动者通过按劳分配以工资报酬等方式来维持本人和家庭的生活。但天有不测风云,人有旦夕祸福。当劳动者在年老、患病、负伤、生育、残疾、死亡、暂时或永久丧失劳动能力时,或者处于下岗、失业等状态时,无法依靠劳动报酬以维持劳动者及其家庭的生活时,劳动者依法参加了社会保险,就可以依靠国家、单位、个人三方共同筹措的保险基金和积累,及时得到基本的生活保障。通过对劳动者及其家庭的必要保障,可以调动劳动者及其家属的积极性,促进社会安定及经济发展。

(2) 促进劳动力再生产。

社会保险是保障社会劳动力再生产顺利进行的重要手段。生产是人类社会生存与发展的基础。而人类社会的再生产,不仅包含物质资料再生产,也包含劳动力本身的再生产。正如恩格斯所表述的:"生产本身又有两种,一方面是生产资料,即食物、衣服、住房以及为此所必需的工具的生产;另一方面是人类自身的生产,即种的繁衍。"劳动者在从事物质资料生产的过程中,既消耗一定生产资料的使用价值,也损耗一定的劳动能力,劳动能力会逐渐衰退,直到全部丧失。劳动者参加了社会保险,在发生病、伤、生育、失业等情况时,就可按社会保险有关法律规定(如医疗保险等),得到及时的治疗和必要的物质帮助,从而恢复劳动能力,为家庭提供稳定的经济保障,有效地促进劳动力再生产的正常进行。

(3) 调节社会分配、促进社会公平。

调节社会分配、促进社会公平是社会保险的重要作用之一。社会保险促进社会公平的作用,主要体现在资金筹措、支付和使用的全过程中。社会保险资金来自劳动者本人及企业缴纳的保险费,以及国家的财政资助。国家财政补贴的社会保险经费来自国家税收。国家通过税收向高收入者征收较高的费、税,以补充社会保险经费,扩大社会保险基金的来源,增加保险资金的积累。国家通过社会保险体系或渠道对社会保险资金进行再分配,向低收入者、失去收入来源的劳动者倾斜,向其支付较高的保险金,保证其基本生活需要,从而平衡国民收入水平,事实上是相对地提高低收入者的实际收入水平。通过社会保险对收入进行的再分配,缩小了劳动者之间的收入差距,促进了社会收入分配的进一步合理化。

(4) 积累必要的资金,推动经济发展。

社会保险是国家的一项社会经济政策,它不仅在调节劳动者和社会成员的消费过程中,通过有关保险项目如退休、患病、工伤、职业病、失业、生育等,对那些暂时或永久失去劳动能力的劳动者及其家属提供必要的物质资助,保证他们的基本生活需要,使这些社会弱者在一定程度上提高了社会购买力,增加消费性支出,推动了经济的发展,同时,社会保险制度还可以筹集和集中一大笔资金用于经济建设,从而在客观上起到为国家提供相对稳定的巨额长期资金、促进经济发展的作用。

9.1.4 工作示例

娄女士于2005年1月入职某管理中心任讲解员,2008年12月,娄女士与管理中心解除劳动关系。在此期间,管理中心未给娄女士缴纳社会保险。娄女士诉至法院请求判令管理中心支付养老保险费。管理中心辩称,娄女士入职时曾书面承诺自行承担转档及社会保险,故不同意其诉讼请求。最后,人民法院判决被告管理中心支付原告娄女士7 848元。

依法缴纳社会保险费关系到个人、单位和社会三方利益,这既是劳动者的权利,也是劳动者的义务,员工承诺放弃社会保险费的权利没有法律效力。

9.1.5 案例实践

女职工王某于 2010 年 1 月顺利产下一宝宝，休完 4 个月产假后回到公司继续上班。7 月，王某收到社保中心邮寄来的"2009 年度养老保险个人账户储存额结算单"，资料中显示，2009 年 4 月至 2010 年 3 月，公司为其缴纳社会保险费的缴费月数只有 9 个月。王某向公司人事部询问，收到的答复是，王某从 2010 年 1 月起休产假的 4 个月中，是根据《上海市城镇生育保险办法》领取生育生活津贴的，因此这期间公司停止缴纳王某的社会保险费。王某不服，提出争议。

思考：

生育期间企业是否要为员工继续购买社会保险？

9.2 社会保险的办理

9.2.1 任务目标

通过本任务的学习应掌握以下职业能力。

①掌握社会保险办理的流程及手续。

②了解社会保险办理过程中的注意事项。

9.2.2 任务描述

本任务要求通过了解社会保险办理的相关手续，充分理解社会保险的相关知识，了解并掌握社会保险管理的相关手续、流程。

9.2.3 知识学习

1. 养老保险的办理

（1）我国养老保险制度的发展。

我国养老保险制度根据面向对象不同分为三类：城镇企业职工养老保险制度、机关事业单位人员养老保险制度、城乡居民养老保险制度。我国正实行养老保险并轨，机关、企事业单位人员的养老保险将逐步并入城镇企业职工养老保险或城乡居民养老保险。

（2）养老保险金的筹集。

基本养老保险费由企业和职工个人共同负担：企业按本企业职工上年度月平均工资总额的 20% 缴纳（部分省市略有调整），职工个人按本人上年度月平均工资的 8% 缴纳；城镇个体工商户、灵活就业人员和国有企业下岗职工以个人身份参加基本养老保险的，以所在省上年度社会平均工资为缴费基数，按 20% 的比例缴纳基本养老保险费，全部由自己负担。

职工缴费工资高于所在省上年度社会平均工资 300% 的，以所在省上年度社会平均工资的 300%为缴费基数；职工缴费工资低于所在省上年度社会平均工资 60%的，以所在省上年度社会平均工资的 60%为缴费基数。

以个人身份参加养老保险的，以当地上年度在岗职工社会平均工资的一定比例作为个人缴费基数，可选择的档级为 60%、80%、100%，基于社会平均工资逐年提高，考虑到个人承受能力，部分省市增加 40%的档级。

（3）养老保险金申领。

职工按月领取基本养老金，必须具备三个条件。

①达到法定退休年龄，并已办理退休手续。

②所在单位和个人依法参加养老保险并履行了养老保险缴费义务。

③个人缴费至少满 15 年（过渡期内缴费年限包括视同缴费年限）。

如今，中国的企业职工法定退休年龄为男职工 60 岁，从事管理和科研工作的女职工 55 岁，从事生产和工勤辅助工作的女职工 50 岁，自由职业者、个体工商户女年满 55 周岁。

（4）养老保险金的计算。

基础养老金＝全省上年度在岗职工月平均工资×（1+本人平均缴费指数）÷2×缴费年限×1%；个人账户养老金＝个人账户储存额÷个人账户养老金计发月数。以上两项之和为每月领取额。

（5）企业办理养老保险的程序。

①申请。

a. 企业：向社保部门申报，社保部门审核、录入。

b. 自由职业者、个体工商户：向税务机关或社保部门申报，社保部门凭税务机关开具的票据或社保缴费收据审核、录入。

②登记。缴费单位持申请到社保部门审核，由社保部门发放登记证。如有异动，企业向社保部门申报；个体工商户、续保人员持异动申请到社保部门办理手续。

③缴费结算。

a. 企业：按月测算打印缴费单，按月缴费。

b. 续保人员、个体工商户：到社保部门或税务部门测算、缴费。

2. 医疗保险的办理

（1）医疗保险的分类。

我国现阶段建立了城镇职工基本医疗保险制度、新型农村合作医疗制度和城镇居民基本医疗保险制度。其中，城镇职工基本医疗保险由用人单位和职工按照国家规定共同缴纳基本医疗保险费，建立医疗保险基金，参保人员患病就诊发生医疗费用后，由医疗保险经办机构给予一定的经济补偿，以避免或减轻劳动者因患病、治疗等所带来的经济风险。

新型农村合作医疗和城镇居民基本医疗保险将个人缴费和政府补贴相结合，待遇标准按照国家规定执行。

（2）医疗保险的筹集。

①个人缴费。首先，用人单位缴费率控制在职工工资总额的 6%左右，具体比例由各地

确定，职工缴费率一般为本人工资收入的2%。其次，由个人以本人工资收入为基数，按规定的当地个人缴费率缴纳基本医疗保险费。个人缴费基数应按国家统计局规定的工资收入统计口径为基数，即以全部工资性收入，包括各类奖金、劳动收入和实物收入等所有工资性收入为基数，乘以规定的个人缴费率，即为本人应缴纳的基本医疗保险费。最后，个人缴费一般不需要个人到社会保险经办机构去缴纳，而是由单位从工资中代扣代缴。

②缴费基数。基本医疗保险的缴费基数是：用人单位以国家规定的职工工资总额为缴费基数，职工以本人上年工资收入为缴费基数。职工工资收入高于当地职工平均工资300%的，以当地职工平均工资的300%为缴费基数。

③建立账户。按照《国务院关于建立城镇职工基本医疗保险制度的决定》（国发〔1998〕44号）的规定，个人账户的注入资金来自个人缴费和单位缴费两部分：个人缴费全部记入个人账户，单位缴费的一部分记入个人账户。单位缴费一般按30%左右划入个人账户。但由于每个年龄段职工的医疗消费支出水平存在很大差别，因此在统筹地区确定单位缴费记入每个职工划入账户比例时，要考虑年龄因素，确定不同年龄档次的不同划入比例。单位缴费划入个人账户的具体比例，由统筹地区根据个人账户的支付范围和职工年龄等因素确定。统筹基金的注入资金主要来自单位缴费部分。单位缴费用于划入个人账户后剩余的部分即为统筹基金的资金。

（3）医疗保险的账户处理。

职工个人医疗保险账户的本金和利息均归职工个人所有，可以结转使用和继承。因此，参加基本医疗保险的职工死亡后，其个人医疗账户仍有余额的，可作为遗产，由其亲属按《中华人民共和国继承法》（简称《继承法》）规定实施继承。同时，其个人医疗账户台账、《职工医疗社会保险手册》由医疗社会保险机构收回注销。

①医疗保险的办理。

a. 个人账户建立。社会医疗保险经办机构为每一参保人员建立基本医疗保险个人账户，以本人身份证号码作为终身医疗保险号码。职工基本医疗保险个人账户资金归个人所有，定向用于医疗消费，超支不补，结余滚存，不得提取现金。职工死亡时，个人账户予以注销，余额按规定继承。

b. 个人账户卡的发放。用人单位应当在参加基本医疗保险的同时为职工申办个人医疗账户结算卡。新参加医疗保险的职工自参保之日起30日内，由用人单位向社会医疗保险经办机构提出申请，并提供有关资料。社会医疗保险经办机构接到用人单位为职工建户的申请后，应当认真审核有关资料，于15日内为职工建立个人账户，并制发个人账户结算卡。及时将资金注入职工个人医疗账户，并按有关规定计息。异地安置的退休人员可暂不发卡。参保人员可持个人医疗账户卡在本统筹地区任何一个定点医疗机构和定点药店就医购药。个人医疗账户资金不足时，用现金支付。

②缴费核定。医保机构征缴部门审核参保单位填报的缴费申报核定表格及有关资料。审核通过后，办理参保人员核定或增减手续。

医保机构征缴部门根据缴费申报和核定情况，为新增参保人员及时记录参保时间、当期缴费工资等信息。医保机构征缴部门根据参保单位申报情况核定当期缴费基数。

医保机构征缴部门根据核定的参保单位当期缴费基数、缴费费率计算应缴数额，并打印出《医疗保险缴费通知单》反馈申报单位，并以此为依据进行征收。

③缴费基数变更。医保机构征缴部门受理参保单位填报的《医疗保险缴费基数变更申报表》，并要求提供以下资料：工资发放明细表、《参加医疗保险人员增减明细表》、医保机构规定的其他资料。

(4) 工伤保险的办理。

①工伤保险的基本情况。根据不同行业的工伤风险程度，参照《国民经济行业分类》，将行业划分为三个类别：风险较小行业、中等风险行业、风险较大行业。三类行业分别实行三种不同的工伤保险缴费率。

根据《工伤保险条例》的规定，工伤保险的适用范围包括中华人民共和国境内的企业、事业单位、社会团体、民办非企业单位、基金会、律师事务所、会计师事务所等组织和有雇工的个体工商户。公务员和参照公务员法管理的事业单位、社会团体的工作人员因工作遭受事故伤害或者患职业病的，由所在单位支付费用。

②工伤的认定。

《工伤保险条例》第十四条规定，职工有下列情形之一的，应当认定为工伤。

a. 在工作时间和工作场所内，因工作原因受到事故伤害的。

b. 工作时间前后在工作场所内，从事与工作有关的预备性或者收尾性工作受到事故伤害的。

c. 在工作时间和工作场所内，因履行工作职责受到暴力等意外伤害的。

d. 患职业病的。

e. 因工外出期间，由于工作原因受到伤害或者发生事故下落不明的。

f. 在上下班途中，受到非本人主要责任的交通事故或者城市轨道交通、客运轮渡、火车事故伤害的。

g. 法律、行政法规规定应当认定为工伤的其他情形。

同时，根据《工伤保险条例》第十五条的规定，职工有下列情形之一的，视同工伤。

a. 在工作时间和工作岗位，突发疾病死亡或者在48小时之内经抢救无效死亡的。

b. 在抢险救灾等维护国家利益、公共利益活动中受到伤害的。

c. 职工原在军队服役，因战、因公负伤致残，已取得革命伤残军人证，到用人单位后旧伤复发的。

根据《工伤保险条例》第十六条规定，职工符合本条例第十四条、第十五条的规定，但是有下列情形之一的，不得认定为工伤或者视同工伤：故意犯罪的、醉酒或者吸毒的、自残或者自杀的。

③工伤保险的办理。根据《工伤保险条例》的规定，用人单位批准成立后就应到社会保险经办机构为职工办理工伤保险参保手续。初次参加工伤保险的单位需准备该单位的营业执照原件、复印件，单位法人的身份证原件、复印件，该单位所有员工的劳务合同、身份证复印件。资料备齐后到社保局填写社会保险登记表、缴费工资申报花名册，并缴纳职工的工伤保险费。单位参保缴费后有人员变动，及时将变动人员名单报送社会保险经办机构，单位

初次参保交费的次月新发生工伤的职工按《工伤保险条例》的规定开始享受工伤保险待遇。

(5) 失业保险的办理。

①失业保险的筹集。建立失业保险基金是失业保险制度的重要内容。其他国家一般采取五种方式筹集失业保险所需资金：一是由雇主和雇员双方负担；二是由雇主和国家双方负担；三是由雇员和国家双方负担；四是由国家、雇员和雇主三方负担；五是全部由雇主负担。

全部由雇主负担失业保险所需资金的国家，主要采取征收保险税的办法。这种方法只有个别国家采用。各国主要采取的是征缴费用、建立基金的方式。

我国失业保险制度建立以来，一直实行基金制，在基金来源上采取用人单位缴费和财政补贴的方式。实践证明，基金制与我国经济发展水平是相适应的，可以为失业保险提供稳定的资金来源。但由于只限于用人单位缴费，职工个人不缴费，造成收缴数额有限，基金承受能力弱。

若大幅度提高征缴比例，势必增加用人单位负担。在国家财力尚不充足和一些企业经营状况较为困难的情况下，适当提高用人单位缴费比例，并实行个人缴费较为可行，也有利于增强职工个人的保险意识。

单位按本单位当月职工工资总额的 2% 缴纳失业保险费；缴费个人按本人月工资的 1% 缴纳失业保险费，由所在单位从本人工资中代为扣缴。

缴费单位职工月平均工资低于当地上年全部职工月平均工资 60% 的，按当地上年全部职工月平均工资的 60% 和单位职工人数确定缴费基数。

②失业保险的领取条件。失业人员同时具备以下条件，即可享受失业保险待遇。

a. 按规定参加失业保险，所在单位和个人已按规定履行缴费义务满 1 年的。

b. 非因本人意愿中断就业的。

c. 已办理失业登记，并有求职要求的。

失业保险累计缴费时间满 1 年不满 5 年的，最长可领取 12 个月的失业保险金；累计缴费时间满 5 年不满 10 年的，领取失业保险金的期限为 18 个月；累计缴费时间满 10 年以上的，领取失业保险金的期限为 24 个月。

失业人员在领取失业保险金期间还可享受以下待遇。

a. 自选专业报名参加一次免费职业技能培训。失业人员在领取失业保险金期间，可免费参加劳动保障部门统一组织的职业技能培训。

b. 医疗补助金。每月随失业保险金发放 10 元的医疗补助金。

③终止领取失业保险的条件。在领取失业保险金期间，出现以下情形应终止失业保险待遇：

a. 重新就业。失业人员在领取失业保险金期间，重新就业并已办理了就业手续的。

b. 应征服兵役的。

c. 移居境外的。

d. 享受基本养老保险待遇的。失业人员在领取失业保险金期间达到法定退休年龄时，由其档案代管机构为其申请办理退休手续，未委托档案代理的，由失业保险经办机构为其申报，按规定享受基本养老保险待遇。

  e. 被判刑收监执行或者劳动教养的。
  f. 无正当理由两次不接受当地人民政府指定的部门或者机构介绍的工作的。
  g. 有法律、行政法规规定的其他情形。
  ④失业保险的办理。

  参加失业保险并缴纳了失业保险费单位的劳资人员，需持有单位与参保人员解除劳动关系协议书（证明书）原件，自解除劳动关系之日起30天之内向经办失业保险机构申报失业保险待遇审核。

  失业保险经办机构审核通过后，通知参保单位经办人员告之本单位享受失业保险待遇的失业人员，失业人员应当在被告知失业后60天内，持本单位出具的终止（解除）劳动关系证明、本人身份证和银行账号及近期照片2张到当地的失业保险经办机构办理登记手续，领取失业证，享受失业保险待遇。同时，要接受失业保险经办机构的职业培训和职业介绍。不到者，视为自动放弃失业保险待遇。

  （6）生育保险的办理。

  我国生育保险待遇主要包括两项，一是生育津贴，二是生育医疗待遇。凡是与用人单位建立了劳动关系的职工，包括男职工，都应当参加生育保险。

  ①生育保险享受条件。职工享受生育保险待遇，应当同时具备下列条件：用人单位为职工累计缴费满1年以上，并且继续为其缴费；符合国家和省人口与计划生育规定。

  ②生育保险筹集。用人单位按照国家规定缴纳生育保险费，职工不缴纳生育保险费。

  ③生育保险待遇。生育保险待遇包括生育津贴、生育医疗费用、计划生育手术费用、国家和本市规定的其他费用。其中，生育津贴为女职工产假期间的工资，生育津贴低于本人工资标准的，差额部分由企业补足。生育津贴按照女职工本人生育当月的缴费基数除以30再乘以产假天数计算。

  参加生育保险累计满一年的职工，在生育（流产）时仍在参保的，按有关规定享受生育保险待遇。生育津贴发放标准，以职工所在用人单位上年度职工月平均工资为基数按规定假期计发。

  ④生育保险的办理。办理生育保险需要准备的材料为：单位参保登记表一式二份；营业执照复印件一份；银行开户许可证复印件一份；新参保人员应填写生育保险参保、缴费申请表及生育人员增减花名册一式二份（新增人员需附身份证复印件）；参加基本养老、工伤和生育保险人员增减表，企业职工基本养老、工伤和生育保险申请汇总表。

  生育保险报销条件：符合国家、省、市计划生育政策规定（不含政策外怀孕而采取的补救措施）；参保人在流产、引产、产道分娩、剖宫产之日（以排胎或新生儿出生日期为准），已连续缴纳基本医疗保险费满6个月以上（含6个月），且生育前一个月按时缴纳医疗保险费。

9.2.4 工作示例

  梁先生2008年与某技术公司签订了为期两年的劳动合同，合同期限从2008年1月1日到 2009 年 12 月 31 日止。因为该公司一直没有给他缴纳相应的社会保险，梁先生于 2009 年 11 月 16 日向公司提出辞职，并提出支付经济补偿金 3 000 元。但是该公司的相关负责人却表示，因为是梁先生自己提出辞职的，所以不能给付任何经济补偿金。

尽管劳动者主动辞职一般需提前 30 日通知用人单位，并没有经济补偿，但是《劳动法》中还有一种"推定解雇"的特殊情形。"推定解雇"是指雇主单方面地改变雇员的基本工作条件，如果雇员不愿接受而辞职，则等于被雇主变相解雇。

根据《劳动合同法》第三十八条规定，用人单位未依法缴纳社会保险费，劳动者可以解除劳动合同。如果技术公司确实从未为梁先生缴纳社会保险费，梁先生可以解除劳动合同，并要求支付经济补偿。需注意，"未缴纳""未足额缴纳""未及时缴纳"均属于"未依法缴纳"，劳动报酬和社会保险金的计算标准，在实际操作中往往比较复杂。而法律规定的目的就是促使劳动合同当事人双方都诚信履行，无论用人单位还是劳动者，其行使权利、履行义务都不能违背诚实信用的原则。如果用人单位存在有悖诚信的情况，拖延支付或拒绝支付，就属于立法所要规制的对象。因此，用人单位因主观恶意而未"及时、足额"支付劳动报酬或"未缴纳"社会保险金的，可以作为劳动者解除合同的理由。但对确因客观原因导致计算标准不清楚、有争议，用人单位未能"及时、足额"支付劳动报酬或未缴纳社会保险金的，不能作为劳动者解除合同的依据。

9.2.5 案例实践

2016 年 7 月，小李从高校毕业后进入浦东新区某会计师事务所工作。一周后，会计所与小李签订了劳动合同，约定合同期一年，试用期 2 个月，试用期工资 2 500 元。试用期满后，事务所对小李的工作表示满意，将他的工资调整至 3 000 元，与此同时，事务所到所在区的社保中心为其建立城保个人账户，并按 2016 年度城保缴费基数下限 2 140 元申报了缴纳基数。同年 9 月，小李遇到一个更适合自己发展的机会，向会计师事务所提出辞职。在办理离职手续的过程中，小李认为单位应以转正后的工资 3 000 元作为基数申报，并要求补缴 2 个月试用期内的社会保险费。而在会计师事务所看来，试用期间小李还不是单位的正式员工，无权享受这些待遇，双方为此产生争议。

(资料来源：佚名. 社保缴费十大争议解读 [EB/OL]. http://www.360doc.com/content/15/0518/12/22513831_471420848.shtml.)

思考：

公司筹办期间，是否要为员工购买社会保险？

9.3 本章小结

社会保险是一种为丧失劳动能力、暂时失去劳动岗位或因健康原因造成损失的人口提供收入或补偿的一种社会和经济制度。社会保险主要项目有社会统筹与个人账户制度相结合的养老社会保险、社会统筹与个人账户制度相结合的医疗社会保险、失业保险、工伤保险、生育保险。

9.4　自测题

一、名词解释

1. 生育保险。
2. 养老保险。
3. 医疗保险。
4. 失业保险。
5. 工伤保险。

二、选择题

1. 我国城镇企业基本养老保险资金的筹集采用（　　）形式。
   A. 完全积累制　　B. 部分积累制　　C. 现收现付制　　D. 预收预付制
2. 现阶段我国城镇职工基本养老保险个人账户的规模占职工工资总额的（　　）。
   A. 7%　　　　　B. 8%　　　　　C. 10%　　　　　D. 11%
3. 统一的企业职工基本养老保险制度出台之后参加工作的职工，其享受基本养老社会保险待遇的最低缴纳年限规定为（　　）。
   A. 5 年　　　　B. 10 年　　　　C. 15 年　　　　D. 20 年
4. 职工基本养老保险个人缴费的比率为工资总额的（　　）。
   A. 5%　　　　　B. 6%　　　　　C. 7%　　　　　D. 8%
5. 职工基本养老保险个人缴费基数的下限为当地上一年度职工平均工资的（　　）。
   A. 40%　　　　B. 50%　　　　C. 60%　　　　D. 70%
6. 职工基本养老保险个人缴费基数的上限为当地上一年度职工平均工资的（　　）。
   A. 150%　　　B. 200%　　　C. 250%　　　D. 300%
7. 职工或退休职工死亡后，其基本养老保险个人账户储存余额（　　）。
   A. 全部可以继承　　　　　　　　B. 个人缴费部分可以继承
   C. 按储存额的半数继承　　　　　D. 不能继承
8. 我国失业保险基金的缴费主体是（　　）。
   A. 参保单位　　B. 参保个人　　C. 社保机构　　D. 参保单位和个人
9. 单位按工资总额的 2% 缴纳失业保险费，职工个人按本人工资总额的（　　）缴纳失业保险费。
   A. 1%　　　　　B. 2%　　　　　C. 4%　　　　　D. 3%

9.5　实践训练

收集你身边的伤残案例（不少于 3 个），根据所学知识分析他们是否构成工伤。如果构成，理由是什么？应该享受怎样的工伤保险待遇？做成幻灯片后跟大家分享。

参 考 文 献

[1] 刘昕. 人力资源管理 [M]. 第 3 版. 北京：中国人民大学出版社，2018.
[2] 张惠琴，李璞. 人力资源管理案例教程 [M]. 北京：机械工业出版社，2014.
[3] 林红，陈晖. 人力资源管理实务 [M]. 北京：中国人民大学出版社，2016.
[4] 侯光明. 人力资源管理 [M]. 北京：高等教育出版社，2013.
[5] 中国就业培训技术指导中心. 企业人力资源管理师：三级 [M]. 第 3 版. 北京：中国劳动社会保障出版社，2014.
[6] 董萍，闫娜. 人力资源管理教程 [M]. 北京：人民邮电出版社，2016.
[7] [英] 约翰·惠特里人. 高绩效教练 [M]. 林菲，徐中，译. 北京：机械工业出版社，2012.
[8] 郭京生. 绩效管理案例与案例分析 [M]. 北京：中国劳动社会保障出版社，2012.
[9] 袁庆宏. 绩效管理 [M]. 天津：南开大学出版社，2009.
[10] 张德. 人力资源开发与管理 [M]. 北京：清华大学出版社，2012.
[11] 王小刚. 战略绩效管理最佳实践实战案例解析 [M]. 北京：中国经济出版社，2013.
[12] 裴宏森. 绩效考核实务 [M]. 北京：机械工业出版社，2011.
[13] 刘昕. 人本之道：中国人力资源管理沉思录 [M]. 北京：中国劳动社会保障出版社，2007.
[14] 冯宪. 薪酬管理 [M]. 杭州：浙江大学出版社，2005.
[15] 刘银花. 薪酬管理 [M]. 大连：东北财经大学出版社，2007.
[16] 王小刚. 企业薪酬管理最佳实践 [M]. 北京：中国经济出版社，2010.
[17] 孙宗虎，姚小凤. 员工培训管理实务手册 [M]. 第 4 版. 北京：人民邮电出版社，2017.
[18] 赵耀. 员工培训与开发 [M]. 第 2 版. 北京：首都经济贸易大学出版社，2018.
[19] 许丽娟. 员工培训与发展 [M]. 第 2 版. 上海：华东理工大学出版社，2012.
[20] 全锡哲. 新员工培训与开发实务手册 [M]. 第 3 版. 北京：人民邮电出版社，2017.
[21] http：//www.360doc.com/content/15/0518/12/22513831_471420848.shtml.
[22] https：//wenku.baidu.com/view/e54d569d14791711cc7917ee.html.

[23] 郭捷. 劳动法与社会保障法 [M]. 北京：法律出版社，2016.

[24] 李艳. 员工关系管理实务手册 [M]. 北京：人民邮电出版社，2017.

[25] 刘金章. 社会保障理论与实务 [M]. 北京：北京交通大学出版社，2010.

[26] 蒋冠庄. 劳动关系政策问答 [M]. 北京：中国人事出版社，2010.

[27] 秦杨勇. 能力素质模型设计五步法 [M]. 厦门：鹭江出版社，2009.

[28] 董克用. 人力资源管理概论 [M]. 第3版. 北京：中国人民大学出版社，2011.

[29] 吴志明. 招聘与选拔实务手册 [M]. 第2版. 北京：机械工业出版社，2007.

[30] 张爱卿. 人才测评 [M]. 第2版. 北京：中国人民大学出版社，2011.

[31] 胡八一. 能力素质模型构建与应用案例精选 [M]. 广州：广东经济出版社，2007.

[32] 陈伟. 阿里巴巴人力资源管理（新版）[M]. 江苏：古吴轩出版社，2017.

[33] 成君忆. 孙悟空是个好员工 [M]. 北京：中信出版社，2008.

[34] [以] 尤瓦尔·赫拉利. 未来简史 [M]. 林俊宏，译. 北京：中信出版社，2017

[35] [美] 赫尔曼·阿吉斯. 绩效管理 [M]. 刘昕，曹仰锋，等，译. 北京：中国人民大学出版社，2008.